高等院校经济金融类核心课程教材

保险学
原理与应用

Principles
and Applications
of Insurance

苑莹 宁烨 吴冬梅 ●编著
东北大学

本书首先从对风险的认知入手，探讨风险的概念、分类。随后，作者分析了运用保险进行风险管理的基本原理和内在逻辑，解释了保险作为风险转移工具的工作机制，以及保险在风险融资方面的作用。本书没有对相关理论进行深入展开，而是聚焦于保险学的基本理论和相关应用，期望学生在风险管理和保险产品配置方面获得理论和实践指导，为未来的职业发展奠定坚实的基础。

　　本书可作为高等院校保险和精算专业课所使用的基础材料，也可作为保险学习的入门参考书。此外，经济、管理和金融相关专业的学生也能通过本书深入了解保险在金融课程体系中的重要地位。同时，本书还适合保险业从业人员以及对保险理财感兴趣的读者学习。

图书在版编目（CIP）数据

保险学原理与应用 / 苑莹，宁烨，吴冬梅编著. 北京：机械工业出版社，2024.8. --（高等院校经济金融类核心课程教材）. -- ISBN 978-7-111-76437-3

I. F840

中国国家版本馆 CIP 数据核字第 2024QQ7326 号

机械工业出版社（北京市百万庄大街 22 号　邮政编码 100037）

策划编辑：王洪波　　　　　责任编辑：王洪波　戴　琳
责任校对：张亚楠　李　杉　责任印制：任维东
河北鹏盛贤印刷有限公司印刷
2024 年 10 月第 1 版第 1 次印刷
185mm × 260mm・17.75 印张・392 千字
标准书号：ISBN 978-7-111-76437-3
定价：59.00 元

电话服务　　　　　　　　　　网络服务
客服电话：010-88361066　　　机 工 官 网：www.cmpbook.com
　　　　　010-88379833　　　机 工 官 博：weibo.com/cmp1952
　　　　　010-68326294　　　金　书　网：www.golden-book.com
封底无防伪标均为盗版　　机工教育服务网：www.cmpedu.com

前言
PREFACE

  当今社会,随着科学技术的不断进步、生态环境的不断恶化以及国际冲突的加剧,人类社会面临的风险和挑战日益突出。特别是近些年来,自然灾害和意外事故频发,人类已经进入了风险常态化时代。因此,充分识别风险,进行有效的风险管理,从而提高应对风险的能力,已成为当务之急。保险作为风险转移和风险融资工具,在风险管理中扮演着重要角色,是现代金融体系和社会保障体系的重要组成部分。从宏观层面来看,保险对于推动社会经济平稳有序发展具有重要作用。从微观层面来看,保险是个人理财的重要工具,与人们日常生活中的子女教育、养老退休保障、住房、资产传承等多个方面紧密相关,涉及资金的安全、增值和流动。充分认识保险的重要作用,能够帮助我们加强风险意识,实现风险保障和个人理财规划的目标。

  我国保险业起步较晚、基础较弱,但近年来,保险业发展迅猛,保险深度和保险密度稳步增加,保险费收入持续上涨、位居世界第二位,保险业发展前景广阔。然而,由于历史和社会观念等原因,人们普遍对商业保险的作用认识不足,甚至存在一些偏见和误解,因此,普及保险知识、培养人们的风险意识和保险意识尤为重要。

  本书首先从对风险的认知入手,探讨风险的概念、分类。随后,作者分析了运用保险进行风险管理的基本原理和内在逻辑,解释了保险作为风险转移工具的工作机制,以及保险在风险融资方面的作用。此外,本书还介绍了财产保险和人身保险两类保险业务体系,讲解了它们的基本原理和产品种类。同时,本书在保险理财实务部分,还根据风险管理主体的不同需求以及不同保险产品的特点,解析了保险产品的配置方案,为保险产品的合理配置提供了科学的理论指导。本书力求做到结构合理、思路清晰、言简意赅、示例翔实、深入浅出、图文并茂。本书的目的是使学生对保险学有一个整体的认识,为后续课程的学习打下牢固的基础。本书没有对相关理论进行深入展开，而是聚焦于保险学的基本理论和相关应用。希望通过本书的学习，学生能够全面认识保险的重要作用，提升风险意识，实现风险保障和个人理财规划的目标。同时，期望学生在风险管理和保险产品配置方面获得理论和实践指导，为未来的职业发展奠定坚实的基础。

本书的特色体现在以下几个方面：

（1）理论与实务的有机结合。书中内容涵盖了保险理财实务，更好地实现了保险学基本原理与保险实务的有机结合。

（2）思政元素的有效融入。本书在介绍保险学基本原理的基础上，通过对保险学课程思政要素的挖掘，力求使学生树立风险意识和保险理念，使其深刻理解保险在中国特色社会主义建设中的重要保障作用。同时，保险中体现的互助与诚信，完美契合了社会主义核心价值观。学生通过学习其中的人文精神和价值范式，能够培养优良的思想道德品质，树立正确的价值观和人生观。

（3）在重点章节，针对重要知识点绘制了思维导图，使学生能够更高效地梳理和把握相关知识点。

本书由苑莹、宁烨、吴冬梅编著。全书共计10章，由苑莹负责总体设计，其中苑莹编写第一～第四章、第七章、第九章，宁烨编写第五章和第八章，吴冬梅编写第六章和第十章。曹莹、刘妍、王焕博、王振、张芮宁等五位同学对本书进行了校对工作，在此一并表示感谢！

本书在编写过程中参考和借鉴了一些相关的著作、教材和文章，在此对相关作者表示感谢。同时，若书中存在疏漏、错误，也欢迎广大读者批评指正。

前言

第一章 风险与风险管理 ·················· 1
学习目标 ·················· 1
价值目标 ·················· 1
第一节 风险概述 ·················· 2
第二节 风险的分类 ·················· 6
第三节 风险管理概述 ·················· 8
第四节 风险管理的基本方法 ·················· 12
第五节 风险、风险管理与保险 ·················· 15
本章小结 ·················· 17
思考与练习 ·················· 18

第二章 保险概述 ·················· 20
学习目标 ·················· 20
价值目标 ·················· 20
第一节 保险的产生与发展 ·················· 21
第二节 保险的概念 ·················· 22
第三节 保险的职能与作用 ·················· 26
第四节 保险的分类 ·················· 31

第五节 保险的比较与辨析 ·················· 32
本章小结 ·················· 36
思考与练习 ·················· 36

第三章 保险合同 ·················· 39
学习目标 ·················· 39
价值目标 ·················· 39
第一节 保险合同概述 ·················· 40
第二节 保险合同的分类 ·················· 43
第三节 保险合同的要素 ·················· 44
第四节 保险合同的形式 ·················· 51
第五节 保险合同的订立与生效 ·················· 53
第六节 保险合同的履行 ·················· 55
第七节 保险合同的变更与终止 ·················· 59
第八节 保险合同的解释原则与争议处理 ·················· 63
本章小结 ·················· 65
思考与练习 ·················· 66

第四章 保险的基本原则 69

学习目标 69
价值目标 69
第一节 保险利益原则 70
第二节 各类保险的保险利益 72
第三节 最大诚信原则 75
第四节 近因原则 80
第五节 损失补偿原则 83
第六节 重复保险分摊原则 87
第七节 代位求偿原则 89
本章小结 92
思考与练习 93

第五章 人身保险 96

学习目标 96
价值目标 96
第一节 人身保险的定义 97
第二节 人身保险的特点 97
第三节 人身保险的分类 100
第四节 人身保险合同的重要条款 103
第五节 人寿保险概述 107
第六节 健康保险概述 113
第七节 意外伤害保险概述 118
本章小结 124
思考与练习 124

第六章 财产保险 128

学习目标 128
价值目标 128
第一节 财产保险概述 128
第二节 财产损失保险 132
第三节 责任保险 157
第四节 信用与保证保险 164
本章小结 169

思考与练习 169

第七章 保险理财实务 172

学习目标 172
价值目标 172
第一节 个人理财概述 173
第二节 保险与个人理财规划 178
第三节 保险理财的价值与功用 185
第四节 个人及家庭保险理财规划设计 189
第五节 保险购买前后的注意事项 197
本章小结 203
思考与练习 203

第八章 保险公司的运作 207

学习目标 207
价值目标 207
第一节 保险公司概述 208
第二节 保险承保 213
第三节 保险分保 215
第四节 保险保全 217
第五节 保险展业 218
第六节 保险核保与理赔 221
第七节 保险投资 225
本章小结 228
思考与练习 229

第九章 保险产品的设计与定价 230

学习目标 230
价值目标 230
第一节 保险单的设计 231
第二节 保险产品的设计：以寿险为例 236
第三节 保险费率概述 239

第四节　非寿险费率的厘定 ………… 243
第五节　寿险费率的厘定 …………… 247
第六节　保险产品的定价 …………… 253
本章小结 ………………………………… 256
思考与练习 ……………………………… 256

第十章　保险监管 ………………… 259
学习目标 ………………………………… 259
价值目标 ………………………………… 259

第一节　保险监管概述 ………………… 259
第二节　保险监管的主体和客体 ……… 262
第三节　保险监管的原则、方式与
　　　　手段 ………………………… 263
第四节　保险监管的内容 ……………… 266
本章小结 ………………………………… 270
思考与练习 ……………………………… 271

参考文献 …………………………… 273

第一章 风险与风险管理

■ **学习目标**

学习本章,应当理解和掌握:
- 风险的定义、特征及构成要素
- 风险的不同分类
- 风险管理的定义、程序及风险处理方式
- 风险、风险管理与保险的关系

■ **价值目标**

学习本章,具体的价值目标应包括:

加强风险意识,发现身边的风险,寻求应对方式,培养对风险敏锐的洞察力,提高应对风险的能力,保护好自己和家人,提升幸福感。

没有风险,就没有保险。风险是保险产生和存在的前提。风险是客观存在的,时时处处威胁着人的生命和物质财产安全。因此,认识保险必须首先从认识风险开始。本章主要学习风险的定义、特征、分类以及风险管理的基本程序和方式。

第一节　风险概述

一、风险的定义

一直以来，风险的含义在不同情况下有许多不同的解释。在日常生活中，风险通常指的是难以预料并能造成物质和精神损失的不幸事件。在金融与财务分析中，风险是指实际结果相对于预期结果的变动程度；而在保险学、精算学中把风险定义成是**一种客观存在的、损失的发生具有不确定性的状态**。这种不确定性包括：风险是否发生的不确定性、何时发生的不确定性以及损害程度的不确定性。例如，是否发生地震是不确定的，最终损害的程度也是不确定的。每个人都会死亡，但每个人何时死亡是不确定的。

二、风险的特征

风险的特征主要包括以下三个方面。

（一）风险的客观存在性

风险的客观存在性是指不管人们是否意识到风险，风险都是客观存在的。风险的发生有其客观原因，是不以人的意志为转移的。面对风险，尽管我们可以通过人类的主观能动性，去改变风险存在和发生的条件，进而去降低风险发生的频率和损失的程度。但是实际上，人们无论如何也不能够完全消除风险。比如，无论是地震、台风、洪水等自然灾害，还是瘟疫、战争、社会冲突、意外事故、失业等社会风险，不管人们是否意识到，它们总是客观存在于人们的生活之中，是人类不可抗拒的；各种人为事故尽管可以通过加强风险管理得以减少，但无论如何也不可能完全被消除。

（二）风险的损失性

风险的损失性是指风险的发生必然造成一定的经济损失或产生特殊的经济需要，如产生医疗费用、生活费用等经济需要。在保险学领域，风险一定是与损失相联系的，因为离开了可能将发生的损失，谈论风险就没有任何意义了。这里的损失是指经济利益上的损失，而不包括精神上的损失。换句话说，这个损失应该是可以通过货币来计量的损失。例如，发生火灾，造成的家庭财产的损失是属于经济利益上的损失。要特别强调的是，要将保险学中的风险概念与投资活动中的风险概念区分开来。在证券市场中，人们谈论风险，既包括收益的不确定性，也包括损失的不确定性。因为一项投资活动，可能给投资者带来收益，也可能给投资者带来损失，但在保险学领域，风险指的是损失发生的不确定性状态。

> 【思政要点1-1】
> 在教学中,通过对疫情和2022年"321"空难等案例的引入,加深读者对风险的认识,增强风险意识,进行风险教育。我们应当珍爱生命,关爱家人和朋友,做一个有责任感的人,用积极乐观的态度应对生活中的无常。

(三)风险的不确定性

风险的不确定性是指损失是否会发生和有多大程度的损失,事先都是不能确定的。风险的发生是偶然的、随机的,是主观意识不能准确预期的、测定的。人们受制于认识能力,无法掌握个体风险发生的时间、地点、危害程度等。因此,风险发生具有不确定性,是一种随机现象。风险的不确定性包含以下几层含义:

(1)损失是否发生具有不确定性。比如,对于火灾来说,就某一风险个体而言,火灾发生与否是不确定的,是一种随机现象。

(2)空间上的不确定性。空间上的不确定性指的是损失发生的具体位置不确定,比如根据经验统计,一个地区每年都会发生一定数量的火灾,但在火灾发生之前,到底哪个建筑物会发生火灾是不确定的。

(3)时间上的不确定性。时间上的不确定性指的是损失什么时候发生不确定,比如,死亡是人们面临的一种人身风险,每个人终究会死亡,但是对于每个人来说,到底什么时候死亡,在时间上是不确定的,也是无法预知的,这是在时间上的不确定性。

(4)损失程度上的不确定性。比如,对于地震来说,地震发生之前,地震的损失程度是不确定的,有可能震级较小,损失较小,而如果震级较大的话,就会造成大量的人员伤亡,还会有财产的损失,这是损失程度的不确定性。

三、风险的构成要素

风险的构成要素包括风险因素、风险事故和损失,它们被称作风险的三要素。

(一)风险因素

风险因素又称风险条件,是指引起或增加风险事故发生的机会或者是扩大损失程度的原因和条件。比如,下雨或下雪的天气容易引起交通事故,下雨或下雪的天气就是风险因素。再比如,干燥的气候可能会增加火灾发生的机会,干燥的气候就是风险因素。往往是构成风险因素的条件越多,发生损失的可能性就越大,损失就会越严重。风险因素是事故发生的潜在条件。风险因素根据性质不同,通常可以分为有形风险因素和无形风险因素,而无形风险因素又可以进一步分为道德风险因素和心理风险因素,如图1.1所示。

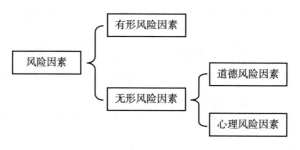

图 1.1 风险因素的具体分类

1. 有形风险因素

有形风险因素又称物质风险因素或实质风险因素,是指导致风险事故发生的物质形态方面的因素,即看得见、摸得着的风险因素。比如,干燥的气候容易引发火灾,这里干燥的气候就属于有形风险因素。再比如某建筑物所处的地理位置、所使用的建筑材料的性质、汽车的制动系统的可靠性、某人的身体健康状况、恶劣的气候、污染的环境等都属于有形风险因素。

2. 无形风险因素

无形风险因素是指导致风险事故发生的非物质形态方面的因素,它包括道德风险因素和心理风险因素。

(1)**道德风险因素:与人的道德素质、道德观念有关的无形风险因素,即由于不诚实、不良企图或者是恶意行为,故意促使风险事故发生,或在风险事故发生之后,故意扩大损失程度的风险因素**。比如施工商为了获得更多的利润,偷工减料,使得建筑物质量差,增加了建筑物发生倒塌的风险;再如,投保人利用保险牟取不正当利益,如故意纵火骗赔、虚假申报保险财产价值、对没有保险利益的标的进行投保,制造虚假保险索赔案等。需要注意的是,对于因道德风险因素引起的保险标的损失,保险人不负赔偿责任。

(2)**心理风险因素:与人的心理状态有关的风险因素,通常指由于人们主观上的疏忽或过失,以致增加风险事故发生的机会或扩大损失程度的因素**。心理风险因素和道德风险因素一样,也是一种无形风险因素,但它是由于人们的疏忽、过失等导致财产的损失和人员的伤亡,反映了人们对待风险的态度。比如:生活不规律容易引发疾病;乱扔烟头容易引发火灾;由于投保人的疏忽,出门忘了锁门;仓库值班员未尽职守,增大了财物被偷窃的风险;锅炉工因疏忽大意,未及时给锅炉加水,增加了发生爆炸的可能性。

(二)风险事故

风险事故是指造成生命财产损失的事件,又称风险事件。如果发生风险事故,那么风险的可能性就转化为现实性,造成损失。风险事故是造成损失的直接原因,是损失的媒介物,而风险因素是造成损失的间接原因。风险因素只有通过风险事故的发生才能导致损失。比如洪水、龙卷风、雷电、盗窃、交通事故等,这些都属于风险事故。在具体案例分析中,要注意区分风险因素和风险事故,判定的标准就是看是否直接引起损失,如果直接引起损失就是风险事故，否则就是风险因素。比如，制动系统失灵导致人员伤亡和财产损失，制动系统失灵是风险因素，车祸是风险事故，因为若仅有制动系统失灵，而未导致车祸，则不会造成人员伤亡和财产损失。再比如，由于下冰雹导致路滑而发生车祸，造成人员伤亡，这时冰雹是风险因素，车祸是风险事故；而若是冰雹直接击伤行人，则被冰雹击伤为风险事故。

（三）损失

损失是指非故意的、非计划的和非预期的经济价值的减少。显然，该定义中包括两方面的要素：一是非故意的、非预期的和非计划的；二是经济价值的减少，即损失必须能以货币来衡量。二者缺一不可。如捐赠也是经济价值的减少，但是它不符合非故意的、非计划的和非预期的经济价值的减少，所以它不属于损失。在车祸的例子中，发生车祸是风险事故，而人员伤亡和财产的毁损就属于损失。

在保险实务中，损失往往分为两类：直接损失和间接损失。

（1）直接损失是指与风险事故有直接因果关系的、有必然联系的，能够通过货币计量而确认或界定的损失。

（2）间接损失是指风险事故的发生引发了新的事件，或改变了事物的既定状态，而导致的损失。例如，事故发生后，企业停工、生产中断、商店停业的利润损失，设备损坏的修复费用等都属于间接损失。

需要注意的是，一般来说，保险承保的是直接损失，而不包括间接损失。但也有例外，例如，在企业财产保险中，可以用附加营业中断保险的方式来扩大原有险种的责任范围，将只承保直接损失扩大为既承保直接损失，又承保因事故发生所导致的利润减少等间接损失。

（四）风险三要素之间的关系

风险因素、风险事故和损失三要素有着十分密切的关系。风险是由风险因素、风险事故和损失三个要素共同作用的综合体。简单来说，风险因素引起风险事故，风险事故导致损失。其关系如图1.2所示。具体来说，它们之间的关系包括：

（1）风险因素的客观存在决定了风险事故发生的可能性和损失的不确定性。风险因素的综合作用决定了风险事故的发生频率及其损失程度。

（2）风险由风险因素决定，并通过风险事故表现出来。风险的危害程度通过损失大小予以量度。

（3）风险因素的多样性及其作用的时间、方向、强度、顺序等的不确定性，决定了风险事故发生的不确定性和损失的不确定性。

图1.2 风险三要素的关系

> **【案例分析 1-1】**
> 以下案例中风险因素、风险事故、损失各是什么？
> 下雨路滑，一个人骑着他没闸没铃的自行车在下班人流高峰期去商场购物，结果与机动车相撞，导致车毁人亡。

第二节　风险的分类

基于不同的认识水平和分析目的，人们对于风险的分类也是不同的。

一、根据风险性质的不同分类

（一）纯粹风险

纯粹风险是指只有损失的机会而无获利机会的风险。纯粹风险所导致的结果只有两种：损失和无损失。比如地震、洪水、火灾、车祸、疾病、死亡等，这类风险事件一旦发生，只能导致两种结果，即损失和无损失，而绝无获利的可能。

（二）投机风险

投机风险是指既存在损失的可能性，也存在获利的可能性的风险，它所导致的结果有三种：损失、无损失和获利。如股票市场、新技术投资及企业经营决策等。若再细分，投机风险还可以分为投资风险、经营风险和管理风险。

纯粹风险和投机风险有以下区别：

（1）在一定情况下，纯粹风险具有一定的规律性，服从一定的概率分布，适用大数法则；投机风险无规律性，不适用大数法则。

（2）纯粹风险只有损失的可能性，对社会、企业、家庭均是损失，人们往往采取规避风险的态度；投机风险的获利可能更具有诱惑，偏好风险的人们抵不住获利的诱惑，冒风险而进行投机行为。

二、根据风险所波及和影响的范围分类

（一）基本风险

基本风险是指由非个人的或至少是个人往往不能阻止的因素所引起的，损失通常波及很大范围的风险。例如经济制度的不确定性、经济发展的周期性引起的失业、通货膨胀、战争及特大洪水、地震、飓风等。基本风险的最大特征是社会性，即基本风险不是仅影响一个群体或一个团体，而是影响到很大的一组人群，甚至整个社会。

（二）特定风险

特定风险是指由特定因素所引起的，通常是由某些个人或者家庭来承担损失的风险。特定风险一般属于纯粹风险。例如，火灾、爆炸或者盗窃。特定风险的风险因素在一定程度上可以加以控制。

三、根据风险损害的对象分类

（一）财产风险

财产风险是指因事故导致财产损失、灭失和贬值而使财产的所有权人遭受损失的风险。如因房屋失火、爆炸等导致损失的风险，因机车碰撞、船舶沉没等导致损失的风险。由于市场价格变动引起财产贬值等损失的风险属于经济风险，非财产风险。

（二）责任风险

责任风险是指因疏忽或过失行为造成他人财产损失或人身伤亡，依法应承担民事损害赔偿责任的风险。如公众责任风险、雇主责任风险、产品责任风险和职业责任风险等。

（三）信用风险

信用风险是指在经济活动中，因债权人与债务人一方违约造成对方经济损失的风险。如商业信用风险、履约风险等。

（四）人身风险

人身风险是指因人的死亡、残疾、疾病、衰老等原因而引起经济损失的风险。

四、根据风险形成的原因分类

（一）自然风险

自然风险是指因自然现象、物理现象或其他物质风险因素导致的风险，如地震、海啸、雪灾、暴风、洪水等。自然风险的特征包括：产生具有不可抗性，发生具有周期性，一旦发生波及范围较广。

（二）社会风险

社会风险是指由于个人或团体的不当行为，如抢劫、盗窃等对社会产生危害的风险。

（三）经济风险

经济风险是指在生产和销售等经济活动中因相关经济因素变动或决策失误导致经营失败的风险，如企业经营不善、破产、通货膨胀、汇率变动等导致的经济损失风险。

（四）政治风险

政治风险是指战争、冲突、动乱等政治原因造成的风险。

五、根据承担风险的主体分类

（一）团体风险

团体风险是指以企业或者社会团体作为承担风险的主体的风险。

（二）政府风险

政府风险是指主要以政府作为承担风险的主体的风险。

（三）个人与家庭风险

个人与家庭风险是指以个人或者家庭及其成员作为承担风险的主体的风险。

第三节　风险管理概述

一、风险管理的概念

应对风险，一般有两种方式：一是"补救于事后"，二是"防患于未然"。在现代社会，这两种方式是同时采纳的。人们在长期与风险打交道的经验中，摸索和总结出了一系列防范和控制措施，以保障自己的经济利益和社会稳定。这些防范和控制措施就是风险管理的技术，而关于各种技术措施的设计、改善和安排，就构成了风险管理科学的内容。

风险管理是指经济单位通过对风险的认识、衡量和分析，以最小的成本取得最大安全保障的管理方法。 风险管理是研究风险发生规律和风险控制技术的一门新兴的管理学科，即利用各种自然资源和人类技术手段对各种导致人们利益损失的风险事件和现象施以防范、控制乃至消除的全部过程。风险管理的宗旨是以最小的经济成本，达到分散、转移、消除风险，保障人们经济利益和社会稳定的基本目的。当然，对于不同的主体，风险管理还有一些特定的附属目标。例如：对公民个人而言，身体健康和家庭稳定是其风险管理的具体目标；对于企业经营而言，保证产品质量稳定、占领销售市场、防止价格波动、减少库存堆积等都构成了企业在一定时期内风险管理的确定目标。

二、风险管理产生的背景

在18世纪工业革命出现之后，社会生产力得到了空前的发展，新技术、新工艺的普遍运用，使得生产规模不断扩大，导致社会财富不断涌现，国际贸易规模、国际市场空前地扩大。同时，新的风险损害也在不断增加，尤其是社会化生产程度不断提高，使得原来较为松散的社会联系变得十分紧密，这又进一步促进了人们对安全需求的提高。风险管理意识得到了普遍增强，究其原因，风险管理产生的背景包括以下几个方面。

（1）巨额损失机会增加。因为随着科学技术的发展突飞猛进，企业的积累以及生产规模都不断扩大，社会财富也越来越集中。生产中任何的疏忽大意都可能会产生不可估量的巨大的经济损失。如1953年8月，通用汽车公司在密歇根州的一个汽车变速箱厂因火灾损失了5000万美元；再如发生于1666年9月2日—5日的英国伦敦大火，是英国伦敦历史上最严重的一次火灾，烧掉了许多建筑物，损失惨重。

（2）损害的范围越来越大。随着社会化生产程度的提高，企业之间的关系变得越来越紧密。另一方面，由于市场的不断扩大，一些企业的营销范围可能从一个地区扩展到全国，再从国内扩展到国外，这使得风险事故虽然在某一个局部范围内发生，但它影响波及的范围却非常广。例如，一个大型的铜铁厂如果出现事故而造成巨额损失，可能会波及千里以外的矿石供应商和铜铁材使用商，导致成千上万的人失业。此外，高科技的运用也给人们带来了前所未有的风险损害。比如，生态环境的破坏不仅给人类经济造成巨大的损失，也会极大地威胁人类的生存。

（3）社会福利意识增强。随着社会生产力的不断发展，人们在创造物质文明的同时，也要求社会福利水平要提高，如社会救济、失业救济，还包括养老保险、医疗保险等。但风险的存在，特别是一些恶性风险的存在，会造成人们的忧虑和恐慌，从而降低人们的满足程度。因此，为了提高社会福利水平，人们不得不采取种种措施以预防和消除风险所造成的危害。

（4）利润最大化冲动。企业是否能够取得预期利润，是企业能否生存的一个根本标志。而在商品经济条件下，企业经营的直接冲动就在于它追求利润最大化。但对于一个企业而言，只有高风险的行业，它才能够获得高利润，也就是说，高风险伴随着高收益。比如：新技术、新工艺和新材料的应用，新产品的开发和试制，都可能产生巨额的利润，也可能造成巨额的亏损，这就迫使人们采取各种各样的措施和方法，以尽量避免可能出现的一些不利后果。

三、风险管理的基本程序

作为一种管理活动，风险管理是由一系列行为构成的。**风险管理的基本程序通常包括目标建立、风险识别、风险估测、风险管理方法选择和风险管理效果评价等环节**，如图1.3所示。

（一）目标建立

根据风险管理的定义，风险管理的目标是以最经济、最有效的方法使风险成本最小。风险管理的目标可以分为损失前目标和损失后目标。换句话说，应对风险，通常有两种方式，一种是防患于未然，一种是弥补于事后。那么，损失前的目标是指选择最经济、最有效的方法来减少或避免损失的发生，将损失发生的可能性和严重性降至最低程度。损失后的目标是指，一旦损失发生，要尽可能地去减少直接损失和间接损失，使其尽快恢复到损失前的状态。

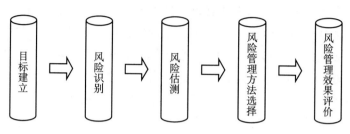

图 1.3 风险管理的基本程序

（二）风险识别

风险识别是指企业对面临的以及潜在的风险加以判断、归类和鉴定风险性质的过程。风险识别是风险管理的基础。企业面临的风险是错综复杂的，现实的、潜在的、内部的、环境的风险等多种风险在一定时期和一定条件下具有客观性，风险引发的条件是什么，风险发生的可能性有多大等，这些问题是风险识别阶段必须面对和予以解决的。往往通过感知风险和分析风险，来对风险进行定性识别。感知风险，一般指的是通过感性认识和经验判断来识别风险。分析风险的具体方法包括保单汇编分析、风险清单分析、现场实地调查法、流程图分析、财务报表分析、专家法等，如图 1.4 所示。比如，要找出一家企业究竟存在哪些风险，可以通过核查企业财务报表一步一步地分析，如企业有哪些设备，这些设备面临哪些风险，这个企业的存货、建筑物都面临哪些风险，以及它的在建工程、运输中的货物都面临什么样的风险，都要逐一进行定性识别。此外，还可以通过生产的流程图分析进行风险识别，它是一个环节、一个环节地进行风险识别，也就是根据生产流程图中的每一个步骤、每一个环节，逐步地进行风险识别。应注意的是，识别风险的方法很多，针对企业实际情况，选择恰当的风险识别方法是极为重要的。

（三）风险估测

风险估测是指在风险识别的基础上，通过对收集的大量详细损失资料加以分析，运用概率和数理统计，估测和预测风险发生的概率和损失程度，使风险分析定量化，为风险管理者进行风险决策、选择最佳管理技术，提供可靠的科学依据。对风险概率进行估测的方法有两种：一种是根据大量试验，用统计的方法进行计算，这种方法所得数值是客观概率，这种客观存在是不以人们的意志为转移的；另一种是由专家对事件的概率做出一个合理的估测，即主观概率。主观概率是根据合理的判断和当时能收集到的有限信息以及过去长期的经验所进行估计的结果。后一种方法在风险估测中的使用日益引起人们的重视。风险估测有两个重要指标，一个是损失频率，一个是损失程度。

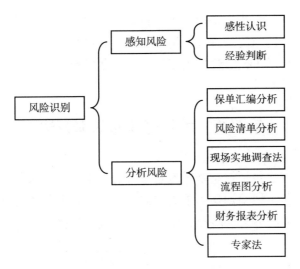

图 1.4　风险识别的手段与方法

损失频率是指一定数量的风险单位，在单位时间内，发生损失的次数，它等于损失次数除以危险单位数。例如：一个地区有 5 万个建筑物，那么它的危险单位数就是 5 万，假设一年中，这个地区的火灾事故损失次数是 50 次，则它的损失频率等于 50/50000，也就是千分之一。

损失程度是指标的物发生一次风险事故时的平均损失额度。

（四）风险管理方法选择

风险管理方法选择是根据风险评估结果，选择、实施最佳风险管理方式，从而实现风险管理目标的关键环节。风险管理方法分为控制型风险管理方法和财务型风险管理方法两大类。

控制型风险管理方法是指在风险发生前防止和减少风险损失、在风险发生后降低风险事故损失的技术性措施。其目的是降低损失频率和损失程度。重点在于改变引起风险事故和扩大损失的各种条件。控制型风险管理方法包括：风险回避和损失控制。

财务型风险管理方法是通过事先的财务计划或合同安排，提留风险补偿金，用以对发生的风险事故造成的损失进行及时充分经济补偿的风险管理方法。所以，财务型风险管理方法也被称为损失融资方法。财务型风险管理方法可以分成两类，一类是风险自留，另一类是风险转移。关于风险转移，最典型的方式是保险，此外，还包括非保险形式的风险转移。关于控制型和财务型风险管理方法的具体内容，将在下一节中详细介绍。

（五）风险管理效果评价

风险管理效果评价是风险管理的最后一个环节。风险管理效果评价是指对风险管理技术适用性及收益性状况的分析、检查、修正和评估。风险管理效益的大小，取决于是否能以最小风险成本取得最大安全保障。现实中，风险的性质具有可变性，同时人们认识风险的水平也具有阶段性，决定了风险管理技术是在认识不断提高的基础上逐步完善的。所以，对某种风险的识别、估测、评价以及风险管理技术的选择，有必要进行定期的检查、修正，使选择的风险管理技术适应不断变化的情况，从而保证风险管理技术的最优使用。由此，也显示了风险管理周而复始的运动过程。

第四节　风险管理的基本方法

风险管理的基本方法包括控制型风险管理方法和财务型风险管理方法两类，其中控制型风险管理方法又包括风险回避和损失控制，财务型风险管理方法包括风险自留和风险转移，其中风险转移又分为保险和非保险形式的风险转移，如图 1.5 所示。

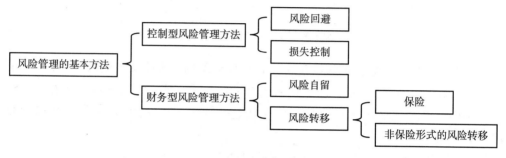

图 1.5　风险管理的基本方法

一、控制型风险管理方法

（一）风险回避

风险回避是放弃某项活动以回避损失发生的可能性，从根本上消除特定风险的措施。 风险回避的方式一般用于以下情况：第一，某特定风险所致损失频率和损失程度相当高；第二，处理风险的成本大于其产生的收益；第三，存在多种选择机会。

风险回避方法是消极的方法，其局限性有以下三点。第一，回避风险有时是可能的，但是不可行。例如，游泳有溺水的可能，不游泳可以避免溺水，但人们往往不能因此就放弃这项体育运动。第二，回避了一种风险，又有可能面临另一种风险。例如，人们害怕飞机会发生意外，就改用其他交通方式，但坐汽车或轮船同样会面临交通意外的风险。第三，回避风险可能造成利益受损。风险的回避是一种消极手段，因为往往需要放弃有利条件和可能获得的收益。例如，新产品的开发和试制一定会面临风险，但在回避风险的同时也意味着放弃了新产品开发试制成功所带来的巨额收益。因此其适用范围有限，一般只适用于损失频率高、损失程度大的风险。

（二）损失控制

损失控制是通过降低损失频率和损失程度来减少期望损失成本的方法，主要包括以下内容。

1. 预防

预防是指在风险发生前为了消除或减少可能引发损失的各种风险因素而采取的处理风险的具体措施。其目的在于通过消除或减少风险因素而降低损失频率。损失预防措施有以下几种。

（1）工程物理法，是指损失预防措施侧重于风险单位的物质因素的一种方法，如防火结构设计、防盗装置的设置等。此方法源于哈顿的能量释放理论。

（2）人类行为法，是指损失预防侧重于人们的行为教育的一种方法，如职业安全教育、消防教育等。

（3）程序法，是指以制度化的程序作业方式进行损失控制的方法。通过制度化、规范化安全管理制度，减少风险因素，预防损失发生，如汽车年检制度、消防安全检查制度等。

2. 抑制

抑制是指风险事故发生时或之后采取的各种措施，以防止损失扩大的控制风险方式。抑制方式是处理风险的有效技术。例如，在建筑物上安装火灾自喷淋系统和火灾警报系统等，可减轻火灾损失的程度，防止损失扩大，降低损失程度。

二、财务型风险管理方法

（一）风险自留

风险自留是指面临风险的企业、单位或者是个人，自己承担风险，并做好相应的资金安排。这是一种风险损失的自我承担，也是常见的一种方式。自留某些风险的情况主要包括：人们对风险的严重性估计不足；可能的损失微不足道；在某些情况下，通过对风险和管理方法的分析与权衡，决定自留。通常风险自留适用于损失频率低，损失程度小，损失在短期内可以预测，其最大损失在企业财务平衡之内，不会产生企业财务危机的风险损失。风险自留成本低，能够节省费用。

有计划的风险自留也可以称为自保。自保是一种重要的风险管理手段。它是风险管理者识别出了风险的存在，估计到了风险将造成的期望损失，决定以其内部的资源（如通过自有资金或借入资金的方式）来对损失加以弥补的措施。

在有计划的风险自留中，对损失的处理有许多种方法。

第一种方法是将损失摊入经营成本。有的企业将损失直接计入当期发生的费用，直接从现金流量中扣除。

第二种方法是建立意外损失基金。有的企业是在企业内部设立专门的意外损失基金，其目的是在损失发生之后能够依靠基金提供足够的流动性来抵补损失。

第三种方法是借入资金。有的企业是在发生损失后通过借入资金以弥补损失。

最后一种方法是建立专业自保公司。一些企业通过专门组建自己的自保公司来应对可能的风险损失。建立专业自保公司的优势在于以下几个方面。首先，能够节省保险费开支。因为在传统保险市场上，向保险公司购买保险的保险费包含了代理人的佣金、保险费的税费、利润加成等，即附加保险费这部分，而建立专业自保公司可以节约保险费的开支。其次，保险责任范围较广，专业自保公司的立足点是为企业提供充分的风险保障，可以为其不断变化着的、特定的投保需求提供承保范围更全面的保险服务。许多传统商业保险中不能承保的风险，也是专业自保公司经营管理的对象。再次，能够增加企业防损工作的内部动力，可以降低传统商业保险中产生的道德风险。传统的商业保险在一定程度上降低了被保险企业防范损失和降低损失的积极性，因为企业知道自己的损失会得到保险公司的补偿。这种情况使得实际的损失往往超过本来的水平，从而造成了高额的保险费率。而建立专业自保公司，能够督促企业加强风险控制方面的工作，保持企业防范损失和降低损失的积极性。最后，税收优惠。相对于企业风险自留的其他融资形式，专业自保公司被归为保险公司一类，保险费可做税前扣除，保险收益可免缴或缓缴所得税，这体现了在税收方面的双重优惠。

（二）风险转移

风险转移是指一些企业或个人为避免承担风险损失，有意识地将与风险损失有关的财务后果转嫁给另一些企业或个人承担的一种风险管理方法。 损失频率低、损失程度大的风险一般应采用此方式。具体可分为两种方式：一种是保险，即企业或个人通过订立保险合同，将其面临的财产风险、人身风险和责任风险等转嫁给保险人的一种风险管理方式；另一种是非保险形式的风险转移。

1. 保险

保险是以小额的固定支出来换取对未来不确定性巨大风险损失的补偿，使风险损害后果得以消化和减轻，即降低风险和分担损失。这里小额的固定支出指的是投保人缴纳的保险费。换取对未来不确定性巨大风险损失的补偿，指的是风险事故一旦发生，被保险人将会获得保险金的赔偿或给付，这体现了保险保障的功能。

2. 非保险形式的风险转移

除了保险，还有一些其他合同方式的风险转移，即以合同的形式将损失发生的经济后果转嫁给他人。例如房主可以通过与租房者签订房屋租赁合同，将房屋可能发生的风险转移给租房者。再如，医院在给垂危的患者施行手术之前，会要求患者家属签字同意，若手术失败，医生不负责任。

在日常经济生活中，面对具体风险如何选择风险管理方式呢？对于损失频率高、损失程度大的风险应采取风险回避的方式；对于损失频率高、损失程度小的风险应采取预防和抑制的方式。这类风险经常发生，可以采用一定的防范措施，并且损失价值不高，能在财务平衡的范围内消化。对于损失频率低、损失程度小的风险采用风险自留方式。损失机会少，损失价值又低，任何控制的技术无用武之地，风险自留就是一种最适当的风险处理方法。对于损失频率低、损失程度大的风险采用保险方式被认为是有效的。风险处理方法选择见表1.1。

表 1.1　风险处理方法选择

损失频率	高	低	高	低
损失程度	大	大	小	小
风险处理方法	风险回避	保险	损失控制	风险自留

> 【思政要点 1-2】
>
> 通过对风险管理方法的学习，我们可以发现在众多风险管理方法中，保险是最有效的方法，因此我们要学好保险、用好保险，让它服务于祖国现代化建设的各项事业。

第五节　风险、风险管理与保险

一、可保风险概述

（一）可保风险的定义

可保风险是指保险人可以承保的风险，即符合保险人承保条件的风险。

（二）可保风险应具备的条件

一般来说，可保风险必须具备以下五方面的条件。

（1）风险的损失可以用货币来计量。风险的损失应该是经济上的损失，由于亲人意外离世等而承受的精神上的损失不属于可保风险。

（2）风险的发生是具有偶然性的。也就是说，对于单个个体而言，风险是否发生是偶然的，或者说是具有随机性的。因为对于每一个具体标的而言，如果知道某一具体标的肯定不可能遭受某种风险损失，那么就没有必要购买保险了。反之，如果是确定的风险，也就是必然要发生的风险，保险人是不予承保的。比如，自然的损耗或者设备的折旧，一般是属于不可保风险。只有当损失是随机的，具有偶然性，那么大数法则才能够有效地发挥作用。

（3）风险的发生必须是意外的。这里的意外指的是必须是非故意的，排除了道德风险的可能。如果风险的发生是故意造成的，或者是由于道德风险造成的，那么风险的发生就具有可预知性和必然性，它就不属于可保风险了。比如纵火骗保案是故意性质的，投保人为了骗取保险金而故意纵火，这个案例中风险的发生是具有故意性和可预知性的，就不属于可保风险。

（4）面临同质风险的标的必须是大量的。保险公司之所以得以经营，可持续发展，它的基础就是大数定律，也就是说只有集合大量同质的风险，才能够真正发挥保险的互助合作功能。那么如果风险不具有同质性，即风险的性质不相同，则风险损失发生的概率也不相同，风险无法进行集合和分散。如果对不同质风险进行集合和分散，会影响保险公司的稳健经营。因为对于保险公司而言，应该按照什么样的概率来定价，它的保险费如何确定，都是非常复杂的。

（5）标的有造成重大损失的可能性。保险是一种财务处理的手段，只有风险的发生可能造成重大的损失，才会有对保险的需求。如果只可能造成轻微损失，就不需要投保，因为这样会增加财务处理的成本。如果风险发生频率比较小，发生损失后，它的损失程度又比较小，这种情况下就可以采取风险自留，而不需要通过保险来转移风险。只有当风险的发生可能造成重大的损失时，才会产生对保险的需求。

但随着人们对保险需求的不断增加、保险科技的不断发展，以及再保险市场的不断扩大，可保风险与不可保风险的界限变得越来越模糊，许多传统的不可保风险逐渐变成可保风险。比如：通过保险科技创新，使得原本难以计量的风险得到更加可靠的计量，推出了地震保险；通过运作方式的创新，支持政府与商业保险公司合作，扩大可保风险的范围，推出了巨灾保险；通过承保方式的创新，运用再保险和共同保险的运营方式承保那些缺乏大量同质标的的风险，如卫星发射保险等。

二、风险、风险管理与保险三者之间的关系

（一）风险是风险管理和保险产生和存在的前提，保险和风险管理的对象是风险

没有风险就不需要风险管理和保险。风险是客观存在的，时时处处威胁着人的生命和物质财产的安全，是不以人的意志为转移的。风险的发生直接影响着社会生产过程的继续进行和家庭的正常生活，因而产生了人们对损失进行补偿的需要。保险是一种被社会普遍接受的经济补偿方式。因此，风险是保险产生和存在的前提，风险的存在是保险关系的基础。同样，风险也是风险管理产生和存在的前提，没有风险也没有必要进行风险管理。反之，风险管理和保险经营的对象实际上就是风险，没有风险就没有保险。风险管理的每一个步骤，实际上也都是围绕着风险来展开的。

（二）保险是风险管理的基础，风险管理是保险经济效益的源泉

第一，保险是风险管理的基础。一方面，风险管理源于保险。在风险管理这门科学产生之前，保险就已经发展得较为成熟了。从风险管理的历史来看，最早形成系统理论并在实践中广泛应用的风险管理手段就是保险。在风险管理理论形成以前相当长的一段时间里，人们主要通过保险的方法来管理企业和个人的风险。风险管理中的一些技术和方法实际上都来源于保险，借鉴了很多保险理论中的风险管理方法，所以说保险是风险管理的基础。另一方面，保险为风险管理提供了丰富的经验和科学资料。由于保险起步早、业务范围广泛，经过长期的经营活动积累了丰富的识别风险、预测与评估风险和防灾防损的经验和技术资料，掌握了许多风险发生的规律，制定了大量的预防和控制风险的有效措施，所有这些都为风险管理理论和实践的发展奠定了基础。

第二，风险管理是保险经济效益的源泉。保险公司是专门经营风险的企业，同样需

要进行风险管理。它通过承保大量的同质风险，通过自身防灾、防损等管理活动，力求降低赔付率，从而获得预期的利润。保险经济效益的大小受多种因素的制约，风险管理技术作为非常重要的因素对保险经济效益产生很大影响。比如，对风险的识别是否全面，对风险损失的频率及造成的损失程度的估测是否准确，哪些风险可以接受承保，哪些风险不能够承保，以及一旦发生损失，损失程度如何，保险的成本和效益的比较等，都制约着保险公司的经营效率。一个卓越的保险公司并不是通过提高保险费率、惜赔等方法来增加利润的。作为经营风险的企业，拥有并运用风险管理技术为被保险人提供高水平的风险管理服务，是理赔、资金运用等环节之外最为重要的一环。

（三）保险是传统有效的风险管理方法

风险管理从创立到发展至今，始终将保险作为其最行之有效的财务型风险管理技术，保险也是风险管理中最普遍、最基础的方法。保险的作用是分散风险，企业为了应对各种风险，需要大量的后备资金，而单靠自身力量难以实现。但通过保险可以将自行承担的风险转嫁给保险人，以小额的固定保险费支出换取对未来不确定的、巨大损失的经济保障，使损失得以减轻或缓解。此外，保险是最能适应风险的不确定性与不平衡性发生规律的合理机制。保险通过平时积累应对风险发生时的补偿，能将在时间与空间上不平衡发生的各种风险进行有效分散并实现基金收支的平衡。据不完全统计，世界上有80%以上的风险是通过保险来应对的，所以，保险是风险管理的一个重要、有效的方法。

尽管风险管理和保险有着密切的联系，但还是有一些区别。最主要的区别在于从所管理的风险的范围来看，虽然风险管理与保险的对象都是风险，但风险管理是管理所有的风险，包括某些投机风险，而保险则主要是应对纯粹风险中的可保风险，因此，无论从性质上还是形态上来看，风险管理都远比保险复杂、广泛得多。此外，风险管理处理风险的手段也比保险多。保险只是风险管理的一种手段，它着眼于可保风险的分散、转嫁和风险损失发生后的经济补偿。而风险管理则侧重于风险发生前的预防、发生中的控制、发生后的补偿等综合管理。

■ 本章小结

1. 风险的基本含义是一种客观存在的、损失的发生具有不确定性的状态。风险具有客观存在性、损失性和不确定性等特点，并且由风险因素、风险事故和损失三部分构成。
2. 风险按照不同的分类方式，可以分成：纯粹风险和投机风险；自然风险、社会风险、政治风险和经济风险；基本风险和特定风险；财产风险、责任风险、信用风险和人身风险。
3. 风险管理是指经济单位通过对风险的认识、衡量和分析，以最小的成本取得最大安全保障的管理方法。风险管理的基本程序通常包括目标的建立、风险识别、风险估测、风险管理方法选择和风险管理效果评价等环节。
4. 风险管理的主要方法有：风险回避、损失控制、风险自留、风险转移。
5. 风险管理与保险有着密切的关系：保险和风险管理的对象相同；保险是风险管理的基础，风险管理又是保险经济效益的源泉；保险是有效的风险管理方法。

▎思考与练习

一、单选题

1. 风险决策是人们面对风险时做决定的过程，有时也称为风险分析，其大概框架包括以下环节（　　）。
   A. 从风险识别、风险评估、风险认知、风险沟通到风险管理及相应反馈的循环过程
   B. 风险识别和评估
   C. 风险评估和沟通
   D. 从风险认知、风险沟通到风险管理及相应反馈的循环过程

2. 在高速公路上我们通常能看见警示牌，如"前面弯道""请慢行"等，并且在高速公路上每隔一段距离都有122报警电话。从风险管理对策角度看，安装警示牌属于（　　），设置122报警电话属于（　　）。
   A. 风险预防；风险预防
   B. 风险抑制；风险抑制
   C. 风险预防；风险抑制
   D. 风险抑制；风险预防

3. 在以下各种风险管理的方法中，属于风险转移的是（　　）。
   A. 为了免于被动吸烟的危害，尹先生禁止他人在自己家中和车内吸烟
   B. 为了减少事故发生的可能性，王先生十分注重行车安全和车辆保养
   C. 医生在手术前告知患者手术存在风险，并要求患者家属签字同意手术
   D. 金融危机出现后，李先生担忧境外投资的安全性，于是撤回境外投资，转为投资国内产品

4. 某运输公司有从事劳动运营的货车，某日因暴雨造成路面积水、行车困难，该公司一辆正在路上行驶的货车与迎面驶来的一辆轿车相撞，造成双方车辆损失严重和轿车上人员伤亡。在此次事件中，暴雨是（　　）。
   A. 风险代价　　　B. 风险因素
   C. 风险事故　　　D. 风险损失

5. 房主外出忘记锁门属于（　　）。
   A. 道德风险因素　　B. 社会风险因素
   C. 心理风险因素　　D. 物质风险因素

6. 驾驶机动车不慎撞人而被索赔，属于（　　）。
   A. 财产风险　　　B. 责任风险
   C. 自然风险　　　D. 信用风险

7. 下列关于风险管理的说法中，错误的是（　　）。
   A. 风险管理是一个系统的过程，包括风险识别、风险评估、风险处理等步骤
   B. 风险管理的目的在于避免风险
   C. 建立意外损失基金是风险自留的一种措施
   D. 保险是一种财务型的风险转移机制

8. 以下属于可保风险的是（　　）。
   A. 机器自然磨损　　B. 汽车自然损耗
   C. 建筑物火灾　　　D. 赌博

9. 权利人因义务人违约而遭受经济损失的风险是（　　）。
   A. 责任风险　　　B. 信用风险
   C. 财产风险　　　D. 人身风险

10. 风险估测是建立在（　　）基础之上的。
    A. 风险评价　　　B. 风险选择
    C. 风险识别　　　D. 风险管理

11. 在风险管理的各种方法中，人们之所以选择保险，其目的是（　　）。
    A. 在事故发生前降低事故发生的频率
    B. 在事故发生时将损失减少到最低限度
    C. 改变引起意外事故和扩大损失的各种条件
    D. 通过提供基金对无法控制的风险做财务安排

二、多选题

1. 风险因素包括（　　）。
   A. 实质风险因素　　B. 道德风险因素
   C. 政治风险因素　　D. 心理风险因素
   E. 家庭风险因素

2. 可保风险的特征是（　　）。
   A. 风险必须是少量标的均有遭受损失的

可能性
B. 风险必须具有不确定性
C. 风险可能会导致较大损失
D. 预期的风险损失是可测的
E. 风险不是投机的

3. 陶某过于自信，驾车速度太快，结果发生意外，车辆冲出道路坠落池塘。在此风险事件中，风险因素是（ ）。
A. 车速太快　　　　B. 陶某过于自信
C. 车辆坠落池塘　　D. 车辆冲出道路

4. 下列关于风险与风险管理的说法，错误的是（ ）。
A. 风险就是人们承受损失的不确定性
B. 保险是一种风险管理方法
C. 承担较高的风险就可以得到较高的回报
D. 风险管理的目的就是防止风险的产生
E. 风险管理要求企业放弃追求收益最大化

5. 保险集合与分散风险的前提条件是（ ）。
A. 大量风险　　　B. 大量损失
C. 同等风险　　　D. 同质风险
E. 异质风险

6. 商业保险一般可承保的是（ ）。
A. 纯粹风险　　　B. 自然风险
C. 责任风险　　　D. 投机风险
E. 战争风险

7. 对风险因素、风险事故和损失三者间的关系表述正确的是（ ）。
A. 风险因素引起损失
B. 风险事故引起损失
C. 风险因素产生风险事故
D. 风险因素增加风险事故
E. 风险事故引起风险因素

三、判断题

1. 风险具有不确定性，所以风险无法预测。（ ）

2. 机器设备使用过程中的磨损属于风险。（ ）

3. 在某一风险事件中，风险因素与风险事故之间是可以不断变换的。（ ）

4. 保险是人们转移和分散风险的一种形式，属于风险管理的方法之一。（ ）

5. 当损失概率为 0 和 1 时，风险不存在。（ ）

6. 运用控制型风险管理技术的目的是降低损失频率和损失程度。（ ）

7. 某一风险的发生具有必然性。（ ）

8. 纯粹风险所导致的结果有三种，即损失、无损失和获利。（ ）

9. 风险按性质分类可分为纯粹风险和投机风险。（ ）

10. 风险因素引起风险事故，风险事故导致损失。（ ）

四、简答题

1. 风险的定义是什么？风险有哪些不同的分类？
2. 风险管理有哪些方法？各种方法适用于哪些环境？
3. 阐述风险、风险管理与保险三者之间的关系。

第二章

保险概述

■ **学习目标**

学习本章，应当理解和掌握：
- 保险的产生与发展历史
- 保险的概念、保险的功能与作用
- 保险的分类
- 保险的比较与辨析

■ **价值目标**

学习本章，具体的价值目标应包括：

培养学生的专业兴趣和家国情怀，增强民族认同感。增强学生的中国特色社会主义道路自信、理论自信、制度自信和文化自信，提升其民族自豪感，培养爱国主义情怀。

为了防范和减少客观存在的风险所造成的损失，古代人类发明了多种方式来转嫁风险。许多方式都体现了现代保险的思想。本章主要学习保险的产生与发展历史、基本概念、职能、作用与分类等。

第一节 保险的产生与发展

一、古代的保险思想

风险是客观存在的，古代人类社会在漫长的与灾害做斗争的实践过程中，逐步摸索到预防灾害的途径和方法。人类发明了多种方式来转嫁风险。在这些方式中，出现各种互助共济、分散风险、储粮备荒的保险形态的思想和措施。

公元前 4500 年左右，古埃及的一些石匠组织了一个互助基金会，通过提前向会员收取会费的方式为部分死亡会员支付丧葬费用。这种做法类似于现代的人寿保险和意外伤害保险。

早在公元前 3000 年，中国商人就在水域运输领域采取了一种分散风险的方法——"分舟运货"，即把每人的货物分装在几条船上，以免货物装在一条船上而遭受全部损失的风险，这是海上保险思想的萌芽。

公元前 3000 年左右，古巴比伦的法典中就有冒险借贷的规定，即商人可雇佣一个销货员去外国港口销售货物。若其顺利回来，商人收取利润的一半，若销货员不回来，或回来时既无货又无利润，商人就接收销货员的财产。但如果货物是被强盗劫去，则可免除销货员的债务。

公元前 2000 年左右，地中海沿岸的商人采用了一种处理海上风险的做法，即当船舶遭遇海难时，船长可以决定通过牺牲一部分货物而将整船货物损失降到最低程度，而牺牲的这部分货物的损失由船货各方共同分摊，这体现了早期"共同海损"的思想。

大约在公元 14 世纪，中国出现了负责押运货物和安全保卫的镖局。商人需要交付相关的费用（运输费与保险费），而镖局通过承揽大量的生意防范风险。这实际上是商业保险的雏形。

二、近代保险的发展

（一）海上保险

世界近代保险的发展起源于欧洲的海上保险。12 世纪末，十字军东征之后，意大利人控制了东西方贸易的中介。许多意大利城市如伦巴第、热那亚、威尼斯等成为海上保险中心。海上保险最早的保险格式，就是由意大利伦巴第商人发明的，并从那里扩展至欧洲大陆的其他地区。1316 年，商人们在荷兰的布鲁日成立了保险商会，并订立了货物海运的保险费率。现存最古老的保单就是 1347 年 10 月 23 日由热那亚商人乔治·勒克维出立的，承保"圣·克勒拉"号从热那亚岛到马乔卡的航程。

（二）火灾保险

财产保险首先是由火灾保险开始的，而商业化的火灾保险起因于 17 世纪英国的一场特大火灾。1666 年 9 月在伦敦发生了特大火灾，大火整整燃烧了 4 天，繁华的伦敦城 80% 被焚毁，13200 多座房屋、400 多条街道、80 多座教堂化为灰烬。此后 10 年，伦敦才逐步恢复了元气。医学博士兼房地产投机商尼古拉·巴蓬受此启发，于 1667 年在伦敦开办了一家火灾保险事务所，开始经营房屋火灾保险。这是世界上最早经营的私营商业火灾保险。经过 10 多年经营，积累了大量资金和经验。1680 年，他集资募股 4 万英镑，正式成立了凤凰火灾保险公司，这是世界第一家专业火灾保险公司。该公司按房屋的种类、结构、价值、租金及其他风险因子分别计收保险费的方法，沿用至今。

（三）人身保险

人身保险最早与海上保险关系密切，奴隶贩子从非洲贩卖黑奴，为减少因奴隶死亡导致的损失，把奴隶当货物投保，后发展到为旅客支付被海盗绑架而索要的赎金，以及为船长、船员投保的人身安全保险，这是最初的人身意外伤害保险。17 世纪，意大利银行家洛伦佐·佟蒂（L·Tontine）提出了联合养老的方法，后被法国国王路易十四采用，用来缓解财政压力，即所谓的"佟蒂法"——把人按年龄分为若干组，缴纳不同的费用，一定年限后开始向缴纳人支付利息，每年支付 10%，对年龄高者支付较高的利息，直至该组成员全部死亡。这个方法当年就为法国筹集了 140 万法郎。1693 年，英国数学家天文学家哈雷（Halley）以英国布鲁斯劳市的市民统计资料为基础，编制了世界上第一张生命表，精确统计出了各年龄段的死亡率，为寿险保险费的计算提供了基础。

（四）责任保险

责任保险的发展明显晚于其他保险产品，这与责任保险本身的特点有关系，即责任保险的基础是法律制度的完善。1855 年，英国铁路乘客保险公司向铁路公司提供铁路承运人责任保险。1880 年左右，英国颁布了《雇主责任法》，以后陆续出现了会计师、医生职业责任保险和产品责任保险。

综上所述，保险的演化及发展如图 2.1 所示。

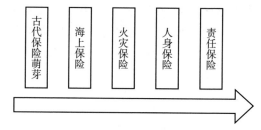

图 2.1 保险的演化及发展

> 【思政要点 2-1】
>
> 通过学习了解我国保险业的发展现状（保险业资产位居全世界第二），进一步增强中国特色社会主义道路自信、理论自信、制度自信和文化自信。

第二节 保险的概念

一、保险的定义

保险最初的含义是指以支付一定的费用为代价，来换取在遭受损失时所获得的补偿。但实际上与对风险的理解一样，人们对保险也是从许多不同的角度做出解释的，这里给出如下定义：**保险是一种以经济保障为基础的金融制度安排，它通过对不确定事件发生的数理预测和收取保险费的方法，建立保险基金，以合同的形式，由大多数人来分担少数人的损失，实现保险购买者风险转移和理财计划的目标。** 对于保险的定义，可以这样来理解。

（1）经济保障是保险的本质特征。

（2）经济保障的基础是数理预测和合同关系。

（3）经济保障的费用来自于由投保人所缴纳的保险费所形成的保险基金。

（4）经济保障的结果是风险的转移以及损失共担。

（5）经济保障的目标就是风险转移和个人的理财计划。

《中华人民共和国保险法》中对保险的定义如下：保险是指投保人根据合同约定，向保险人支付保险费，保险人对于合同约定的可能发生的事故因其发生所造成的财产损失承担赔偿保险金责任，或者当被保险人死亡、伤残、疾病或者达到合同约定的年龄、期限等条件时承担给付保险金责任的商业保险行为。这个定义之中第一个"或者"之前描述的是财产保险，其后描述的是人身保险，定义中与财产保险对应的是"承担赔偿保险金责任"，而与人身保险对应的是"承担给付保险金责任"。这是因为财产保险适用损失补偿原则，损失多少，补偿多少，不能获得额外利益，而人身保险是按照定额给付的，因为人的生命或身体是无价的，具体的知识点会在后面详细介绍。

二、保险的性质

可以从经济、法律和社会功能三个方面来揭示保险的性质。

（一）从经济的角度分析，保险既是一种商业行为，也是一种金融行为

保险活动之所以能够顺利进行，是因为社会对保险产品有需求、有供给。从需求的角度来看，投保人购买保险产品只需要支付少量的保险费，就能够换取在遭受损失时获得高于保险费数倍的补偿，从而对保险产品产生需求。从供给的角度来看，保险人通过大数定律等科学手段，通过收取保险费的方式不但能对被保险人因风险事故造成的损失进行补偿，还能够盈利，于是提供了保险供给。此外，保险公司收取保险费积聚了大量的资金，这些资金不会马上用于支付风险成本，所以有大量的沉淀资金可以用于资金运营，起到了资金融通的作用，从这个角度来说，保险公司是金融中介机构，保险活动也是一种金融行为。但保险的这种资金融通行为有别于商业银行，保险资金的运用应是以对被保险人的损失赔偿为基本出发点的，因此，各国都对保险投资运营的方向予以严格的规定。

（二）从法律的角度来说，保险是一种合同行为

保险合同反映了投保人与保险人之间的权利义务关系。保险过程要符合《中华人民共和国保险法》《中华人民共和国民法典》等法律要求。

（三）从社会功能的角度来看，保险是一种风险转移机制

保险公司通过将大量面临同质风险的人汇聚在一起，通过精算技术，确定保险费率，建立保险基金，以合同的形式由大多数人来分担少数人的损失，实现了风险分摊和转移，这种风险转移机制有利于社会经济生活的稳定，因此，保险又被称为"社会稳定器"。

三、保险的构成要素

保险的构成要素是指保险构成其自身的特殊性的物质内容，是它区别于其他经济活动的重要标志。保险的构成要素包括以下几个方面。

（一）合理精算

保险机制要通过提前收取保险分担金的方式来对未来的损失进行补偿。从理论上来看，保险机构所收取的保险费总额应当足够弥补保险期限内的损失和保险机构本身的经营费用。为了使得保险费既不是太低也不是太高，就需要在推出保险产品之前进行合理的精算。没有精算基础的保险是很难取得成功的。

（二）多数人的结合

保险机制有效发挥作用在很大程度上依赖于参保人员的数量。参保人员越多，保险机构预测损失就越准确。如果参保人员较少，这种保险通常很难发挥作用。

（三）特定的风险事故或约定的事件

保险是基于某项具体的风险事故而设立的，也就是说，无风险，无保险。一种类型的保险一定有特定的风险事故或者是约定的事件，需要在保险合同中明确列示和说明，只有特定的风险事故或保险合同中约定的事件发生时，保险公司才能够赔偿或者给付保险金。

（四）建立专用保险基金

保险要发挥作用必须积累足够的保险基金。对个别出现损失的客户进行赔偿的资金就来源于保险基金。保险基金主要来自参保人员提前缴纳的保险费，通过将多数人集合在一起，把每个人所缴纳的保险费聚集在一起，保险公司可以形成一笔可观的专用保险基金。特别是对于人身保险中的寿险产品来说，寿险产品通常时间跨度都比较大，如终身寿险一直到被保险人死亡时才给付保险金，保险公司可以把沉淀下来的资金，进行投资运营，来达到保值增值的目的，这都是通过建立专用保险基金来实现的。

（五）保险机构

保险机制要发挥作用必须由相关的机构来完成。保险机构就是保险公司，也称保险人。保险机构与投保人共同构成了保险合同的双方当事人，也是保险的重要构成要素。

（六）保险关系契约

商业保险的当事人需要通过订立保险合同来明确双方当事人的权利和义务。实践中，由于投保人对保险的了解较少，合同往往都是由保险公司来确定的。因此，各国法律对保险合同的条款内容进行了详细的规定，以防止保险公司侵害投保人或者被保险人的利益。

四、保险的特征

保险具有经济性、商品性、互助性、法律性及科学性等特征。

（一）保险的经济性

保险是一种经济保障活动。保险的经济性主要体现在保险活动的性质、保障对象、保障手段、保障目的等方面。保险经济保障活动是整个国民经济活动的一个有机组成部分。其保障对象即财产和人身直接或间接属于社会生产中的生产资料和劳动力两大经济要素；其实现保障手段，最终都必须采取支付货币的形式进行补偿或给付；其保障的根本目的，无论从宏观角度还是从企业微观的角度来看，都是有利于经济发展。此外，保险的经济性还表现为在市场经济条件下，保险是一种特殊的劳务商品，体现了一种特殊的等价交换的经济关系。这种经济关系直接表现为个别保险人与个别投保人之间的交换关系，间接表现为在一定时期内全部保险人与全部投保人之间的交换关系。另外，从经营的角度看，经营商业保险业务的保险公司属商业性机构，其经营主要目标之一则是提高经济效益，追求利润最大化。但是，商业保险公司追求利润最大化，必须建立在保险经济效益与提高社会效益相一致的基础上。

（二）保险的商品性

保险所体现的是商品等价交换关系。保险劳动是一种服务性的劳动，这种服务性劳动为社会提供服务，而这种服务是按照等价交换原则进行交换的，因此这种服务是一种商品。

（三）保险的互助性

保险具有"众为一人，一人为众"的互助性。没有互助性，也就失去了保险的意义。保险是在一定条件下，分担了个别单位或个人所不能承担的风险，从而形成了一种经济互助关系。这种经济互助关系通过保险人用多数投保人缴纳的保险费建立的保险基金，对少数遭受损失的被保险人提供补偿或给付而得以体现。当然，在现代商业保险条件下，由于保险公司的出现，作为一种中间性的机构来组织风险分散和经济补偿，从而使互助性的关系演变成一种保险人与投保人直接的经济关系，但这种变化并不改变保险的互助性这一基本特征。

> 【思政要点 2-2】
>
> 在保险的"一人为众,众为一人"精神引领下指导学生传承中华文化和传统美德,万众一心,各尽所能,在实现伟大中国梦的历史进程中成就自己的人生理想和追求。

(四)保险的法律性

保险合同是双方当事人签订的法律契约,它在法律上明确规定了保险合同双方当事人的权利和义务。从法律角度看,保险具有明显的法律性。由于保险是一种合同行为,所以保险的法律性主要体现在保险合同上。

保险合同的法律特征主要有:保险行为是双方的法律行为;保险行为必须是合法的;保险合同双方当事人必须具有行为能力;保险合同双方当事人在合同关系中的地位是平等的。保险的法律性,不仅体现在保险本身是一种合同行为,还体现在法律是保险行为的规范和实现的条件,也是保险组织和某些保险业务活动产生的前提条件。此外,对保险的监督管理也是以法律为依据的。

(五)保险的科学性

保险是以科学的方法处理风险的一种有效措施。现代保险的经营以概率论和大数法则等科学的数理理论为基础,保险费率的厘定、保险准备金的提存等都是以科学的数理计算为依据的。

> 【思政要点 2-3】
>
> 通过对保险要素和特征的学习,强化爱国主义教育,激励学生努力学习,为国家现代化建设尽心尽力。

第三节 保险的职能与作用

一、保险的职能

保险的职能包括基本职能和派生职能,其中基本职能是保险的保障职能,派生职能是资金融通职能和社会管理职能。保障职能具体表现在三个方面,分别是分散风险、经济补偿或给付以及促进社会心理安定等职能。社会管理职能具体包括社会保障管理、社会风险管理、社会关系管理和社会信用管理等四个职能,如图2.2所示。

(一)保障职能

保险的保障职能,主要体现在以下几个方面:

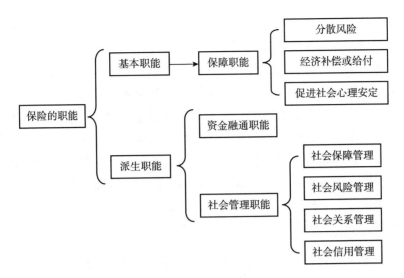

图 2.2 保险的职能

1. 分散风险

保险作为一种金融制度安排，通过将面临同质风险的大多数人集合在一起，把单个人所无力承担的风险损失平均分摊给这个集合中的所有人，从而实现了风险共担，实际上就实现了分散风险的职能。

2. 经济补偿或给付

补偿或给付保险金是保险的目的，投保人购买保险的目的就是当保险合同中约定的事故发生时，能够得到及时理赔。经济补偿职能是在发生保险事故造成损失时，根据保险合同按所保标的的实际损失数额给予赔偿，这是财产保险的基本职能。给付职能是在保险事故发生时保险人依据保险合同约定的保险金额进行给付，这是人身保险的基本职能。经济补偿或给付的职能的实质就是对被保险人遭遇风险事故后给予一定的经济补偿，减少风险事件给被保险人带来的损失。保险损失补偿功能作用的发挥是基于人们对分散风险的需要和对安全感的追求，因此，这一功能是保险最本质的功能，也是保险的最终目的。

3. 促进社会心理安定

美国著名心理学家马斯洛提出了人类需求的五层次理论，即生理需求、安全需求、社交需求、尊重需求和自我实现需求。其中，安全需求包括物质上的劳动安全和职业安全、经济上的生活安定和未来保障以及心理上的免于灾难威胁和安全感的需求。保险作为一种经济保障制度，通过分散人们面临的各种风险，并对因风险事故造成的意外损失给予经济上的补偿，能够弥补人们所遭受的不幸损失，消除人们对未来生活的忧虑和恐慌心理，从而达到安定社会的目的。

(二) 资金融通职能

现代金融最基本的功能就是对储蓄资源进行时间上和空间上的配置，实现储蓄向现实投资的转化。保险的资金融通职能是指保险基金的积聚功能、运用功能和分配功能。

保险公司和银行一样，其资金大部分是通过负债的形式由投保人所缴纳的保险费积聚起来的保险基金。但是保险费的收取与保险金支出之间存在一个时间的延迟，必然有一部分资金沉淀下来，而资金是有时间价值的，保险人为追求自身利益最大化，要使资金保值增值，必然要进行投资运营。投资业务和承保业务被称作是保险公司业务发展的两个轮子。充分发挥保险的资金融通职能，一方面可以积聚大量社会资金，增加居民储蓄转化为投资的渠道，分散居民储蓄过于集中于银行所形成的金融风险，另一方面可以为资本市场的发展提供长期的、稳定的资金支持，实现保险市场与货币市场、资本市场的有机结合和协调发展。保险正是由于具有资金融通的职能，进而具备了金融属性，因此保险业与银行业和证券业一起成为金融业的三大支柱。

（三）社会管理职能

社会管理职能是指保险通过其保障职能的发挥，能够促进、协调社会各领域的正常运转和有序发展，起到"社会润滑剂"的作用。保险的社会管理职能体现在四个方面。

1. 社会保障管理

现代商业保险已经是社会保障体系的一个重要组成部分，在完善社会保障体系方面发挥着重要的作用。我国的国情决定了我国的社会保障体系的特点是广覆盖、低保障，仅有社会保险实际上远远解决不了个体所面临的问题。商业保险因其产品的多样性和灵活性，在完善社会保障体系方面发挥了不可替代的作用。

2. 社会风险管理

保险公司长期从事风险管理，在风险识别、风险衡量和风险分析等方面积累了大量的经验，从而能够配合各部门做好防灾防损工作，实现对风险的控制与管理。

3. 社会关系管理

由于保险公司在事故勘查和灾害处理以及赔付过程中，涉及诸多的社会经济主体，通过保险公司的协调和管理，有利于维护政府、企业和个人之间正常的社会关系和秩序，能够有效地减少社会摩擦，提高社会运行效率，所以说保险能够起到"社会润滑剂"的作用。

4. 社会信用管理

最大诚信原则是保险经营的基本原则，保险公司经营的产品实际上是一种以信用为基础、以法律为保障的服务，对于社会公众的诚信建设可以起到推动作用。同时保险公司凭借其在经营过程中收集的有关企业和个人的信用资信状况和履约行为记录，为社会信用体系的建立提供了重要的信息资料来源，有助于改善和推动社会信用制度建设。随着保险业的发展，保险正朝着一种社会制度方向发展，成为担负社会管理职能的重要组成部分，承担起更多的社会责任，保险业在社会管理中所起的作用也越来越不可忽视。

二、保险的作用

(一) 保险的宏观作用

保险的宏观作用指的就是保险职能的发挥对全社会和国民经济总体所产生的经济效益。保险的宏观作用主要表现在五个方面。

1. 保险能够保障社会再生产的顺利进行

社会再生产过程由四个环节构成，分别是生产、分配、交换、消费。它们在空间上是均衡的，在时间上是连续的。但是在生产过程中的这种连续性和均衡性会因遭遇各种灾害事故而被迫中断和失衡。如一家大型企业可能因为一场火灾导致企业设备和厂房的毁损，使得企业停工停产，其连锁反应是可能会对它的上游企业和它的下游企业造成影响，导致再生产过程的连续性和均衡性被迫中断。在这种情况下，保险的经济补偿职能能够及时迅速地对这种中断发挥修补作用，从而保证社会再生产的顺利进行。

2. 保险有助于财政收支计划和信贷收支计划的顺利实现

财政收支计划和信贷收支计划是国民经济宏观调控的两个重要方面，但是由于自然灾害或者意外事故的发生，可能会造成企业生产的中断，最终可能会造成财政收入的减少以及银行贷款回流的中断，同时还会增加财政支出和信贷支出。如果购买保险，企业可以获得一笔保险金，能够迅速地恢复生产，从而保证收入的实现，能够确保企业按时缴纳税款，保证财政收入的基本稳定，同时企业还能够因为及时恢复生产，获得稳定的收入，及时偿还银行信贷，实际上也能够节省财政的支出。

3. 保险能够增加外汇收入，增强国际支付能力

保险是对外贸易等国际交往中不可或缺的一个环节，按照国际惯例，进出口贸易都必须办理保险。因为在对外贸易中，出口商通常会面临两种风险。一种是国际货物运输风险，如海洋运输过程中可能会遭遇自然灾害，导致出口货物遭遇损失。还有一种是在国际贸易中，出口商面临进口商的信用风险。有了保险，就能够为国际贸易保驾护航，从而可以增加外汇收入。此外保险费是无形的贸易收入，它对增强国际支付能力也会起到积极的作用。保险费和商品的成本、运费一起构成进出口商品的三要素。出口商品时，争取到岸价格，由对方负责保险，则可减少保险外汇支出。反之，进口商在进口商品的过程中，可以争取到离岸价格，由买方来负责购买保险，也可以减少外汇保险支出。因此，保险被形象地比喻为国际贸易的守护神。

4. 保险有助于推动科技发展

当今时代是一个科技高速发展的时代，科学技术的进步对一国生产力发展至关重要，而科学技术的发展实际上是和创新分不开的。新产品的研发和试制，新能源的开发和利用，都要面临很大的风险。如果没有保险为之保驾护航，科技的进步不会如此之快。如海上石油开发和卫星发射等项目一般都是举全国之力建设和开发的，是涉及政治、经济、科技、民生等多个层面的建设项目，其重要意义不言而喻；但是由于其面临的风险是巨大的，如果没有与之相配套的海上石油保险和卫星保险为之保驾护航，一旦研发失败，需要承担的损失也将是巨大的。

> **【思政要点2-4】**
>
> 通过讲述保险业在卫星发射、石油开发等大型科技项目中发挥的作用，强调保险在国民经济发展中的重要地位和意义，培养学生的专业兴趣和家国情怀，增强其民族认同感。

5. 保险有助于稳定社会生活

保险通过分散风险及提供经济补偿或给付的职能，在保障社会稳定方面发挥着积极的作用。在现代社会中随着科技的不断进步，实际上人们面临的风险是越来越大的。各种意外事故、自然灾害频发，对人们的生活构成了潜在的威胁。这些风险一旦发生，对人们的生活影响极大。如一场火灾可能会使一个企业瞬间倒闭，一场意外也可能会使一个家庭瞬间解体。但是通过保险，可以把企业、个人或者是家庭面临的风险转嫁出去。所以说，保险为社会提供了多层次的保障，它能够保障社会的稳定。因此，保险被称为"社会的稳定器""安全网"和"保护伞"。

> **【思政要点2-5】**
>
> 了解保险在服务国家经济，为经济发展保驾护航中的重要作用，培养学生的专业自信，实现专业素质和职业素养教育。

（二）保险的微观作用

保险的微观作用是指保险对经济单位或者个人所产生的影响，它主要体现在三个方面。

1. 保险有助于受灾企业恢复生产

市场经济条件下，企业通常都是自负盈亏、自主经营、自担风险的。而企业所面临的由于自然灾害或者意外事故造成的生产的中断，其损失往往是巨大的，很难通过自身的力量去抵御，这个时候通过购买保险来转移风险，对于企业来说是非常有利的。通过购买保险，企业只要支付小额的保险费，就能够在遭受损失时获得大额的风险保障，从而能够及时地恢复生产，把损失降到最低程度。同时，由于及时恢复生产，还可挽回受灾企业的利润损失等间接经济损失。

2. 保险能够为个人和家庭提供经济保障

家庭是构成整个社会的基本单位。家庭成员在现实生活中也会面临诸多风险，比如意外伤害、疾病、衰老、死亡等；另外，家庭还面临着财产损失的风险，比如火灾可能会导致家庭财产损坏，交通事故会导致机动车辆损坏、人员伤亡等。而这些风险都可以通过购买不同种类的人身保险和财产保险来规避，为个人和家庭提供相应的经济保障。

3. 保险能够作为个人投资和理财的重要手段

随着保险需求的不断变化，保险产品创新日趋完善，许多创新型人寿保险产品不但具有保障的功能，同时兼具了储蓄、投资和理财的功能。

第四节 保险的分类

一、根据保险标的的不同分类

根据保险标的的不同，可以把保险分成人身保险、财产损失保险、责任保险和信用保证保险。

人身保险是指以人的生命或身体为保险标的的保险，它还可以进一步分为人寿保险、健康保险、人身意外伤害保险等。

财产损失保险是以有形财产及其相关利益为保险标的的保险，它还可以进一步分为火灾保险、运输工具保险、货物运输保险、工程保险、农业保险等。

责任保险是以被保险人依法应承担的民事损害赔偿责任为保险标的的保险，它还可以进一步分为第三者责任险、公众责任保险、雇主责任保险、职业责任保险、产品责任保险等。

信用保证保险是以合同权利人和义务人约定的信用为保险标的的保险，分为信用保险和保证保险。其中信用保险还可以进一步分为国内商业信用保险、出口信用保险；保证保险还可以进一步分为合同保证保险、产品质量保证保险、忠诚保证保险等。

二、根据保险实施是否强制分类

根据保险实施是否强制，保险可以分成强制保险和自愿保险。

强制保险又称法定保险，是指国家或政府根据法律、法令或行政命令，在投保人和保险人之间强制建立起来的保险关系，如机动车交通事故责任强制保险及社会保险等。

自愿保险是指保险双方当事人通过签订合同，一方缴纳保险费，另一方提供保险保障的一种保险。大多数商业保险就是这种自愿保险。

三、根据保险性质的不同分类

根据保险性质的不同，保险可以分为商业保险和社会保险。

商业保险是指通过自愿订立保险合同建立保险关系，由专门的保险企业经营，以营利为目的的保险形式。在商业保险中，除了普通的商业保险，还有一类政策性商业保险，它是指政府出于政策的目的，由国家财政直接投资成立的公司或国家委托独家代办的商业保险机构经营的一些不以营利为目的的保险。这些保险通常由国家财政给予一定的补贴或者税费的减免。常见的政策性保险包括农业保险、出口信用保险和投资保险等。

社会保险是在既定的社会政策指导下，不以营利为目的，由国家通过法律手段强制实施的一类保险，是社会保障体系的重要组成部分。

四、根据业务承保方式的不同分类

根据业务承保方式的不同,保险可以分为原保险和再保险。

原保险是指保险人对被保险人因保险事故所致的损失承担直接的、原始的赔偿责任的保险。

再保险是原保险人以其所承保的风险,再向其他保险人进行投保,并与之共担风险的保险,是风险的二次分摊。

五、根据精算基础的不同分类

根据精算基础的不同,保险可以分为寿险和非寿险。

寿险是指人寿保险。

非寿险是指除人寿保险以外的保险,包括财产保险,还包括属于人身保险业务中的短期健康保险和人身意外伤害保险,以及上述业务的再保险。

六、根据国家的立法形式分类

根据国家的立法形式,保险可以分为人身保险和财产保险。

人身保险是以人的生命或身体为保险标的的保险。

财产保险是以有形或无形财产及其相关利益为保险标的的一类保险。广义的财产不仅包括有形的物质财富,还包括与具体物质财富相关的经济利益、责任、信用等无形财产。

第五节 保险的比较与辨析

一、商业保险与社会保险

商业保险与社会保险的区别在于以下几点。

(一)保险性质不同

商业保险是一种经营行为,以营利为目的;而社会保险是国家社会保障制度的一种,不以营利为目的。

(二)实施方式不同

商业保险依照平等自愿原则,是否建立保险关系完全由投保人自主决定;社会保险具有强制性,其参加与否、缴纳的费用、接受的保障都是由国家立法直接规定的。

(三)资金来源和保险费负担原则不同

商业保险基金由参加保险的单位或个人按照保险合同的约定缴纳,强调等价交换和权利义务对等原则；社会保险一般由国家、企业、个人三方负担，不特别强调权利义务对等，具有一定的转移分配性质。

（四）保障对象不同

商业保险的保障对象是符合保险条件并缴纳了保险费的被保险人；社会保险的保障对象是社会劳动者，有的国家甚至扩大到全体国民。

（五）保障程度不同

商业保险的保障程度完全由投保人、被保险人与保险公司协商确定，可高可低，一般不受限制；社会保险的保障程度由国家事先规定，只能满足劳动者最基本的生活需求。

（六）保险责任不同

商业保险的保险责任主要包括财产损失保险、责任保险、信用保险及人身保险等；社会保险的保险责任主要包括养老保险、失业保险及劳动保险，其中劳动保险分为医疗保险、工伤保险及生育保险。

商业保险与社会保险的比较具体见表2.1。

表2.1 商业保险与社会保险的比较

比较项		分类	
		商业保险	社会保险
相同点		缴纳保险费，提供风险保障	
不同点	保险性质不同	一种经营行为，以营利为目的	一种社会保障制度，不以营利为目的
	实施方式不同	自愿原则	强制性
	资金来源和保险费负担原则不同	参保单位或个人按合同约定缴纳，强调等价交换及权利义务对等原则	国家、企业、个人三方负担；不强调权利义务对等；有一定的转移分配性质
	保障对象不同	符合保险条件并缴纳了保险费的被保险人	社会劳动者
	保障程度不同	一般不受限制	只满足基本需求
	保险责任不同	人身保险、财产损失保险、信用保险、责任保险	医疗保险、养老保险、失业保险、工伤保险、生育保险

【思政要点2-6】

为了让百姓真正富起来，国家出台了一系列政策，包括金融政策和社会保障政策。风险无处不在，在现实生活中，因灾致贫、因病致贫的案例比比皆是。通过商业保险和社会保险相结合的方式，可以提高生活质量，让社会大众体验积极快乐的生活。

二、保险与赌博

保险与赌博都具有射幸性，都是取决于偶然事件的发生而获得金钱和财务。两者的共同点体现在：单个给付和反给付的不均等以及给付的确定性与反给付的不确定性。但是两者有着本质的区别。

（一）从风险变化分析

对于保险来说，损失的风险是客观存在的，它不是由人为来制造的。而对于赌博来说，损失的风险是由交易本身创造的。所以说，保险是将不确定性转化为确定性，而赌博是创造不确定性。

（二）从行为目的分析

保险是基于互助思想，谋求经济生活安定。而赌博是基于人性的贪婪，目的是以小博大，图谋暴利。

（三）从科学性方面分析

保险实际上是基于科学精算的。与之相反，赌博完全是以偶然性为基础，是一个随机事件。

保险与赌博的比较具体见表 2.2。

表 2.2　保险与赌博的比较

比较项		分类	
		保险	赌博
相同点		单个给付和反给付不均等	
		给付的确定性与反给付的不确定性	
不同点	从风险变化分析	将不确定性转化为确定性	创造不确定性
	从行为目的分析	基于互助思想，谋求经济生活安定	基于人性的贪婪，目的是以小博大，图谋暴利
	从科学性方面分析	基于科学精算	以偶然性为基础，是一个随机事件

三、保险与救济

保险与救济的相同之处都是对不幸事故损失进行赔偿的一种行为。而它们的区别在于以下几点。

（一）权利义务不同

保险合同的双方当事人具有权利义务对等关系。而救济是一种基于人道主义的施舍行为，没有相应的权利义务关系。

（二）法律行为不同

保险是一种合同行为，保险合同是双务合同，保险金的赔偿或给付必须按照合同约定履行。而救济是单方面的法律行为，任何一方不受约束，对于救济者的无偿赠予，没有法律上的义务，施舍与否、施舍多少完全取决于施舍一方的心愿，而且形式多样，金钱、实物均可，接受救济者无权提出自己的主张。

（三）保障对象不同

保险的保障对象是满足承保条件的特定的被保险人。救济的对象是老、弱、病、残等社会弱势群体。

保险与救济的比较具体见表2.3。

表2.3 保险与救济的比较

比较项		分类	
		保险	救济
相同点		是对不幸事故损失进行补偿的一种行为	
不同点	权利义务不同	权利义务对等关系	基于人道主义的施舍行为，没有相应的权利义务关系
	法律行为不同	合同行为，保险金的赔偿或给付必须按照合同约定履行	单方面的法律行为，任何一方不受约束
	保障对象不同	满足承保条件的特定的被保险人	老、弱、病、残等弱势群体

四、保险与储蓄

保险和储蓄都可以通过提前支付给金融机构一定金额的资金，以达到未来某特定的目的，比如养老或者满足未来的经济之需。二者的区别在于以下几点。

（一）从性质上来看

保险是一种互助合作的行为，必须依靠多数人的互助共济才能实现，体现了"人人为我、我为人人"的保险宗旨。而储蓄是一种自助行为，依靠本金和利息累积增值。

（二）从可利用的资金额度来看

保险不要求保险人与每一个投保人建立等价交换关系，其本身具有很大的杠杆作用，也就是说，只要支付少量的保险费，在保险事故发生时就能够获得一笔可观的保险金，所以保险以小博大的效果显现得比较充分。而储户所能利用的资金仅仅是自己存款的本金和利息。

（三）从风险管理方法来看

保险实现了风险转移。而储蓄一般是风险自留的行为。

保险与储蓄的比较具体见表2.4。

表 2.4 保险与储蓄的比较

比较项		分类	
		保险	储蓄
相同点		通过提前支付给金融机构一定金额的资金,以达到未来某特定的目的,比如养老或者满足未来的经济之需	
不同点	从性质来看	互助行为	自助行为
	从可利用的资金额度来看	高杠杆作用,数倍于保险费的保险金	本金与利息
	从风险管理方法来看	风险转移	风险自留

■ 本章小结

1. 保险是一种以经济保障为基础的金融制度安排。它通过对不确定事件发生的数理预测和收取保险费的方法,建立保险基金;以合同的形式,由大多数人来分担少数人的损失,实现保险购买者风险转移和理财计划的目标。
2. 保险具有经济性、商品性、互助性、法律性及科学性等特征。
3. 保险具有的职能包括:保障职能、资金融通职能和社会管理职能。其中保障职能是基本职能,资金融通和社会管理职能是派生职能。
4. 根据不同的分类标准,保险可以分成不同的类别。

(1) 根据保险标的的不同,可以把保险分成人身保险、财产损失保险、责任保险和信用保证保险。
(2) 根据保险实施是否强制,保险可以分成强制保险和自愿保险。
(3) 根据保险性质的不同,保险可以分为商业保险和社会保险。
(4) 根据业务承保方式的不同,保险可以分为原保险和再保险。
(5) 根据精算基础的不同,保险可以分为寿险和非寿险。
(6) 根据国家的立法形式,保险可以分为人身保险和财产保险。

5. 保险与其他制度具有明显的不同。

■ 思考与练习

一、单选题

1. 保险原始阶段的基本思想是( )。
   A. 重复保险分摊原则
   B. 损失补偿原则
   C. 代位追偿原则
   D. 共同海损分摊原则
2. 下列关于保险含义的说法错误的是( )。
   A. 保险可以使少数不幸的被保险人的损失由未发生损失的被保险人分摊
   B. 《中华人民共和国保险法》将保险定义为商业保险行为
   C. 保险是社会保障制度的重要组成部分
   D. 保险是风险管理的一种方法
3. 与赌博类似,保险行为的特征具有( )。
   A. 射幸性   B. 交易性
   C. 互助性   D. 讹诈性
4. 按照保险标的对保险进行分类,保险可以划分为( )。
   A. 人身保险、财产保险
   B. 原保险、再保险

C. 社会保险、商业保险
D. 强制保险、自愿保险
5. ( ) 可以分为机动车事故责任保险、产品责任保险、医疗责任保险和雇主责任保险等。
   A. 责任保险   B. 信用保险
   C. 保证保险   D. 医疗保险
6. 下列保险项目属于财产损失保险的有( )。
   A. 公众责任保险   B. 建筑工程保险
   C. 意外伤害保险   D. 出口信用保险
7. ( ) 的职能不是损失补偿，而是经济给付。
   A. 人身保险   B. 财产保险
   C. 保证保险   D. 责任保险
8. ( ) 是说保险基金的筹集建立在概率论、大数法则的基础上，厘定出科学合理的保险费，这是保险合同得以履行的保证。
   A. 互助性   B. 经济性
   C. 契约性   D. 科学性
9. "千家万户保一家"体现了保险的( )。
   A. 互助性   B. 契约性
   C. 经济性   D. 群众性
10. 保险基金最主要的来源是( )。
    A. 开业资金   B. 保险费
    C. 保险准备金   D. 公积金
11. 社会保险的保险费一般由个人、企业和政府三者共同负担，在某些情况下，( ) 完全不负担保险费。
    A. 社会   B. 企业
    C. 个人   D. 国家

二、多选题

1. 商业保险的基本特征包括( )。
   A. 权利义务行为   B. 经济行为
   C. 合同行为   D. 强制行为
   E. 保障程度有一定限制
2. 从《中华人民共和国保险法》关于保险的定义可以看出，保险合同的主体主要有( )。
   A. 被保险人   B. 保险监督机构
   C. 保险人   D. 投保人
3. 商业保险与社会保险的区别表现为( )。
   A. 缴费原则不同   B. 实施方式不同
   C. 精算基础不同   D. 经营主体不同
4. 财产保险业务包括( )。
   A. 财产损失保险   B. 责任保险
   C. 信用保险   D. 定额保险
   E. 综合保险
5. 财产保险的保险标的包括( )。
   A. 商业信用
   B. 物质财产及有关利益
   C. 法律责任
   D. 医疗费用
6. 下列对劳合社表述正确的是( )。
   A. 创立于1688年
   B. 不是保险公司，而是一个由许多保险商人聚集在一起经营保险业务的场所
   C. 本身不经营、不承保业务，只向它的成员提供交易场所和相关服务
   D. 它的成员由具有雄厚实力的自然人和法人担任
   E. 投保人和承保人一般不可直接接触，通过经纪人安排保险业务
7. 保险的基本特征有( )。
   A. 经济性   B. 商品性
   C. 互助性   D. 契约性
   E. 科学性
8. 保险的派生职能是( )。
   A. 补偿损失职能   B. 融通资金职能
   C. 监督风险职能   D. 社会管理职能
   E. 风险分摊职能
9. 按照业务承保方式分类，保险分为( )。
   A. 原保险   B. 再保险
   C. 共同保险   D. 社会保险
   E. 重复保险

三、判断题

1. 从经济角度看，保险是一种融通资金的财务安排。( )
2. 我们所投保的保险仅仅是保险公司提供的一种服务，所以不是商品。( )

3. 保险是一种互助方式,是一种损失分摊机制。（ ）
4. 经济性是保险最基本的特征。（ ）
5. 保险公司的经营不在于集中风险,而在于分散风险。（ ）
6. 保险的基本职能是补偿损失和防灾防损。（ ）
7. 商业保险与社会保险的共同之处为二者的实施方式相同。（ ）
8. 共同保险和再保险都是对风险责任进行的第一次分摊。（ ）
9. 人寿保险的基本职能是补偿损失。（ ）

四、简答题

1. 保险的分类有哪几种?
2. 保险的职能体现在哪些方面?
3. 为什么说保险是社会生活的稳定器?

第三章 保险合同

■ **学习目标**

学习本章,应当理解和掌握:
- 保险合同的定义、特征及作用
- 保险合同的分类
- 保险合同要素
- 保险合同的形式
- 保险合同的订立与生效
- 保险合同的履行
- 保险合同的变更与终止
- 保险合同的解释原则与争议处理

■ **价值目标**

学习本章,具体的价值目标应包括:

树立知法、守法意识,从司法公正到为人做事,引导学生树立正确的保险观念和契约精神。

树立责任意识和加强职业道德素养,实现对学生的专业素质和职业素养以及精益求精的职业精神的培养。

遵循文明、和谐、平等、公正、法治、诚信、友善的原则。

保险是一种法律行为,而这种法律行为是通过建立保险合同的方式受到法律的保护或产生法律效力的。本章主要学习有关保险合同的特征、形式、订立、实施、变更、终止等基本知识。

第一节 保险合同概述

一、保险合同的定义

保险合同也称保险契约，它是保险关系双方当事人为达到保险保障的目的，而签订的一种具有法律约束力的协议，借以明确各自的权利和义务，它是产生保险关系的前提。其中：一方当事人是投保人，承担按时缴纳保险费的义务，享有在保险事故发生后索赔的权利；另一方当事人是保险人，承担履行保险赔付或给付义务，享有征缴保险费的权利。

二、保险合同的特征

保险合同作为经济合同的一种，具有一般法律特征的同时还具有自己独有的特征，因此，可以说保险合同是一种特殊的经济合同。

（一）保险合同的一般法律特征

1. 合同的当事人必须具有民事行为能力

保险合同的主体，即保险合同的参加者，无论是自然人还是法人，都要求不仅具有权利能力，还必须具有行为能力，所订立的保险合同才能有效。只有这样，合同的主体才能理智地处理合同中的事务，才能通过自己的行为取得法律所赋予的权利，履行所承担的义务。

2. 保险合同双方当事人在法律关系中处于平等地位

保险合同双方当事人在签订合同时，法律地位一律平等，任何一方当事人应允许对方自由充分地表达自己的意思，不以任何形式加以限制或强迫命令，保证保险合同的自愿性和公平性，以及充分体现当事人双方的愿望。

3. 保险合同是合法的法律行为

保险合同必须合法，否则不能得到法律保护。在一方不能履行义务时，另一方可向国家规定的合同管理机关申请调解或仲裁；或者争议双方依照仲裁协议，将彼此间的争议交由双方共同信任、法律认可的仲裁机构的仲裁员调解，并做出仲裁；也可直接向人民法院起诉。

> 【思政要点3-1】
>
> 法律面前人人平等。结合我国法治建设的成就，引导学生认识到从司法公正到为人做事等各个层面，正确的法治观念和契约精神都具有重要意义。

(二) 保险合同的独有特征

1. 保险合同的双务性

保险合同的双务性指的是保险合同双方当事人互负对等给付义务。保险合同属于双务合同。投保人的义务是需要按时缴纳保险费，投保人的权利是在合同中约定的事故发生时获得保险金的赔偿或给付。相应地，保险人的权利是收取保险费，而其义务是在保险合同中约定的事故发生后，按保险合同的约定赔偿或给付保险金。

2. 保险合同的射幸性

所谓射幸是侥幸、碰运气的意思。射幸合同是指在合同订立时，当事人的给付义务尚未确定的合同，即保险合同履行的结果是建立在事件可能发生、也可能不发生的基础之上的。在合同有效期内，假如保险合同中规定的特定事故发生，则被保险人从保险人那里得到的赔偿金额将远远超出其所支出的保险费；反之，若特定事故没有发生，则被保险人只支付保险费而得不到任何补偿。保险人的情况正好相反，当发生保险事故时，赔偿金额必然远远大于收取的保险费；若事故未发生，则只享有收取保险费的权利，而无赔付的义务。

保险合同具有射幸性即机会性，是因为在订立保险合同时，当事人的损益是不确定的。也就是说，订立合同时，只有被保险人必须缴纳保险费，而保险人是否需要赔付，要依保险事故是否发生而定，但保险事故的发生和发生后的损失程度都是随机的。

3. 保险合同的附和性

保险合同的附和性是指保险合同双方当事人在签订保险合同时，合同内容不是由双方当事人来共同协商拟定的，而是由保险人一方事先拟定的，另一方当事人只是做出是否同意的意思表示。

保险合同的订立并不是投保人与保险人自由协商的结果，而通常是由保险人一方事先拟定，经监管部门审批。投保人若同意其内容则可投保，若不同意也不能提出自己所要的保险单或修改其中的条款，即使有必要变更保险单内容，也只能采用保险人事先准备的附加条款或附加保险单。也就是说，对于保险人单方面制定的保险合同内容，投保人只能做出"取"或"舍"的决定。这就使得投保人处于被动和弱势地位。由于保险合同的这种附和性，当合同双方对合同条款理解有分歧时，法院通常要做出有利于投保人的解释。

但是也要注意，大多数的保险合同都是附和性合同，其中的基本条款和费率都是由保险人拟定的，投保人不能对保险单所确定的内容进行修改和变更，但少数保险合同是协议合同，即双方当事人经过充分的协商而订立的合同。比如一些特殊险种的保险合同，没有一些要式的合同条款供其选择，需要双方协商确定，所以称之为协议合同。一些明星投保的特殊险种就属于这类，如对钢琴家的手指、足球明星的腿以及歌星的嗓子等所投的保险。

4. 保险合同的最大诚信性

任何合同的订立都是以当事人的诚信为基础的，保险合同也不例外，但由于保险合同双方当事人的信息具有不对称性，保险合同对诚信的要求远远高于其他合同。因此，保险合同双方当事人要以信用为基础。一方面，保险人主要是依据投保人对保险标的的告知来决定是否承保和承保的条件。投保人的道德因素和信用状况对保险经营来说影响极大。比如有的投保人故意隐瞒病情、带病投保等。投保人的这种道德风险、不如实告知和欺骗都会使保险人判断失误而造成损失。另一方面，从保险人角度来看，保险经营的复杂性和技术性导致保险合同的专业性很强，使得保险人在保险关系中处于有利地位，而投保人处于不利地位，因此，坚持最大诚信性原则是极为重要的。

5. 保险合同的条件性

保险合同的条件性是指只有在合同所规定的条件得到满足的情况下，合同当事人一方才履行自己的义务，反之，则不履行其义务。比如，投保人一定要按时缴纳保险费，特别是在人寿保险合同中，如果保险费是分期缴纳的情况下，投保人要逐年按时缴纳保险费，否则，一旦超过了保险合同的宽限期（通常为60天），保险合同会暂时失效。

6. 保险合同的补偿性

补偿性是针对财产保险合同来说的，保险人对投保人所承担的义务仅限于损失部分的补偿，赔偿不能高于损失的金额，不能通过保险来获得额外的利益，否则就会引发道德风险。比如，投保人会为了获得额外的利益而故意制造保险事故。

7. 保险合同的个人性

个人性也是针对财产保险合同来说的。由于保险合同所保障的不是遭受损失的财产，而是遭受损失的被保险人本人，所以保险合同的个人性指的就是投保人在转让自己财产的同时，不能够同时转让其保险合同，除非经过保险公司的同意。因为不同的财产所有人对保险标的影响不同，从而造成损失的可能性和严重性也大不相同，所以保险人会根据不同人制定不同的保险费率标准。如对于机动车辆保险，机动车发生损失，跟个人的性格或者小心程度等有关。对于保险公司来说，不同的投保人承保的风险是有差别的。因此，在转让财产的同时，不能同时转让保险合同，如果希望这份保险合同继续生效，那么必须通知保险公司，经保险公司同意并进行批单处理，方可有效。但对于货物运输保险合同，投保人在转让自己的财产的同时，可以不用经过保险公司而同时转让保险合同。这是因为在货物运输保险中，保险标的的转让并不会增加保险标的的风险，因为保险标的始终是在货物运输的过程中，其风险是所有人无法控制的。

三、保险合同的作用

保险合同在保险交易中发挥着重要作用，其具体作用主要表现在以下几点。

（一）保险合同规定保险双方当事人的权利和义务

只有明确了权利和义务才能使合同具有价值，这是订立保险合同的基本作用。

（二）保险合同规定保险双方当事人从事保险活动的基本规范

保险合同规定了当事人能够做什么，不能够做什么，这是合同得以行使的保证，双方当事人必须遵守。如果当事人违反合同中的规定，并且有损坏另一方当事人权利的行为时会受到合同的约束，严重者要受到法律的惩罚。合同规定当事人应该做什么，不应该做什么，双方当事人必须遵守。比如，保险公司要尽可能地降低风险事故发生的频率和损失程度。因此，在火灾保险当中，保险人会要求企业采取一些防损减损的措施，如要求企业的厂房安装自动喷淋设备。对于人身意外伤害保险来说，保险合同中规定了一些除外责任，如不能从事跳水、跳伞、滑雪、攀岩等高风险运动。

（三）保险合同是解决保险争议的重要依据

保险合同与其他合同一样，其作用就是让当事人都可以按照规定行使权利和履行义务。当当事人发生争议时，合同就是处理争议的重要依据。

第二节　保险合同的分类

一、按照标的分类

按照保险合同标的的不同，可以将保险合同分为财产保险合同和人身保险合同。

财产保险合同是指以财产及其有关利益为保险标的的保险合同。这里的财产包括了有形财产、无形财产和责任等。财产保险合同适用于损失补偿原则，当发生保险事故时，可以通过保险补偿来弥补事故中造成的财产及利益损失。

人身保险合同是指以人的生命和身体为保险标的的保险合同。人的生命和身体不能用货币定价，因为生命是无价的，所以，人身保险没有保险价值的概念，其保险保障的程度是依据投保人和保险人双方约定的保险金额来确定的。人身保险合同依据约定的保险金额给付保险金。

二、按照价值确定分类

按照保险价值在订立合同时是否确定，可以将保险合同分为定值保险合同和不定值保险合同。

定值保险合同是指双方当事人签订合同时将保险标的的保险价值事先约定，在合同中载明，并作为保险金额的保险合同。其实质是在订立保险合同时对于保险标的物的价值加以确定。当保险标的发生损失时，无须再加以估计，依照合同所载明的价值进行赔付。定值保险合同适用于货物运输保险和远洋船舶保险、农业保险及以古玩字画等艺术品为投保标的的保险合同。以货物运输保险为例，由于这些保险标的流动性强，同一标的在保险期限内，在不同的市场上，其保险标的物的价值估计差异很大。这些标的受时间及空间影响很大，于事后估计损失，在技术上困难较大。所以在保险实务中，多采用定值保险合同，避免在保险理赔时为保险赔偿带来难度或产生道德风险。

不定值保险合同是指保险合同中只载明保险标的保险金额而未载明其保险价值的保险合同。保险合同中只有保险金额，以此确定保险赔偿的最高限额。保险标的的价值依据损失发生时的市场价值来确定。企业财产保险、家庭财产保险和机动车辆保险等适用不定值保险合同。由于保险金额是确定的，而保险价值是损失发生后确定的，所以两者之间往往不一致。

三、按照性质分类

按照保险合同的性质不同，可以将保险合同分为补偿性保险合同和给付性保险合同。

补偿性保险合同是指保险人的责任以补偿被保险人的实际损失为限，并且不得超过保险金额的保险合同。大多数财产保险合同属于补偿性保险合同，因为财产作为保险标的是有价的，遭受保险事故而产生的损失是可以确定的，保险人对保险标的损失的赔偿责任是按价补偿，所以称之为补偿性保险合同。

给付性保险合同是指保险人的责任以合同中约定的保险金额为准，不得增减的保险合同。在保险事故或约定的事件出现时，保险人根据保险合同的规定，向被保险人或受益人支付保险金。大多数人身保险合同属于给付性保险合同，因为人的寿命或身体的价值难以确定，所以在保险事故或约定事件出现时，通过给付定额保险金的形式，解决经济保障问题，所以称之为给付性保险合同。

四、按照保险责任次序分类

按照保险人所负保险责任的次序，可以将保险合同分为原保险合同和再保险合同。

原保险合同又称直接业务保险合同或第一次保险合同，是指保险人对被保险人因保险事故所致的损失承担直接的、原始的赔偿责任的保险合同。

再保险合同又称分保险合同，是原保险人以其所承保的风险，再向其他保险人进行投保，并与之共担风险的保险合同。

第三节 保险合同的要素

保险合同与任何合同一样，由主体、客体和内容三个要素组成，如图3.1所示。

一、保险合同的主体

保险合同的主体是指在保险合同中享受权利或者承担义务的人。保险合同的主体包括保险合同的当事人和关系人。保险合同的当事人是与保险合同发生直接关系的保险人和投保人。保险合同的关系人是指与保险合同发生间接关系的被保险人和受益人。这些主体在保险活动中充当不同的角色，具有不同的法律地位，享有不同的权利，承担不同的义务。

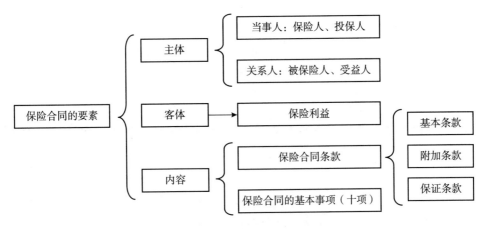

图 3.1　保险合同的要素

(一) 保险合同的当事人

保险合同的当事人是签订保险合同的双方，即保险人和投保人。

1. 保险人

保险人也称承保人，是指与投保人订立保险合同，并根据合同收取保险费，在保险事故发生时承担赔偿或给付保险金责任的保险公司，是经营保险业务的经济组织。

由于保险人的特殊地位和作用，各国政府对保险公司的设立和业务经营都做了严格的规定，以确保保险公司经营的稳定性，保证社会公众的利益。

保险人必须符合以下三个条件。

(1) 保险人要具备法定资格，即保险人必须是依照法定条件和程序设立的保险公司，要接受保险监管部门的监管，在批准的范围内开展保险业务。

(2) 保险人必须以自己的名义订立保险合同。保险公司只有以自己名义与投保人订立保险合同，才能成为保险合同的保险人。

(3) 保险人需依照保险合同承担保险责任。按照保险合同的约定承担保险责任，是保险人最主要、最基本的合同义务。

2. 投保人

投保人又称要保人，是指对于保险标的具有保险利益，与保险人订立保险合同，并按照保险合同承担交付保险费义务的自然人或法人。

投保人必须具备以下三个条件。

(1) 投保人必须具有完全的民事权利能力和民事行为能力。

(2) 投保人对保险标的必须具有保险利益。保险利益是指投保人对保险标的具有的法律上承认的利益。《中华人民共和国保险法》规定：投保人对保险标的不具有保险利益的，保险合同无效。

(3) 投保人有缴纳保险费的义务，缴纳保险费是投保人的主要义务。

> 【思政要点3-2】
>
> 保险合同主体必须符合法律规定，因此要树立知法、守法意识。

（二）保险合同的关系人

保险合同的关系人是指对保险合同利益享有独立请求权的人，包括被保险人和受益人。

1. 被保险人

被保险人是指其财产或人身享受保险合同保障，享有保险金请求权的自然人或法人。 在财产保险中，被保险人可以是自然人，也可以是法人。在人身保险中，被保险人只能是自然人。在自然人中，无民事行为能力和限制行为能力的人均可作为人身保险的被保险人。但在我国，以死亡为给付保险金条件的保险合同中，无民事行为能力的人不得成为被保险人，投保人不能为其投保。只有父母为其未成年子女投保人身保险时，才不受此限制，但是死亡给付保险金额总和不得超过一定限额。以法律条款对保额进行限制，目的是对无民事行为能力人的特别保护。因为如果不加以法律限制，容易诱发道德风险。

被保险人应具备以下条件。

（1）被保险人必须是保险合同保障的人。只有对保险标的有经济利益的人才有资格获得保险保障。

（2）被保险人是保险事故发生时遭受损害的人。因为一旦保险事故发生，与保险标的有经济利害关系的被保险人的利益就会受到损害。

（3）被保险人是享有保险金请求权的人。在财产保险合同中，保险事故发生后，未造成被保险人死亡，保险金请求权由被保险人本人行使；造成被保险人死亡，保险金请求权由其继承人行使。在人身保险合同中，保险事故发生后，被保险人仍然生存的，保险金请求权要由被保险人本人行使；被保险人死亡后，保险金请求权由被保险人或者投保人指定的受益人行使；未指定受益人的，保险金请求权由被保险人的继承人行使。

投保人与被保险人间的关系有两种情况：一是投保人与被保险人是同一人，具有双重身份；二是投保人与被保险人不是同一人，则投保人是保险合同当事人，被保险人是保险合同关系人。

2. 受益人

受益人又称保险金受领人，是指在保险合同中由被保险人或者投保人指定的享有保险金请求权的人。 受益人可以是一人，也可以是数人。如果投保人或被保险人未指定受益人，其法定继承人即为受益人。

受益人应具备以下两个条件。

（1）享有保险金请求权。受益人享有的保险金请求权有一个前提条件，即只有在被保险人死亡的情况下，受益人才有保险金的请求权。

（2）由投保人或被保险人所指定或约定并在保险合同中注明，即指定受益人必须在保险合同中写明受益人的姓名。

对于财产保险，被保险人是财产损失的主体，被保险人自己领取保险赔偿金，一般不规定受益人。

受益人是人身保险合同的特有主体，其具体规定如下。

（1）受益人的法律资格：自然人、法人等均可作为受益人。自然人中无民事行为能力人、限制民事行为能力人，甚至未出生的胎儿等均可被指定为受益人，受益人必须在请求保险金时生存。

（2）受益人的产生：受益人由被保险人或投保人指定或依法律程序确定。投保人确定或变更受益人需经被保险人同意，并书面通知保险人。如果没有指定受益人，在被保险人死亡时，其法定继承人领受保险金。

（3）受益人的人数：可以是一人也可以是数人。受益人为数人时，被保险人或者投保人可以确定受益顺序和受益份额；未确定受益份额的，受益人按照相等份额享有受益权。

（4）受益人的权利：受益人的受益权只有在被保险人死亡后才能享受。受益权的权限只是领受保险金。受益权的取得属于原始取得权，而不是继承取得权。受益权具有排他性，其他人都无权干预。受益人领取的保险金不是遗产，不能用于偿还被保险人生前的债务；继承权则为继承遗产，具有在继承遗产范围内为被保险人偿还债务的义务。受益人无权擅自转让受益权。如果受益人故意造成被保险人死亡或者伤残，或者故意杀害被保险人未遂的，丧失受益权。受益人先于被保险人死亡的，受益权消失；受益人依法丧失受益权的，受益权消失；受益人放弃受益权的，受益权消失。

（5）受益人的变更：投保人或被保险人都可以变更受益人。投保人确定和变更受益人须经被保险人同意，并书面通知保险人；被保险人确定或变更受益人无须投保人同意，只要书面通知保险人即可。

（6）受益人的义务：受益人在人身保险合同中唯一的义务就是当保险合同约定的事故发生时，及时通知保险人，不承担任何其他的义务，这也说明受益人在人身保险合同中具有独特的法律地位。

需要注意受益人指定与否的不同处理。首先，受益人指定与否与是否缴纳遗产税直接相关。如果在没有指定受益人的情况下，保险金将作为被保险人的遗产来处理。目前，全世界大约有2/3的国家和地区征收遗产税，而且通常情况下遗产税的比例还不低。但如果事先指定了受益人，被保险人身故以后，对受益人领取的保险金则免征遗产税，因为这相当于是被保险人生前对受益人的赠予，属于其生前已处分的财产。其次，受益人指定与否与是否清偿被保险人债务有关。如果是指定受益人，则受领的保险金受法律保护，被保险人的债权人不得请求受益人以领取的保险金清偿被保险人的债务，继承人也无权分享受益人领取的保险金。如果是法定受益人，则保险金只能作为被保险人的遗产处理，用于清偿其生前债务后在各继承人之间分配。

保险合同生效后，投保人或被保险人可以变更或撤销受益人的受益权，但应通知保险人。指定受益人的受益权以被保险人死亡时受益人尚生存为条件，若受益人先于被保险人死亡，受益权应回归投保人或被保险人，由其另指定新受益人，而不能由原受益人的继承人继承受益权。

二、保险合同的客体

保险合同的客体是指投保人或被保险人对保险标的所具有的法律上承认的利益，即保险利益。也就是说，保险合同的客体是保险利益，而不是保险标的本身。

保险标的是保险人和投保人双方权利和义务所共同指向的对象，可以是物品、权益、责任、信用或人的身体、健康和生命。基于保险合同的特殊性，保险标的并不是保险双方当事人交换的物品，而是投保人请求保险人承担风险，给予经济保障的保险利益的物质承担者。对于不同的险种，其保险标的不同。财产保险的标的是具有经济价值的有形实物；责任保险的标的是因民事损害而依法应承担的经济赔偿责任；信用保证保险的标的是因履行义务而使权利方遭受的经济损失；人身保险的标的是身体或生命。

特定的保险标的是保险合同订立的必要内容，但订立保险合同的目的并非保障保险标的本身，而是保险标的受损后投保人、被保险人或受益人的保险利益。保险标的是保险利益的载体，没有保险标的就没有保险利益。因为如果保险标的不发生保险损失，则投保人的利益不会发生损失；而如果保险标的发生损失，则投保人的利益就会受损。

例如，某家银行对它放款抵押的一幢房子投保火灾保险，虽然保险标的是房子，但保障的是它对这幢房子的利益，而不是构成这个房子的一砖一瓦，如果这个房子在银行已经收回放款后被烧毁，即使是在保险有效期内，银行也得不到赔偿，因为这家银行在这幢房子被烧毁时已经对其没有可保利益了。

三、保险合同的内容

保险合同的内容与保险合同的主体、客体一样，是建立合同关系必不可少的要素。保险合同的内容包括保险条款和基本事项。

（一）保险合同条款

保险合同条款是规定保险人与投保人之间基本权利和义务的合同条文，是保险公司履行保险责任的依据。保险合同的条款主要分为基本条款、附加条款和保证条款。

基本条款又称法定条款，即保险合同的法定记载事项，是直接印在保险单背面的保险合同文本的基本内容。它明确规定了保险人和被保险人的基本权利和义务，以及依据有关法规规定的保险行为成立所必需的各种事项和要求。基本条款不能随投保人的意愿而变更。

附加条款又称任选条款，是指保险人根据投保人的特殊保险需求而增加保障风险的条款。附加条款是对基本条款的补充性条款，效力优于基本条款。通常采用在保险单上加批注或批单的方式使之成为保险合同的一部分。

除了基本条款和附加条款，还有一类条款称为保证条款。保证条款是指保险合同中要求投保人和被保险人就特定事项保证作为或不作为的条款。保证条款是最大诚信原则在保险合同中的体现，各国保险法界公认，如果投保人违反了保证条款，保险公司可以解除合同，不负赔偿责任。

（二）保险合同的基本事项

保险合同的基本事项是保险合同应包括的基本内容，是保险合同的重要组成部分，是保险合同的主体享有权利和履行义务的基础，具体包括以下十项内容：

1. 当事人的名称和住所

保险合同条款中必须明确保险人、投保人、被保险人和受益人的名称及其住所，对于有多个受益人的必须注明受益顺序和份额。它的目的在于明确保险合同的当事人和关系人，确定合同权利和义务的享有者和承担者，明确合同的履行地以及合同纠纷的诉讼管辖。

2. 保险标的

保险合同当中必须明确载明保险标的。保险标的是确定保险合同关系和保险责任的依据，是判断投保人是否具有可保利益的依据，也是确定保险价值、保险金额及赔偿金额的依据。财产保险中，合同中应写明保险标的的数量、质量、坐落地点或运输方式、工具、航程等。人身保险中，应详细记载被保险人的健康状况、性别、年龄、职业、居住地及其与投保人之间的亲属和利益关系。

3. 保险责任和除外责任

保险责任是指保险合同中载明的保险事故发生后保险人应该承担的经济赔偿或给付保险金的责任，通常包括基本责任和特约责任。基本责任是指保险人对基本险承担的保险责任，特约责任则是保险人对附加险和特约险所承担的保险责任。保险合同必须约定保险责任范围，因为只有发生保险责任范围内的事故，保险人才能给予赔偿或给付保险金，否则，将不予赔偿。

除外责任又称责任免除，是保险合同规定的保险人不负赔偿或不给付保险金责任的范围。如果保险人依据责任免除条款拒绝赔偿，保险人负举证之责，证明其正确地适用了责任免除条款。由于保险公司以营利为目的，因此要对承保的风险进行认真筛选，避免承保的风险过大，造成亏损。除外责任包括除外风险、除外损失和除外财产。除外风险是指保险合同中可能把某些风险或某些引起损失的原因排除在外，如道德风险、战争风险、核辐射风险等。正常磨损、自然消耗、间接损失等属于除外损失。例如，我国海洋货物运输保险的基本险条款规定，被保险货物的自然损耗、本质缺陷、特性以及市价跌落、运输延迟所引起的损失或费用属于除外责任。除外财产是指保险合同中可能将一些财产排除在外，或者附加某些限制条件之后才能提供保障。例如家庭财产保险合同中，真伪难以鉴定、价值难以估算、易丢失、风险责任大的财产，如古玩、字画、珍宝等，属于不保财产。

4. 保险期限和保险责任起讫

保险期限是指保险合同的有效时间界限。保险期限明确了保险人承担保险责任的起讫时间，保险人仅对保险期限内发生的保险事故所造成的损失承担赔偿或给付保险金的责任和义务。

保险期限依合同种类及投保人的需求不同而异，长的可达几十年，短的只有几分钟。一般情况下，确定保险期限通常有以下两种方法：

（1）按日历年、月、日计算的自然时间法，有明确的起止日期。在我国保险实务中，采用零时起保制，即开始承担保险责任之日的零时为具体开始时间。如家庭财产保险规定：保险期限为1年，保险责任从起保当日零时起，到保险期满日24时止。

（2）按事件的起末为存续期间。比如货物运输保险采用航程时间作为保险期限，"仓至仓"条款指的就是当货物运出仓库时，保险责任开始，当货物运抵仓库时，保险责任终止。又如，建筑工程保险采用建筑工期作为保险期限，建筑工程项目开始时为保险责任开始时间，建筑工程结束时为保险责任终止时间；再比如，旅游景点保险通常按进出景区时间为保险期限等。

5. 保险价值

保险价值是指保险标的的经济价值，是确定保险金额和确定损失赔偿的依据。在财产保险中，一般情况下保险价值就是财产的实际价值，有些情况下保险价值可以是财产的账面价值，也可以是财产的重置价值。在人身保险中，由于人的生命难以用客观的价值标准来衡量，所以不存在保险价值问题，保险事故发生时以双方当事人约定的最高限额为给付标准。

6. 保险金额

保险金额简称保额，是指保险人承担赔偿或给付保险金责任的最高限额。在不同的保险合同中，保险金额的确定方法有所不同。财产保险的保险金额按照保险标的的实际价值确定。在责任保险和信用保险中，一般由保险双方当事人在签订保险合同时根据保险标的的具体情况商定一个最高赔偿限额，还有些责任保险在投保时并不确定保险金额。在人身保险中，由于人的生命价值难以用货币来衡量，所以不能依据人的生命价值确定保险金额，而是根据被保险人的经济保障需要与支付保险费的能力由保险双方当事人协商确定保险金额。

（1）在保险实践中，确定保险金额时应注意以下几点。

第一，《中华人民共和国保险法》规定：保险金额不得超过保险价值。

第二，保险金额不能超过保险利益。保险利益是决定保险金额的基础，保险赔偿应以被保险人所具有的保险利益为前提条件。

（2）关于保险金额，还应该注意以下事项。

当发生保险事故时，被保险人对保险标的已不具有保险利益，保险人则不予赔偿。从价值量上来看，当保险标的属于投保人全部所有时，投保人对保险标的拥有完全的保险利益；若投保人只拥有部分保险标的的所有权，与之对应的只拥有部分保险利益，则保险人将依据其所拥有的部分保险利益确定对其的赔偿金额。

7. 保险费及保险费率

保险费是指投保人为取得保险保障而交付给保险人的费用。它等于保险金额与保险费率的乘积。缴纳保险费的方式有趸缴和分期缴费，趸缴的意思是一次性缴清保险费。

保险费率又称保险价格，是保险费与保险金额的比率，通常以每千元的保险金额的保险费来表示。保险费率一般由纯费率和附加费率两部分组成。纯费率是纯保险费与保险金额的比率，纯保险费主要用于保险事故发生后进行赔偿和给付保险金。纯费率计算的依据因险种不同而不同。财产保险纯费率主要是依据损失概率来计算，人寿保险纯费率主要依据生命表和利率计算。附加费率是附加保险费与保险金的比率，按照附加费率收取的保险费是附加保险费。附加保险费是保险人的营业费用、管理费用、预期利润等。

8. 保险金赔偿或者给付办法

保险金赔偿或给付是实现保险经济补偿和保障职能的最终体现。通常情况下，在财产保险合同中按实际损失计算赔偿金额，在人身保险合同中按约定的金额给付保险金。需要注意的是，对于财产保险来说，除了货币支付这种最常见的赔偿方法，也可采用修复、置换和重置等方式予以赔偿。

9. 违约责任和争议处理

违约责任是指合同当事人未履行合同义务所应承担的法律后果。争议处理是指发生合同争议时约定所采用的处理方式，具体包括协商、调解、仲裁和诉讼。具体的争议处理方式将在后续章节详细介绍。

10. 订立合同的时间

订立合同的时间通常是指合同的订约时间。订约时间对于核实保险利益存在与否和双方当事人权利义务法律主张的时间效力等具有重要意义。

在保险合同中，除上述事项外，还有一些需要声明的事项，如投保人和保险人的主要义务、合同失效、合同解除、退保险费等约定。这些约定是保险合同履行过程中解释和处理纠纷必不可少的依据。

第四节 保险合同的形式

保险合同有多种形式，按照其订立的程序大致可以分为投保单、暂保单、保险单、保险凭证和批单五种形式。保险合同的这五种形式都是具有法律效力的，接下来分别介绍这五种保险合同的形式。

一、投保单

投保单又称要保单，是投保人向保险人申请订立保险合同的书面要约，是保险合同的重要组成部分。在购买保险时，首先要填写投保单，投保单是由保险人事先根据险种的需要而设计内容格式并印刷的，投保人需要按照投保单所列事项逐一如实填写。填写投保单之后，保险人据此核实情况，进行核保，决定是否承保。投保单是保险人决定是否承保以及证明被保险人是否遵循最大诚信原则的首要依据。如果保险公司同意承保，则投保单将作为一个部分附在保险合同后面。因此，如若有些信息在保险单上有遗漏，而在投保单上有记载，那么其效力与记载在保险单上是等同的。

二、暂保单

暂保单又称临时保单，是正式保单签发之前的临时保险合同凭证。暂保单有效期通常为30天，在保单签发之前，暂保单与保险单具有同等的法律效力。但是需要注意的是，暂保单与保险单不能同时存在，在正式保单签发之后，暂保单自动失效。另外，暂保单通常用于财产保险，而不用于人寿保险。还需要注意的是，订立暂保单不是订立合同的必经程序。

使用暂保单的情况包括以下几种。

（1）签订保险合同的分支机构受经营权限或经营程序的限制，需要经过上一级机构批准，在获批之前，出具暂保单。

（2）保险人与投保人在洽谈或续订保险合同时，就合同的主要事项已达成协议，但还有一些细节问题需要进一步协商，出具暂保单。

（3）保险代理人承揽到业务但尚未向保险人办妥全部手续，出具暂保单。

三、保险单

保险单是保险合同成立以后，保险人签发给投保人或被保险人的正式书面凭证。保险单明确完整地记载了保险合同双方当事人的权利和义务、保险责任及除外责任，是合同双方履约的依据。

保险单具有以下法律意义。

（1）证明保险合同的成立。

（2）保险单能够确立保险合同的内容，即保险单明确地列示了保险合同双方当事人的权利、义务、保险责任及除外责任等。

（3）是明确当事人双方履行保险合同的依据。

（4）在人寿保险中，有些保险单具有现金价值，因此，保险单还起到了有价证券的作用，可以用保险单进行抵押贷款等。在具体实务中，一般规定在投保两年后，可将保险单抵押给保险人申请贷款。

四、保险凭证

保险凭证也称为"小保单"，是保险人向投保人签发的证明保险合同已经成立的书面凭证，是一种简化的保险单，保险凭证的法律效力与保险单相同，只是内容较为简单。保险凭证上一般不列明保险条款，但要载明采用或依据何种保险条款，还需要载明投保人、保险标的、保险金额、保险期限、保险费等项目。比如，某单位给其职工购买了团体人身保险，那么每个人会有一个保险凭证，即简化的保险单。

五、批单

批单是保险合同双方修订或更改保险合同内容的证明文件。在保险合同有效期内，保险人应投保人要求对保险项目进行更改和调整，可在原保险单上进行批注，也可以另外出立一张变更合同内容的附贴便条，附加在正式保险单上。批单的法律效力优于保险单，当批单内容与保险单不一致时，以批单内容为准，若多次批改，应以最后一次批改为准。

第五节 保险合同的订立与生效

一、保险合同的订立

保险合同的订立是指投保人与保险人就保险合同条款达成协议。一般来讲，合同的订立要经过要约与承诺两个阶段。在保险合同订立的过程中，通常是由投保人提出要约，保险人做出承诺。

要约是投保人向保险人提出订立合同的建议和要求的法律行为。在签订保险合同时，投保人要填写投保单，填写投保单是为了提出投保要求和表明投保意愿。投保人填写投保单，提出投保要求，这个过程是要约的过程。保险合同的要约需要注意以下几点。

（1）要约通常是由投保人提出来的。

（2）保险合同的要约内容比一般合同更加具体和明确，因为保险风险的不确定性和保险功能的保障性使保险合同的内容关系到双方当事人的保险经济利益。

（3）保险合同要约一般为投保单的书面形式。因为保险合同要约具有较强的专业性，在保险实务中，要约申请多采用保险公司已经印好的投保单形式，由保险代理人提供给投保人，由投保人来填写。

在投保人填写完投保单后，交给保险代理人，并由保险公司进行审核，如果经保险公司审核后，保险公司同意承保，就签发保险单或者保险凭证，保险合同才可以成立。保险人同意与要约人签订保险合同这个过程称为承诺。承诺通常是由保险人做出的书面承诺。这里需要注意的是，在合同订立的过程中，要约可以反复多次，而承诺只有一次。

二、保险合同的生效

保险合同的生效是指保险合同对双方当事人产生法律效力。保险合同的成立并不等于保险合同生效。这是因为在保险实务中，保险合同多为附生效条件、附生效时间的合同。

（1）如以航程作为保险期限的海上保险合同，必须在航程开始后，合同才生效。

（2）大多数人寿保险合同是以交付首期保险费为合同生效的条件；有的则需体检合格后，合同才生效。还有一些人寿保险合同须正式签发保险单才生效。

（3）我国普遍推行"零时起保制"，即合同生效的时间为起保日的零时。

所以，保险合同的生效时间是根据双方约定的某些条件的实现而确定的。保险人只承担保险合同生效后约定的保险责任。在保险合同成立后，尚未生效前，发生的保险事故，保险人不承担保险责任。

【案例分析3-1】

季某欲于2016年7月31日在某保险公司投保人寿保险。投保的金额是100万元，当时他就填写了投保单，并于同年8月2日预交了保险费，当时业务员也开出了临时收据，并且这个业务员同时告知季某必须要参加体检，保险公司需要在其体检以后决定是否能够承保。保险公司于是在8月5日签发了体检的通知书，但是季某并没有马上就去参加体检，因为他8月5日要去外地出差，他决定出差回来再进行体检。但在8月10日他返回途中，发生车祸身亡。其妻在整理遗物的过程中，发现了预交保险费的收据，知道了她的丈夫在去世之前投保了人寿保险，于是她向保险公司提出申请，申请保险金额为100万元的保险金。保险公司在接到申请后，发现保险合同还没有成立，但同意可以退还第一笔保险费。季某的妻子不同意，双方最后没有达成一致意见，于是季某的妻子将保险公司告上法庭。那么你觉得法院应该支持谁？

三、保险合同的有效与无效

（一）保险合同的有效

保险合同的有效是指保险合同由当事人依法订立并受国家法律保护，具有法律效力。保险合同有效应具备以下条件。

（1）保险合同的主体必须具有法定资格，即要求保险人和投保人都具有法定资格。

（2）保险合同主体意思表示一致。若当事人不是自愿而是受到威胁或欺骗而签订的合同，则是无效的合同。

（3）保险合同的内容合法。首先，保险合同的客体即可保利益必须合法，如投保人是不能为其偷盗来的汽车投保机动车辆保险的，即使签订了机动车辆保险合同，所签的保险单也是无效的。其次，保险合同的形式必须合法。《中华人民共和国保险法》规定：保险合同应采用保险单、保险凭证和其他书面协议的形式。

（二）保险合同的无效

保险合同的无效是指保险合同不具有法律效力，合同不受国家法律保护。

1. 造成保险合同无效的原因

（1）保险合同的主体资格不符合法律规定，如投保人不具有行为能力，保险人超越经营范围经营保险业务等。

（2）保险合同的内容不合法，即保险合同的条款内容违反国家法律及行政法规的规定。

（3）缔约过程中，如果当事人中的任何一方以欺诈、胁迫或乘人之危的方式致使对方做出违背自己意愿的意思表达，均构成缔约中的意思表示不真实。

（4）保险合同违反国家利益和社会公众利益，如投保人为其偷盗来的文物进行投保。

（5）保险合同的形式不合法，即没有采用法律规定的形式订立保险合同。

2. 无效保险合同的法律后果

（1）返还财产。保险合同确认无效后，当事人双方应将合同恢复到订约时的状态，即保险人应将收取的保险费退还给投保人；发生保险金赔偿或给付的，被保险人应将保险金返还给保险人。也就是说，已经收取保险费的退还保险费，已经获得保险金赔偿或给付的退还保险金。

（2）赔偿损失。无效合同的当事人因过错给对方造成损失的，应由责任方承担赔偿责任。

（3）追缴财产。对于违反国家利益和社会公共利益的保险合同，应当追缴财产，收归国库。

此外，还需要注意保险合同的无效分为全部无效和部分无效两种。全部无效合同是指合同约定的全部权利义务自始至终不产生法律效力，如投保人对保险标的不具有保险利益；部分无效合同是指合同除部分内容无效外，其余部分依然有效。

第六节　保险合同的履行

保险合同的履行是指双方当事人依法全面执行合同约定的权利义务的过程，即保险合同履行的过程是双方权利义务实现的过程。因为保险合同是双务合同，双方当事人都承担不同的义务，同时也享有各自的权利，履行义务是享受权利的前提。

一、投保人在履行合同过程中的义务和权利

（一）投保人应该承担的义务

1. 缴纳保险费的义务

这是投保人的基本义务，也是保险合同生效的必要条件。投保人必须按照约定时间、地点和方法缴纳保险费。根据险种的不同，投保人可以采取不同的方式来缴纳

保险费。保险费通常以现金缴纳为原则，但经保险人同意，也可以票据或其他形式为之。

投保人未依照合同规定履行缴纳保险费的义务，将会产生的法律后果如下：保险合同规定以按时缴纳保险费为生效条件，因此，若不履行则保险合同不生效；在财产保险合同中，保险人有权请求投保人缴纳保险费及相应的利息，或者合同终止；在人身保险合同中，投保人未能按期缴纳保险费，将会使合同处于中止期，保险人应进行通知。

2. 风险增加的通知义务

在保险合同中，风险增加是有特定含义的，它是指在订立保险合同时，当事人双方未曾估计到的保险事故风险程度的增加。保险事故风险增加的原因一般有两种情况。一种情况是由投保人或被保险人的行为所致。例如，投保人在投保房屋保险时，房屋的用途是民房居住，此后，在保险单有效期内，投保人将其用途变为餐馆，这种改变无疑增加了保险事故的风险。因此，投保人应将这种改变通知保险人。第二种情况是由投保人或被保险人以外的原因所致，与投保人个人无关。但即使这样，投保人也应在知道风险增加后，立即通知保险人。保险人在接到通知后，往往需要调整费率和承保条件，投保人将会面临增加保险费率或解除保险合同的选择。如果保险人接到通知后，在一定时期内，没有做出相应的调整，可视为默许，适用最大诚信原则中的弃权行为规定，日后保险人不得再主张其已放弃的权利，即最大诚信原则中的禁止反言原则。投保人履行风险增加的通知义务，对于保险人正确估价风险具有重要意义。因此，各国的保险立法均对此加以明确规定。

3. 如实告知的义务

投保人在投保时应将有关保险标的的重要事实，以口头或书面的形式向保险人做真实的陈述，不能隐瞒和欺骗。因为投保人能否如实告知关系到保险人能否承保和费率的估计，如果投保人违反如实告知义务，保险人可以解除保险合同，甚至可以不履行赔偿或给付保险金义务。

4. 避免损失扩大的义务

即防灾防损和施救的义务。在保险事故发生后，投保人不仅应及时通知保险人，还应采取各种必要的措施，进行积极的施救，以避免损失的扩大。为鼓励被保险人积极履行施救义务，许多国家的保险法通常规定，被保险人为防止或者减少保险标的的损失所支付的必要的、合理的费用，由保险人承担。投保人、被保险人未履行施救义务的，对于由此而扩大的损失，应承担相应责任。

5. 保险事故发生的通知义务

保险事故发生时，投保人应及时通知保险人。故意或者因重大过失未及时通知，致使保险事故的性质、原因、损失程度等难以确定的，保险人对无法确定的部分，不承担赔偿或者给付保险金的责任。

6. 提供有关证明和资料的义务

保险事故发生后投保人依照保险合同请求保险金给付时应向保险人提供与确认保险

事故的性质、原因、损失程度等有关的证明和资料,包括保险单、批单、损失检验报告和第三者责任证明。这些证明和资料是保险人判断保险责任和赔偿金额的重要依据。

7. 协助保险人执行代位求偿的义务

在保险人向第三者行使代位求偿请求赔偿权利时,投保人和被保险人应当向保险人提供必要的文件和其所知道的有关情况。

(二)投保人应该享有的权利

1. 保险条款的了解知晓权

投保人有权要求保险人或其代理人说明保险责任和责任免除条款的具体内容等。保险条款了解知晓权是在投保时,投保人为了弄清楚保险商品的含义,要求保险人或者代理人说明保险责任和免除责任条款内容的权利。保险商品是无形商品,保险消费属于隐形消费,其价值和使用价值难以直观感受。唯一能体现保险商品形态的是保险单,保险条款是其核心部分,而保险条款具有较强的专业性、技术性和法律性,仅凭投保人自我理解保险条款的含义是有难度的。因此,投保人具有保险条款了解知晓权,是维护投保方权益的需要,是明白消费保险商品的需要,是投保人的权益。《中华人民共和国保险法》规定:订立保险合同,保险人应当向投保人说明保险合同的条款内容;对保险合同中免除保险人责任的条款,保险人在订立合同时应当在投保单、保险单或者其他保险凭证上作出足以引起投保人注意的提示,并对该条款的内容以书面或口头形式向投保人作出明确说明;未作提示或者明确说明的,该条款不产生效力。《中华人民共和国保险法》以法律的形式保证了投保人的权益。

2. 保险金请求权

保险金请求权是指保险事故发生时,被保险人可以要求保险人赔偿或给付保险金的权利。保险金请求权是保险经济补偿的基本权利,也是保险经济补偿功能的最终体现。投保方的保险金请求权具有时间限制。人寿保险的保险金请求权,自其被保险人或受益人知道或者应当知道保险事故发生之日起五年内行使有效,超过期限权利消失;人寿保险以外的其他保险的保险金请求权,自其被保险人或受益人知道或者应当知道保险事故发生之日起二年内行使有效,超过期限权利消失。

3. 解约权

解约权是指投保方在签订保险合同后享有可以中途解除保险合同的权利,解约即提前终止保险合同的效力,也称退保。投保人有退保的自由,但对于货物运输保险和运输工具航程保险合同,保险责任开始后,合同的当事人不得解除合同。

二、保险人在履行合同过程中的义务和权利

(一)保险人应该承担的义务

1. 条款说明义务

保险人有义务向投保人明确说明保险合同条款的主要内容,如保险责任、除外责任

及其相关的具体内容。因为保险合同是附和合同，保险条款是由保险人制定的，如果投保人对保险条款不了解，保险人有必要向投保人明确说明保险合同条款内容，使投保人能客观地理解保险条款内容。

2. 及时签单义务

保险人应当及时向投保人签发保险单或者其他保险凭证。保险合同必须是以书面形式存在的法律协议。

3. 保密义务

保险人对在办理保险业务中知道的有关投保人、被保险人的业务和财产情况负有保密义务。

4. 赔偿或给付保险金的义务

这是保险人最重要、最基本的义务。保险人应严格遵照有关法律、法规及合同的约定，及时充分地履行承担损失补偿或给付保险金的义务。保险人在接到投保方保险索赔要求之后，应当及时做出核定，对属于保险责任的，在与被保险人或者受益人达成有关赔偿或者给付保险金金额的协议后十日内，履行赔偿或给付保险金义务。对于不属于保险责任的，应当向被保险人或者受益人发出拒绝赔偿或给付保险金通知书。

5. 支付其他必要保险费用的义务

保险人应承担保险标的发生损失时，投保方积极采取抢救措施而产生的合理的必要的费用，还有其他的必要的救助费用、查勘检验费用以及依法规定的仲裁或诉讼费用等。

（二）保险人应该享有的权利

1. 收取保险费的权利

保险费是经济补偿和给付保险金的前提，也是保险市场存在的基础。

2. 解约的权利

从保护投保人利益的角度出发，保险人的解约权受到严格的限制，只有在发生法定解约事由时，才可以行使。这一点与投保人可以自由解约有着显著的区别。

3. 增加保险费和不承担赔偿或给付责任的权利

对由于保险标的的转让或改变用途等原因使保险标的的危险增加，保险人有权增加保险费。对于保险合同约定以外的事故或属于除外责任或由于投保方故意造成的事故，保险公司则不承担赔偿或给付保险金的责任。

> 【思政要点3-3】
>
> 保险合同的履行强调合同当事人的义务，与之相关的教学可培养学生的责任意识和职业道德素养，实现对学生的专业素质、职业素养以及精益求精的职业精神的教育。

第七节　保险合同的变更与终止

一、保险合同的变更

保险合同的变更是指在保险合同有效期内，当事人由于情况变化，依据法律规定的条件和程序，在协商一致的基础上，对原保险合同内容进行修改或补充。保险合同的变更采取书面形式，需由保险人在保险单或其他保险凭证上批注或附贴批单，或由投保人和保险人订立变更的书面协议。具体来说，保险合同的变更包括：保险合同主体的变更和内容的变更。

（一）保险合同主体的变更

保险合同主体的变更是指保险合同当事人的变更。一般情况下，保险人是不会变更的，除非保险公司破产、解散、合并、分立等。因此，实务中，我们所说的主体变更主要涉及投保人、被保险人和受益人的变更。

在财产保险中，不涉及受益人的变更。而投保人、被保险人变更必须经过保险人同意才可变更，保险合同才可继续有效，否则，保险合同终止。因为财产保险具有个人性特征，不同的财产所有人对保险标的影响不同，从而造成损失的可能性和严重性也不相同，所以保险人会根据不同人制定不同的保险费标准。但货物运输保险可随保险标的的转让而自动变更，无须征得保险人的同意。因为在货物运输保险中，保险标的的转让并不会增加保险标的的风险程度，保险标的始终是在货物运输的过程中，其风险是其所有人无法控制的，因此，按照国际惯例，在货物运输保险中，投保人在转让自己财产的同时，可以不用经过保险公司而同时转让保险合同。

在人身保险中，对于投保人的变更，只要新的投保人具有法律规定的保险利益，无须经保险人同意，但须告知保险人。但如果是以死亡为给付保险金条件的保险合同，须经被保险人本人书面同意。人身保险中，受益人的变更由投保人或被保险人指定变更。但是投保人变更受益人必须经被保险人的同意，变更受益人无须保险人同意，但变更后必须书面通知保险人，保险人在保险单上批注或附贴批单后生效。人身保险中，一般而言，个人投保的人身保险是不能变更被保险人的，一旦被保险人变更就意味着原保险合同的终止。但在有些团体保险中被保险人是可以变更的，比如员工有工作调动、离职，还有新员工入职等情况，被保险人都是可以变更的。

（二）保险合同内容的变更

保险合同内容的变更是指在主体不变的情况下，改变合同中约定的事项，如保险标的、保险价值、危险程度、保险期限、保险费、保险金额等。保险合同内容的变更一般由投保人提出，经保险人同意，在合同中以批注、批单的形式进行变更，其法律效力对双方均有约束力。

保险合同内容的变更分为两种情况：一是投保人根据自身需要提出的变更，如变更保险条款、增减保险金额等；二是因客观情况要求变更的，如保险标的的危险情况发生变化，投保人依法律规定或合同约定，通知保险人，保险人视情况而增加或减少保险金额的变更。批单是保险合同变更时最常用的书面单证，批单须列明变更条款内容事项，须由保险人签章，并附贴在原保险单或保险凭证上。

国际上对变更事项、变更手段及时间等方面的有效性顺序规定如下。

（1）所有批单或背书优于附加条款，附加条款优于基本条款。

（2）手写变更优于打字变更。

（3）旁注变更优于正文变更。

（4）对同一事项的变更，后变更的优于先变更的。

> **【案例分析 3-2】**
>
> 某酒店投保火灾保险，保险金额为 1000 万元，保险期限为 1 年，根据投保时的危险程度（该酒店电路老化，消防设施比较简陋），确定较高保险费率为 5‰，保险人收取保险费 5 万元。该酒店投保后更新了全部电路，安装了火灾自动报警装置，检修并配齐了消防器材，建立了兼职消防队伍并经常训练、演习。
>
> 这些情况的变化，使该酒店发生火灾的概率明显减小，即使发生火灾也可及时采取补救措施，经投保人请求，保险人鉴于保险标的的危险程度明显降低，决定在保险期开始 120 天以后，将保险费率调整为 3‰。保险人应退多少保险费给被保险人？

二、保险合同的中止与复效

（一）保险合同的中止

保险合同的中止是指在保险合同存续期间，由于某种原因的发生而使保险合同暂时失去法律效力。在合同中止期间发生的保险事故，保险人不承担赔偿或给付保险金的责任。

保险合同中止在寿险合同中经常出现。保险合同中止期限为 2 年，在这 2 年内，投保人可以申请保险合同的复效，经保险人同意，投保人缴纳保险费及相应的利息后，保险合同重新生效。

需要注意的是，在人身保险合同中存在 60 天宽限期，即投保人如果没有按期缴纳续期保险费，尚有 60 天缴纳保险费的宽限期，在此宽限期内发生保险事故，保险人予以赔偿，但可扣除应收保险费。在宽限期到期后，投保人仍然没有缴纳保险费，保险合同就进入中止期。

（二）保险合同的复效

保险合同的复效是指处于中止期的人身保险合同在符合条件的前提下恢复合同的效力，中止复效条款是使被保险人、受益人恢复保险保障的一种补救措施。申请保险合同复效的条件如下。

（1）投保人有申请复效的意思表示。投保人应向保险人正式提出复效申请，并补交所欠的保险费及利息。

（2）复效应在保险合同中止之日起 2 年内做出，并且在此期间没有退保。若已经超过了中止期投保人和保险人仍然没有达成复效的协议，保险人有权解除保险合同。解除保险合同时，投保人如果已经交足 2 年以上的保险费，则保险人退还保险单的现金价值；没有交足 2 年以上保险费的，保险人应在扣除手续费后，退还其保险费。

（3）被保险人应该符合投保要求。这一条件是为了防止出现逆选择，投保人必须履行如实告知的义务，被保险人必须提交健康证明等文件。

三、保险合同的解除与终止

（一）保险合同的解除

保险合同的解除是指当事人在保险合同期限尚未届满，依照法律规定或合同约定提前终止合同效力的单方面法律行为。 解除保险合同的法律行为后果表现在保险合同法律效力消失，恢复到未订立之前的原有状态。因此，保险合同的解除具有溯及既往的效力，保险人一般要退还全部或部分保险费，不承担相应的保险责任。解约权可以由投保人行使，即退保，也可以由保险人行使。但我国保险法根据保护弱者的原则，在保险合同的解除方面对保险人加以了一定的限制。

保险合同的解除一般分为法定解除、约定解除和任意解除。

1. 法定解除

法定解除是指当法律规定的事项出现时，保险合同一方当事人可依法解除保险合同。 法定解除的事项通常在法律中直接明确规定。法定解除一般是由保险人行使的权利。

根据《中华人民共和国保险法》的规定，保险人解除保险合同的事由和法律后果如下。

（1）投保人故意隐瞒事实，不履行如实告知义务，保险人有权解除保险合同，对于保险合同解除前发生的保险事故，不承担赔偿或给付保险金责任，并不退还保险费。

（2）投保人因过失未履行如实告知义务，足以影响保险人决定是否同意承保或者提高保险费率的，保险人有权解除保险合同。如未告知事项对保险事故发生有重大影响的，保险人对于保险合同解除前发生的保险事故，不承担赔偿或者给付保险金的责任，但可以退还保险费。

（3）被保险人或者受益人在未发生保险事故的情况下，谎称发生了保险事故，向保险人提出赔偿或者给付保险金的请求的，保险人有权解除保险合同，并不退还保险费。

（4）投保人、被保险人或者受益人故意制造保险事故的，保险人有权解除保险合同，不承担赔偿或给付保险金的责任，除《中华人民共和国保险法》另有规定外，不退还保险费。

（5）投保人、被保险人在财产保险合同中未按约定履行其对保险标的安全应尽的责任的，保险人有权要求增加保险费或解除合同。

（6）在财产保险合同有效期内，保险标的危险程度增加的，被保险人按照合同约定及时通知保险人，保险人有权要求增加保险费或解除合同。被保险人未履行上述通知义务的，因保险标的危险增加而发生的保险事故，保险人不承担赔偿责任。

（7）在人身保险合同中投保人申报的被保险人年龄不真实，并且其真实年龄不符合合同约定的年龄限制的，保险人可以解除保险合同，并在扣除手续费后，向投保人退还保险费，但是自合同成立之日起逾2年的除外。

（8）人身保险合同采用分期缴纳保险费的，合同效力中止超过2年的，保险人可以解除合同。

2. 约定解除

约定解除是指保险合同双方当事人依合同约定，在合同有效期内发生约定事由时，可随时注销保险合同。例如，我国船舶战争险条款规定，保险人有权在任何时候向被保险人发出注销战争险责任通知，在发出通知的若干天期满生效。

3. 任意解除

任意解除是指投保人有选择投保和退保的自由。在保险合同中，投保方有任意解除权，保险人无任意解除权。这是因为投保人在保险合同中代表被保险人和受益人的利益，处于受保险合同保障的地位。但《中华人民共和国保险法》规定，对于货物运输保险合同和运输工具航程保险合同，保险合同双方当事人均不得解除保险合同，以保障双方的经济利益。对投保人而言，在保险责任开始前，可以对保险合同行使解除权，而在保险责任开始后，法律对投保人的解除权做出了两种不同的规定：对财产保险合同而言，投保人要求解除合同的，保险人可以收取自保险责任开始之日起至合同解除之日止期间的保险费，剩余部分退还投保人；对人身保险合同而言，投保人解除合同，已交足2年以上保险费的，保险金应当退还保险单的现金价值；未交足2年保险费的，保险人按照约定在扣除手续费后，退还保险费。

（二）保险合同的终止

保险合同的终止是指保险合同当事人之间的权利与义务关系因法定或约定的事由发生而不再继续，保险合同的法律效力完全消失。保险合同终止只能说明合同自终止之日以后，合同主体之间的原保险合同所规定的法律关系消失，而在合同终止前产生的法律关系，引起的法律责任仍然存在。

保险合同终止的原因有以下几种情况。

（1）保险合同期限届满终止（即自然终止）：如果未发生保险事故，保险合同有效期届满，则保险人的保险责任即自然终止。这是保险合同最普遍、最基本的终止情况。

（2）保险合同履行终止：在保险事故发生后，保险人按照保险合同的约定承担了全部的赔偿或给付保险金的责任，保险合同即履行终止。

（3）保险合同违约失效终止：因被保险人的某些违约行为，保险人有权终止合同。这里被保险人的违约行为必须是违反合同基本条款，如不按期缴纳保险费、随意改变保险标的的用途等，投保方违约致使保险合同终止的，保险人不承担保险责任。

（4）保险合同标的全部灭失终止：在保险合同期限内，保险标的由于非保险事故的发生而灭失，在这种情况下，保险标的已经不存在了，保险合同也就随之终止。

（5）保险合同解约终止：保险当事人某一方解除合同，引起保险合同的终止。

> 【思政要点 3-4】
>
> 保险合同是保险权利义务关系的载体，保险合同的订立、履行、变更和解除都必须遵循《中华人民共和国保险法》和相关法律法规。因此，应积极树立法律意识，培养法治观念。

第八节　保险合同的解释原则与争议处理

一、保险合同的解释原则

保险合同是附和合同，也就是说保险合同是事先由保险人来拟定的，投保人只能做出同意与否的意思表示。同时，保险合同作为合同双方当事人共同签订的保险契约，还具有法律效力，所以要求保险合同文字清楚、责任明确、内容具体。但是由于制定条款的经验问题或保险合同条款本身的局限性及语言文字表达的灵活性，很难就有关的情况进行详尽无遗的约定，或者说很难避免文字上和内容上的不明确、不全面以及条款制定的不严密。而保险合同直接涉及主体间的经济利益，双方产生争议是难以避免的，因此当保险合同当事人由于对合同内容产生歧义引起纠纷时，适当的、合理的解释是必不可少的。

在进行合同条款的解释时，应该遵循以下原则。

（一）公平合理原则

在对保险合同条款进行解释时，应以原条款的真实意思为基础，进行公平合理的解释。

（二）有利于被保险人、受益人的解释原则

这一原则是指当保险合同的当事人对合同条款有争议时，法律或仲裁机关应当做出有利于被保险人或受益人的解释。这是因为保险合同是附和合同，合同条款是保险人设计的，保险人在拟定保险条款时，对其自身利益进行了充分的考虑。为了避免保险人利用其有利地位侵害投保人的利益，在保险合同发生争议时，法院或者仲裁机关应当做出有利于被保险人或受益人的解释，以示公平。应注意的是，这种解释原则不能随意使用，只有在保险合同条款文字含义不清或者在一词多义的情况下，才能在尊重保险条款原意的基础上使用该原则。

(三) 文义解释原则

文义解释原则是指按照保险合同条款用语的文字及特定含义或使用方式结合上下文来解释保险合同条款的内容，既不能超出也不能缩小保险合同所用词语的含义的原则。文义解释原则要求被解释的合同字句本身具有单一明确的含义。文义解释原则是解释保险合同条款的最主要的方法。

在文义解释原则下，对于保险合同一般文句的解释要按照文字公认的表面的含义和它的语法意义进行解释，双方有争议的，要以权威的工具书或专家的解释为准。对于保险专业术语和法律专业术语的解释，要依据立法解释、司法解释、行政解释、学理解释以及行业习惯和保险业公认的含义进行解释。

从解释的法律效力上来看，立法解释具有最高的法律效力。而学理解释具有一定的参考作用，但不具有法律效力。

(四) 意图解释原则

意图解释原则是指在保险合同的条款文义不清或者有歧义、用文字无法解释时，通过逻辑分析及有关背景资料等判断合同当事人订约时的真实意图来解释保险合同条款的原则。意图解释只适用于保险合同条款文字不清、用词混乱或含糊、当事人对同一条款所表达的实际意思理解有分歧的情况。意图解释是无法用文义解释方式时的辅助性解释方法。

(五) 补充解释原则

补充解释原则是指在保险合同条款约定内容有遗漏或不完整时，借助商业习惯或国际惯例，在公平原则的基础上，对保险合同欠缺的内容进行务实、合理的补充解释，以便合同继续履行的原则。

二、保险合同的争议处理

在进行条款解释时，如果保险合同双方当事人产生了分歧，或者是双方当事人对造成损失的原因、保险责任的归属、赔偿的计算等问题产生争议，其争议处理的方式包括以下几种。

(一) 协商

协商是建立在双方自愿诚信的基础上，充分交换意见，互相让步，达成共同接受的和解协议。这种方式是争议处理首选的方式。因为这种处理方式简单易行，节省仲裁和诉讼费用，有助于增进双方的进一步信任与合作，有利于合同的继续执行。但协商最大的缺点是，和解协议不是终局性的，对合同双方当事人都没有约束力。如果协商不成，双方可以继续选择调解、仲裁或者诉讼等方式解决争议。

(二) 调解

调解是在第三方主持下，根据自愿、合法原则，保险双方当事人自愿达成协议。

根据调解时第三人的身份不同，保险合同的调解可以分为行政调解、仲裁调解和法院调解。

行政调解是由各级保险监管机构主持的调解，不具有法律强制执行的效力。而仲裁调解和法院调解一经形成调解协议，即具有法律强制执行的效力，当事人不得再就同一事件提交仲裁和起诉。

调解和协商的区别在于：调解有第三方加入，而协商是当事人双方就争议自行协商解决。我国在处理保险合同纠纷时，坚持先调解原则，在调解不成时，再选择仲裁或诉讼的方式。

（三）仲裁

仲裁是指保险双方当事人依据仲裁协议，自愿将彼此间的争议交由双方共同信任、法律认可的仲裁机构进行调解，并做出裁决。仲裁方式较诉讼方式成本低。裁决通常由专业人士做出，具有良好的信誉和公正性，并且注重商业习惯，灵活性较大，有利于维持合同关系的继续。仲裁机构做出的裁决具有法律效力，当事人必须予以执行，仲裁实行"一裁终局"的制度。

（四）诉讼

诉讼是指争议双方当事人依法申请人民法院解决争议，进行裁决的方式。诉讼是解决争议最激烈的一种方式。我国现行的诉讼制度实行的是两审终审制。

人民法院审理案件实行先调解后审判。如果调解成功，则出具调解书；如果调解不成功，人民法院则依法判决，并做出判决书。如果当事人不服，可以在上诉期内上诉至上一级人民法院进行再审，第二审判决为最终判决，当事人必须执行。如果一方不执行的，对方当事人有权向法院申请强制执行。对二审判决还不服的，只能通过申述和抗诉程序。

《中华人民共和国民事诉讼法》对保险合同的管辖法院做了明确的规定：因保险合同纠纷提起的诉讼，通常由被告所在地或者由保险标的物所在地人民法院管辖。

> 【思政要点3-5】
>
> 针对保险合同争议处理的教学，应积极引入社会主义核心价值观，强调争议处理要弘扬文明、和谐、平等、公正、法治、诚信、友善的精神。

■ 本章小结

1. 保险合同是保险关系双方当事人为达到保险保障的目的，而签订的一种具有法律约束力的协议，借以明确各自的权利和义务，它是产生保险关系的前提。

2. 保险合同具有一般法律特征和自己独有的特征。保险合同的一般法律特征是指：合同的当事人必须具有民事行为能力；保险合同双方当事人在法律关系中处于平等地位；保险合同是合法的法律行为。保险合同的独有特征是指：保险合同的双务性、保险合同的射幸性、保险合同的附和性、保险合同的最大诚信性、保险合同的条件性、保险合同的补偿性和保险合同的个人性。

3. 保险合同的要素包括保险合同的主体、保险合同的客体和保险合同的内容。保险合同的主体可分为当事人和关系人。保险合同的当事人是与保险合同发生直接关系的保险人和投保人。保险合同的关系人是指与保险合同发生间接关系的被保险人和受益人。保险合同的客体是保险利益,而非保险标的。

4. 保险合同有多种形式,按照其订立的程序大致可以分为投保单、暂保单、保险单、保险凭证和批单五种形式。

5. 保险合同的订立是指投保人与保险人就保险合同条款达成协议。一般来讲,合同的订立要经过要约与承诺两个阶段。在保险合同订立的过程中,通常是由投保人提出要约,保险人做出承诺。保险合同的生效是指保险合同对双方当事人产生法律效力。保险合同的成立并不等于保险合同生效。

6. 保险合同的履行是指双方当事人依法全面执行合同约定的权利义务的过程,即保险合同履行的过程是双方权利义务实现的过程。

7. 保险合同的变更是指在保险合同有效期内,当事人由于情况变化,依据法律规定的条件和程序,在协商一致的基础上,对原保险合同内容进行修改或补充。保险合同的变更包括:保险合同主体的变更和内容的变更。保险合同的终止是指保险合同当事人之间的权利与义务关系因法定或约定的事由发生而不再继续,保险合同的法律效力完全消失。

8. 在进行合同条款的解释时,应该遵循的原则包括:公平合理原则,有利于被保险人、受益人的解释原则,文义解释原则,意图解释原则和补充解释原则。保险合同的争议处理方式包括:协商、调解、仲裁和诉讼。

■ 思考与练习

一、单选题

1. 关于附和保险合同的说法,错误的是( )。
   A. 附和保险合同不完全符合合同自由原则
   B. 附和保险合同的内容由双方商定
   C. 附和保险合同适用不利解释原则
   D. 附和保险合同的投保人没有决定合同内容的自由

2. 按照保险合同的约定向投保人收取保险费,并于保险事故发生或者约定的期限届满时,承担赔付保险金责任的组织或个人是( )。
   A. 投保人　　　　B. 保险人
   C. 保险经纪人　　D. 保险代理人

3. ( )是指保险合同当事人中至少有一方并不必然履行金钱给付义务。
   A. 有偿性　　　　B. 附和性
   C. 双务性　　　　D. 射幸性

4. 确定人身保险合同受益人的方式是( )。
   A. 投保人指定,但需被保险人同意
   B. 保险人指定,但需被保险人同意
   C. 被保险人指定,但需受益人同意
   D. 保险人指定,但需投保人同意

5. 张三将其所有的一辆车牌号为"京Q****88"的小汽车向X保险公司投保了1份机动车第三者责任保险,该保险合同的保险标的是( )。
   A. 张三
   B. X保险公司
   C. 车牌号为"京Q****88"的小汽车
   D. 张三或其允许的合法驾驶人依法应承担的车牌号为"京Q****88"的小汽车交通事故侵权赔偿责任

6. 海上货物运输保险合同中约定的保险人

不负保险赔付责任的灾害事故及其损失范围被称作（　　）。
  A. 除外责任　　　　B. 责任免除
  C. 免赔率　　　　　D. 免赔额

7. 投保人与保险人就保险合同条款达成一致，保险人同意承保，这意味着（　　）。
  A. 保险合同生效　　B. 保险利益产生
  C. 保险合同成立　　D. 保险责任开始

8. 老张向X保险公司为其爱车投保了机动车损失保险，通常情况下保险责任开始的时间是（　　）。
  A. 第二天凌晨零时
  B. 保险公司出具保险单时
  C. 老张在保险合同上签字时
  D. 老张递交投保书时

9. 保险金请求权的行使是以（　　）为条件的。
  A. 保险合同的订立　B. 被保险人的指定
  C. 保险事故的发生　D. 保险人许可

10. 以下关于人身保险合同中受益人获得的保险金的说法正确的是（　　）。
  A. 属于被保险人遗产，纳入遗产分配
  B. 不属于被保险人遗产，不纳入遗产分配，但可用于清偿被保险人生前债务
  C. 不属于被保险人遗产，不纳入遗产分配，也不可用于清偿被保险人生前债务
  D. 属于被保险人遗产，纳入遗产分配，可用于清偿被保险人生前债务

11. 张某与X保险公司就保险赔偿产生纠纷，张某向当地保险监管机构投诉X保险公司，在监管机构的主持劝导之下，双方互谅互让，就保险赔偿达成了协议。这种保险合同争议处理方式属于（　　）。
  A. 协商　　　　　　B. 仲裁
  C. 诉讼　　　　　　D. 调解

二、多选题

1. 下列保险活动参与人中，属于保险合同当事人的有（　　）。
  A. 被保险人　　　　B. 保险人
  C. 受益人　　　　　D. 投保人
  E. 保险经纪人

2. 保险合同终止的原因包括（　　）。
  A. 投保人解除保险合同
  B. 保险人解除保险合同
  C. 保险公司合并或分立
  D. 保险合同期限届满
  E. 保险合同得到全部履行

3. 受益人在下列（　　）情形下，失去受益权。
  A. 受益人故意杀害被保险人未遂的
  B. 受益人被指定变更的
  C. 受益人放弃受益权
  D. 受益人先于被保险人死亡
  E. 被保险人先于受益人死亡

4. 根据《中华人民共和国保险法》规定，保险人可以行使法定解除保险合同的情形有（　　）。
  A. 投保人未按约定履行其对保险标的安全管理应尽的责任
  B. 投保人违反如实告知义务
  C. 保险标的转让后危险程度显著增加
  D. 人身保险合同效力中止一年

5. 下列关于保险合同无效的说法中，正确的是（　　）。
  A. 无效保险合同可分为全部无效合同和部分无效合同
  B. 无效的保险合同，在一定条件下，效力可恢复
  C. 对保险合同无效，有过错的一方应赔偿相对方因此所受的损失
  D. 保险合同无效是自始无效

6. 李昶为其妻购买了10万元人寿保险，指定受益人为他们的儿子李一，若李昶想变更受益人需要做的工作有（　　）。
  A. 征得李一的同意
  B. 征得保险公司的同意
  C. 征得妻子的同意
  D. 通知保险公司并办理批改手续

7. 按照保险合同标的的不同，保险合同可以分为（　　）。
  A. 定额保险合同　　B. 不定额保险合同
  C. 财产保险合同　　D. 人身保险合同
  E. 足额保险合同

8. 以保险合同的保障性质为标准，可以将保险合同分为（　）。
   A. 财产保险合同　　B. 人身保险合同
   C. 给付性保险合同　D. 补偿性保险合同
   E. 足额保险合同
9. 以保险标的的价值是否事先在保险合同中约定，可以将保险合同分为（　）。
   A. 定值保险合同　　B. 不定值保险合同
   C. 足额保险合同　　D. 不足额保险合同
   E. 超额保险合同
10. 保险合同的订立要经过（　）阶段。
    A. 审保　　　　　B. 审查
    C. 要约　　　　　D. 承诺
    E. 批准
11. 保险合同的书面形式主要包括（　）。
    A. 投保单　　　　B. 临时保险单
    C. 暂保单　　　　D. 保险凭证
    E. 保险单
12. 保险合同的变更可分为（　）。
    A. 主体的变更　　B. 形式的变更
    C. 内容的变更　　D. 期限的变更
    E. 客体的变更

三、判断题

1. 保险责任和责任免除属于保险合同的基本条款。（　）
2. 保险合同一般都是由保险公司事先拟定好，所以在保险合同中保险人和投保人的法律地位是不平等的。（　）
3. 与一般合同相比，财产保险合同签订时，投保人对保险标的应具有保险利益。（　）
4. 保险合同成立后，一般情况下，保险人或被保险人可以解除保险合同（即退保），保险人则不得解除保险合同。（　）
5. 保险代理人在招揽到财产保险业务但还未向保险人办妥正式保险单时，为证明保险合同成立，可先出立批单。（　）
6. 受益人由投保人在投保时指定，并在保险期间可随意变更。（　）
7. 对保险合同的条款，保险人与投保人有争议时，人民法院或仲裁机关应当做有利于保险人的解释。（　）
8. 批单是用来增添、取消或修改原保险合同中的条款的，也可用来扩大保险责任范围。（　）
9. 保险合同一经成立即生效。（　）

四、简答题

1. 保险合同有哪些种类？
2. 保险合同的特点是什么？
3. 保险合同的当事人包括哪些？应该具备哪些条件？
4. 保险合同的分类方法及其内容是什么？
5. 保险合同订立的主要程序是什么？
6. 保险合同如何进行变更？
7. 导致保险合同终止的主要原因是什么？

保险的基本原则

■ **学习目标**

学习本章，应当理解和掌握：
- 保险利益原则的含义、条件、意义、时效
- 最大诚信原则的含义及内容
- 近因原则的含义及应用
- 损失补偿原则的含义及应用
- 重复保险分摊原则及代位求偿原则的含义

■ **价值目标**

学习本章，具体的价值目标应包括：

更加科学、全面地认识社会主义核心价值观中，公民个人层面的价值准则——诚信的内涵，树立正确的价值观。

强化法治思维和规矩意识。

掌握辩证的思维方式。

树立责任与权利相匹配的公民意识，培养实事求是的唯物观。

保险活动从产生到现在已经经过了很长的一段历史。保险活动之所以能够按照正常的规律来进行，能够对人们的生活、国民经济正常运行发展起到重要作用，一个原因就是在保险活动中，始终贯彻了一系列非常重要的原则，这些原则是在长期的保险实践中逐渐形成的，是世界各国保险业公认的法则。这些原则，作为保险活动的准则，实际上起到了维护双方当事人的合法权益、规范保险行为、更有效地发挥保险职能的作用。本章主要学习保险的基本原则。

第一节　保险利益原则

一、保险利益的含义及构成要件

保险利益又称可保利益，是指投保人对保险标的具有的法律上承认的利益，它体现了投保人、被保险人与保险标的之间存在的经济上的利害关系。这种经济利害关系因保险标的的完好而存在，因保险标的的损毁而受损。如果投保人对保险标的存在经济上的利害关系，则具有保险利益；如果投保人对保险标的没有经济上的利害关系，则没有保险利益。衡量投保人或被保险人是否对保险标的具有保险利益的标志，是看投保人或被保险人是否因保险标的损害或丧失而遭受经济上的损失。即当保险标的受损时，投保人或被保险人必然会遭受经济损失，则投保人或被保险人对该标的具有保险利益；反之，当保险标的受损时，投保人或被保险人不会遭受经济损失，则投保人或被保险人对该标的不具有保险利益。

并不是投保人或被保险人对保险标的所具有的任何利益都可以成为保险利益，保险利益的构成必须具备下列条件。

首先，保险利益必须是经济上的利益。所谓经济上的利益是指投保人对保险标的的利益必须是可以通过货币计量的利益。保险不能补偿被保险人遭受的非经济上的损失，如精神创伤、刑事处罚等，这些虽与当事人有利害关系，但这种利害关系不是经济上的，不能构成保险利益。再比如账簿、纪念品以及建筑工地的图样等，都是很难用货币衡量价值的，因而不能成为可保财产。对于人身保险来说，由于人身保险的保险标的是人，尽管人的生命无法用货币计量，但是人的生命确实与一定的经济利益相关，如作为家庭的经济支柱突然因车祸过世，其结果将给家庭带来巨大的经济损失。所以，人寿保险的特殊性决定了人寿保险利益是定额的，其保险金额由保险人和投保人共同商定。

其次，投保人与保险标的的经济利益关系必须是合法的。即保险人或被保险人对保险标的所具有的利益，必须是得到法律认可、符合法律规定并受到法律保护的。如果投保人以不被法律认可的利益投保，则保险合同无效。因此，保险利益必须是符合法律规定的、符合社会公共秩序的、为法律认可并受到法律保护的利益。而通过不正当手段获得的利益、非法的利益，不受法律保护，当然不能作为保险利益；违反法律规定或损害社会公共利益而产生的利益，也不能作为保险利益。例如，货主以走私货物投保水险，小偷以偷窃的财产投保财产保险，保险人如果对情况有所了解，将不予承保，如果保险人因不知情而订立保险合同，该合同也是无效的。对于人身保险合同而言，保险利益尤为重要。如果投保人为毫无利害关系的人订立死亡保险合同，则与赌博性质相近，合同无效。

再次，保险利益必须是已确定或可以实现的利益。已经确定的利益是指已经存在的利益，即现有利益，如投保人对已经取得所有权、经营权、使用权的标的物具有保险利益。可以实现的利益是指在客观上或事实上尚不存在，但据有关法律或有效合同的约定在将来一定可以实现的利益，即期待利益，如海上承运人对货物运达的预期收入利益、租船人对其租赁船舶的运费收入利益、票房收入利益、租金收入利益等。在投保时，现有利益和期待利益都可以进行投保；但在索赔时，是必须具有现有利益的才属于索赔范围，而期待利益不属于索赔范围。

二、保险利益原则的含义和时效

（一）保险利益原则的含义

保险利益原则是指在签订和履行保险合同的过程中，投保人或被保险人对保险标的必须具有保险利益。

保险利益原则包含如下几层含义。

首先，投保人必须对保险标的具有保险利益才能投保，否则保险人可单方面宣布保险合同无效。

其次，当保险合同生效后，投保人如果失去保险利益，则保险合同随之失效。

最后，当发生保险事故后，保险人在赔偿时首先考虑有无保险利益，此外，赔偿金额不能超过保险利益，即被保险人不能因为保险获得保险利益额度以外的利益。例如，某企业以价值 200 万元的厂房作抵押向银行贷款 150 万元，发生保险事故导致厂房全损，保险人给银行的最高赔偿金额只能是 150 万元；若贷款已经收回，则银行投保的保险合同无效，银行无权索赔。

（二）保险利益的时效问题

订立和履行保险合同必须坚持保险利益原则，但是在财产保险和人身保险中，保险利益的时效是有区别的。保险利益原则的时效问题一般遵循下列原则。

1. 财产保险中保险利益的时间限制

在财产保险中，一般要求保险利益在保险有效期内始终存在，特别是在发生保险事故时，投保人或被保险人对保险标的必须具有保险利益。如果投保时具有保险利益，发生损失时已丧失保险利益，则保险合同无效，被保险人无权获得赔偿。如某房屋的房主甲在投保房屋的火灾保险后，将该房屋出售给乙，如果没有办理批单转让批改手续，发生保险事故时，保险人因被保险人已没有保险利益而不需履行赔偿责任。但是在国际贸易中，海洋运输货物保险的保险利益在时效上具有一定的灵活性，规定在投保时可以不具有保险利益，但索赔时被保险人对保险标的必须具有保险利益。这种规定是因为在国际贸易中，买方在投保时往往货物所有权尚未转移到自己手中，但其货物所有权的转移是必然的，因此可以投保海上货物运输保险。

2. 人身保险中保险利益的时间限制

人身保险由于保险期限长并具有储蓄性，只要求投保人在投保时具有保险利益，即人身保险在保险合同订立时要求投保人对被保险人必须具有保险利益，而发生保险事故时，则不追究是否具有保险利益。即使投保人对被保险人因离异、雇用合同解除或其他原因而丧失保险利益，并不影响保险合同效力，保险人仍承担给付被保险人保险金的责任。如某投保人为其配偶投保人身保险，即使在保险期限内该夫妻离婚，保险合同依然有效。

> 【思政要点 4-1】
>
> 保险利益要合法合规，在教学中要帮助学生强化法治思维和规矩意识。

第二节 各类保险的保险利益

一、财产保险的保险利益

财产保险的保险标的是财产及其有关利益，凡因财产及其有关利益遭受损失的投保人，对其财产及其有关利益均具有保险利益。广义上的财产保险包括财产损失保险、责任保险和信用保证保险。下面分别介绍不同类型财产保险的保险利益。

（一）财产损失保险的保险利益

具体来说，财产损失保险的保险利益认定如下。

1. 财产所有权人对其财产具有保险利益

对投保人来说，如果其对所保财产具有所有权以及由此带来的收益权，则此财产即为投保人的现有实际财产，投保人可以将其自用、租赁或者转让以获得一定的效用或者收益。此财产损失，对投保人来说是实际资产的减少，会给其生活带来不便或者减少其预期的收益，影响到了他的切身经济利益，所以投保人对一项财产拥有所有权和收益权时，可认定他对该项财产具有保险利益，如房屋所有权人对其房屋具有保险利益。

2. 财产经营权、使用权和保管权人对其经营、使用和保管的财产具有保险利益

对于有些财产，投保人并不拥有所有权，但是通过一定的约定或者委托，如租赁合同、承包合同等，投保人对此财产具有使用权和经营权。当此财产遭受损失时，投保人要承担恢复原状的经济责任，同时他的经营权和使用权也会受到影响，给其带来生活上的不便或者生产上的损失。所以，如果投保人对一项财产拥有经营权和使用权，也可认定他对该项财产具有保险利益。此外，财产的保管人、货物的承运人以及各种承包人与承租人等，对所占用、使用的财产，在负有经济责任的条件下具有保险利益。因为一旦受托物受损，上述各类当事人就要承担经济赔偿责任，其经济利益必然会受到损失。例如，承运者对运费具有保险利益、船舶承租人对船舶具有保险利益等。例如，我国国有

企业的财产所有权属于国家，但企业有占有、使用和一定范围的财产处置权，所以企业法人对财产也具有保险利益。

3. 抵押权人、质权人对抵押、出质的财产具有保险利益

抵押和出质都是债权的一种担保，当债权不能获得清偿时，抵押权人或质权人有从抵押或出质的财产价值中优先受偿的权利。抵押权人与质权人因债权债务关系对财产具有经济上的利害关系，因而对抵押、出质的财产均具有保险利益。就银行抵押贷款的抵押品而言，在贷款未还清之前，抵押品的损失会使银行蒙受损失，银行对抵押品具有保险利益；在借款人还款后，银行对抵押品的抵押权消失，其保险利益也随之消失。

（二）责任保险的保险利益

在责任保险中，判断投保人投保责任保险时是否具有保险利益的主要依据是法律是否规定投保人应该承担某种责任。具体来说，责任保险的保险利益包括以下几种。

（1）各种固定场所的所有人或经营人对因固定场所的缺陷或管理的过失及其他意外事件导致顾客、观众等受到人身伤害或财产损失，依法应承担经济赔偿责任的，投保人具有保险利益。

（2）各类专业人员因工作上的疏忽或过失使他人遭受损害，依法应承担经济赔偿责任的，投保人具有保险利益。

（3）制造商、销售商等因制造、销售的产品有缺陷，对用户或消费者造成人身伤害或财产损失，依法应承担经济赔偿责任的，投保人具有保险利益。

（4）雇主对雇员在受雇期间因从事与其职业有关的工作而患职业病或造成伤、残、死亡等人身伤害，依法应承担医药费、工伤补贴、家属抚恤责任的，投保人具有保险利益。

（三）信用保证保险的保险利益

信用保证保险的保险利益主要体现在权利人与被保险人之间必须建立经济合同关系。信用保证保险的保险利益具体包括以下两种。

（1）债权人对债务人的信用具有保险利益，可以投保信用保险。

（2）债务人可按照债权人的要求投保自身信用的保险，即保证保险。

二、人身保险的保险利益

人身保险中，一般认为投保人对自己的寿命或身体作为保险标的投保的，具有保险利益。同时，投保人对其配偶、子女、父母及有抚养、赡养或者扶养关系的家庭其他成员和近亲属也具有保险利益。债权人对债务人有保险利益，该项保险利益以债务人实际承担的债务为限。本人对为本人管理财产或具有其他利益关系的人具有保险利益。例如：企业对其重要人员（如总经理、总经济师）的生命有保险利益；合伙关系中，合伙人对其他任一合伙人的生命有保险利益；雇佣人或委托人对于受雇人或受托人的生命具有保险利益。

根据《中华人民共和国保险法》的规定，投保人对下列人员具有保险利益。

(1)本人。

(2)配偶、子女、父母。

(3)前项以外与投保人有抚养、赡养或者扶养关系的家庭其他成员、近亲属。

(4)与投保人有劳动关系的劳动者。

(5)除前款规定外,被保险人同意投保人为其订立合同的,视为投保人对被保险人具有保险利益。应该注意的是,虽然法律规定,只要经过被保险人同意,投保人都可以对被保险人具有保险利益,但是在保险实务操作中,保险公司为了防范道德风险、减少纠纷,大部分情况下只对规定的前四种关系进行承保。

> **【案例分析 4-1】**
>
> 李某为其妻子王某投保,并经妻子同意指定受益人为自己,保险费每年从李某工资中扣缴。缴费 2 年后,李某与王某离婚。离婚后李某仍自愿每年从自己工资中扣缴这笔保险费。又过了 2 年,被保险人王某因车祸意外身亡,王某的父亲和李某得到消息后,同时都向保险公司提出领取保险金的申请。王父认为李某与其女早已经离婚,李某对其女没有保险利益,无权领取保险金,自己是王某唯一的继承人,故保险金应由其领取,而李某认为自己是保险合同唯一的指定受益人,依法应领取保险金。你认为谁的说法对?

三、保险利益原则的意义

在保险合同的订立与履行过程中为什么一定要遵循保险利益原则呢?保险利益原则的意义体现在哪些方面呢?下面通过一个案例来说明保险利益原则的重要意义。

> **【案例分析 4-2】**
>
> 在 18 世纪的英国,人们可以将某个与自己毫无关系的人的生命作为保险标的投保人身保险。因此,当时在英国很多民众以某些名人为被保险人投保死亡保险,这常常诱发道德风险。一些人为了获得高额的保险金,故意制造保险事故来骗取保险金,这种做法严重违背了保险分摊风险和进行风险保障的初衷,将保险变成了赌博。因此,1906 年,英国政府颁布了《英国海上保险法》,第一次从法律上明确认可了保险利益原则,禁止签订无保险利益的保险合同。这样,保险从本质上与赌博划清了界限,有利于避免赌博或类似赌博行为的发生。

通过上述分析,可以发现保险利益原则的意义在于以下方面。

(一)保险利益原则的确立使保险在本质上与赌博划清了界限

即在以法律形式确立保险利益原则之前,保险与赌博并无本质区别;而在保险利益原则确立之后,才使得保险在本质上与赌博划清了界限,成为真正意义上的保险。

(二)保险利益原则的确立能够防止道德风险的发生

道德风险是指被保险人或受益人为获取保险人的赔付而故意违反道德规范,甚至故意犯罪促使保险事故的发生,或在保险事故发生时故意放任损失扩大。更有甚者,为了获取巨额赔偿或给付,采用犯罪手段制造保险事故,危害了人们生命财产安全和社会稳定。保险事故发生后,投保人或被保险人所能获得的最高补偿是其对保险标的的利益,而不会额外获利,这就使投保人与保险标的之间存在利害关系的制约,可以有效地控制道德风险。从法律上明确规定保险利益,可以在很大程度上消除道德风险产生的根源,有效防止道德风险的发生。

(三)保险利益原则的确立限制了保险补偿的程度

保险利益原则是履行保险赔偿原则的依据。保险人的赔付金额不超过保险利益,就避免了被保险人通过保险得到超过其损失的经济利益现象的发生,也就避免了赌博行为的发生以及道德风险的诱发,对保险事业的发展和维护社会的安定和谐有着极其重要的意义。如果不坚持赔偿的最高额以保险利益为限的原则,那么投保人或被保险人可以因较少的损失而获得较大的赔偿额,这也同样会诱发道德风险。

第三节 最大诚信原则

一、最大诚信原则的由来

诚信就是诚实守信,具体来说,诚实就是不隐瞒、欺骗,守信就是指善意地、全面地履行自己的义务。在任何合同中,只要合同双方当事人签订合同,这个合同就具有了法律效力,双方当事人都要遵循诚实守信原则。此外,各国在民法和商法中,也都会对诚实守信提出具体的要求,但是由于保险合同具有自身的特殊性,它对双方的诚信度要求远远高于或严于一般合同。所以,理论上把这种"高于或严于"一般合同的诚信要求称为最大诚信原则。最大诚信原则是保险合同中最重要的准则之一,也是保险业赖以生存的基础。如果保险合同当事人失去了诚信,那么保险业也失去了赖以生存的基础。

最大诚信原则产生的时间比较早,在早期的海上保险中,商人在签订保险合同时,其货物已经远离了保险公司和港口,保险人一般不可能对保险标的进行实地查勘。保险人是否接受投保请求、以什么样的价格和费率接受投保,完全只凭投保人自身陈述,所以就要求投保双方必须诚实守信。1906年,《英国海上保险法》对诚信原则做了具体规定。保险合同当事人双方任何一方如果不遵守诚信原则,另一方就可以宣布保险合同无效。现在,这一原则已经运用于各种保险,成为保险的基本原则之一。

二、最大诚信原则的含义及存在的原因

（一）最大诚信原则的含义

最大诚信原则是指保险双方当事人签订和履行保险合同的过程中，必须向对方提供影响对方做出签约与履约决定的全部重要事实，同时绝对信守合同义务和承诺，否则，受到损害的一方，可以此宣布合同无效或解除合同，甚至还可以要求对方赔偿因此而受到的损失。

（二）最大诚信原则存在的原因

在保险活动中，遵循最大诚信原则主要的原因包括以下几个方面。

1. 保险是一种信用活动

保险双方当事人签订保险合同，从实质上来讲就是保险双方当事人的一种信用活动，一方面投保人缴纳保险费得到的是保险人的承诺，即当保险活动约定的事故发生时，投保人可以获得保险公司赔偿或给付的保险金；另一方面，保险人是以收取保险费作为自己的权利，他的义务是当合同约定的保险事故发生时按合同约定进行保险金的赔偿或者给付。如果保险双方当事人有一方失信，比如保险公司不能履行自己的承诺，保险公司就会丧失自己的信用，从而无法继续经营下去。因此，这就要求保险公司必须信守承诺。

2. 保险经营中的信息不对称性决定了双方当事人应该遵循最大诚信原则

这主要表现在两个方面。一方面是保险标的风险信息的不对称性。对于保险人而言，有关标的的真实情况只有投保人最为了解，保险人只能通过投保人如实告知与陈述才有可能确切地了解所要承保的风险信息，而保险标的的风险信息对于保险人来说至关重要，直接决定着保险公司能否稳健经营。因此，保险标的风险信息的不对称性要求投保人遵循最大诚信原则。另一方面是保险条款信息的不对称性。保险合同是附和性合同，保险合同中的条款是由保险人事先拟定和印发的，对于投保人或被保险人而言，由于保险合同的专业性及复杂性，一般的投保人是难以理解和掌握保险合同条款的具体含义的，这对于投保人或被保险人来说是极其不利的。因此，保险合同的附和性要求保险人遵循最大诚信原则。

3. 保险合同的射幸性决定了双方当事人应该遵循最大诚信原则

由于保险人所承保的保险标的是否发生风险事故是不确定的，而投保人购买保险仅支付较少的保险费，保险标的一旦发生保险事故，被保险人所能获得的赔偿或给付将是保险费支出的数十倍甚至数百倍或更多。因此，就单个保险合同而言，保险人承担的保险赔款远远高于其所收取的保险费。假如投保人不诚实、不守信，必将引发大量保险事故，从而增加保险赔款，使保险人不堪负担而无法长期经营，最终将严重损害广大投保人或被保险人的利益。因此，要求投保人基于最大诚信原则真诚履行其告知与保证义务。

所以说，无论对于投保人还是保险人来说，要使保险合同成立，双方必须基于最大诚信原则，将自身所掌握的重要信息如实地告知对方，以维护双方的正当利益。

三、最大诚信原则的内容

最大诚信原则的内容，包括告知、保证和弃权与禁止反言。其中，告知是约束双方当事人的；保证是约束投保人和被保险人的；弃权与禁止反言是约束保险人的。

（一）告知

1. 告知的含义

告知是指在保险合同订立之前、订立时及在合同有效期内，投保人对已知或应知的与保险标的有关的实质性重要事实据实向保险人做出口头或书面的申报，保险人也将与投保人利害相关的实质性重要事实据实通告投保人。保险人与投保人的告知义务，是法律规定的保险合同订立的义务。告知分为保险人的告知和投保人的告知。

保险人的告知是指保险人在订立保险合同时，应当向投保人说明、解释保险合同条款内容，特别是将合同中的免责条款向投保人交代清楚。一般而言，保险人告知有两种形式，即明确列示和明确说明。明确列示是指保险人只需将保险条款的主要内容明确列示在保险合同中，即视为已告知投保人。在国际保险市场上，一般只要求保险人采取此种告知形式。明确说明是指保险人不仅应将保险条款的主要内容明确列示在保险合同中，还必须对投保人进行正确的说明解释。我国要求保险人的告知采取明确说明的形式，即要求保险人对保险合同的主要条款尤其是免责条款部分进行说明。

投保人在订立保险合同时也负有如实告知义务。因为在订立保险合同时，保险人向投保人收取保险费的多少和是否承保，都取决于保险人对其承保风险的正确估计或判断。保险人如何估计保险标的危险发生的程度，只能以投保人的真实陈述为基础。因此，各国保险立法均规定投保人负有如实告知义务。投保人的告知是指在保险合同订立时，投保人对保险标的有关的重要事实向保险人做出口头的或书面的陈述。重要事实，是指足以影响保险人决定是否同意承保或提高保险费率的事实，如年龄、健康状况、工作性质等，又如财产存放地点、使用性质、消防设备等。国际上，投保人的告知主要有两种形式，即无限告知和询问回答告知两种。

无限告知是法律上对告知的内容没有做出具体的规定，只要事实上与保险标的的风险状况有关的任何重要事实，投保人都有义务告知保险人。无限告知的形式对投保人有较高的要求。目前，英美法系国家的保险立法均都采用这种形式。

询问回答告知是投保人对保险人询问的问题必须如实告知，对询问以外的问题投保人无须告知。包括我国在内的大多数国家保险立法均采用询问回答告知形式。

在具体操作上，保险人通常会让投保人先填写投保单，在投保单上列出要询问的关于投保人、被保险人及保险标的的详细情况让投保人填写；或由代理人按投保单内容进行询问，代为填写，由投保人签字确认。投保人还应告知以下内容。

（1）在财产保险合同的有效期内，保险标的的风险程度增加时，被保险人按照合同的约定应当及时通知保险人，保险人有权要求增加保险费或解除合同。

（2）保险标的发生转移或保险合同有关事项变动时，投保人或被保险人应及时通知保险人。保险人确认后可变更合同并保证合同有效。

（3）保险事故发生后，投保人或被保险人应及时通知保险人。

（4）有重复保险的投保人应将重复保险的有关情况告知保险人。

2. 未履行或者违反告知义务的法律后果

（1）投保人未履行或者违反告知义务的法律后果。在保险实务中，投保人或被保险人违反告知义务的情形主要有：漏报、误告、隐瞒、欺诈。漏报指的是由于疏忽而未告知，或者对重要事实误认为不重要而不告知。误告是指由于对重要事实的局限，包括不知道、了解不全面或不准确而导致误告，但并非故意欺骗。隐瞒是指明知某些事实会影响保险人承保的决定或承保的条件而故意不告知。欺诈是指投保人一方有意捏造事实，弄虚作假，故意对重要事实不做正确申报并有欺诈的意图。

对于以上违反告知义务的行为，不管投保人或被保险人的动机如何，都会给保险人的利益带来不同程度的损害。因此，各国法律规定，只要投保人或被保险人违反告知义务，保险人有权宣布保险合同无效或不承担赔偿责任。

投保方未履行或者违反告知义务的法律后果如下。

1）投保人故意隐瞒事实，不履行如实告知义务，保险人有权解除保险合同，并对保险合同解除前发生的保险事故，不承担赔偿或给付保险金的责任，不退还保险费。

2）投保人因过失未履行如实告知义务的，足以影响保险人决定是否同意承保或者提高保险费率的，保险人有权解除保险合同。未告知事实对保险事故的发生有严重影响的，保险人对于保险合同解除前发生的保险事故，不承担赔偿或者给付保险金的责任，但可以退还保险费。

3）被保险人或者受益人在未发生保险事故的情况下，谎称发生了保险事故，向保险人提出赔偿或者给付保险金的请求的，保险人有权解除保险合同，并不退还保险费。

【案例分析 4-3】

张女士因身体偶感不适去做体检，体检结果是她患了癌症，但是医生和家人都隐瞒了她的病情。张女士之后投保了健康险，在保险期限内，张女士因癌症病情恶化死亡。保险合同是否有效？保险公司应否给付保险金？

（2）保险人未履行告知义务的法律后果。对于保险人来说，保险合同中规定有关于保险人责任免除条款的，保险人在订立合同时未履行责任免除明确说明义务的，该保险合同责任免除条款无效，即自保险合同成立时起对投保人不产生效力。

（二）保证

保证是投保人或被保险人对保险人做出的一种关于作为或不作为某种行为或者是某种状态存在或不存在的许诺。保证是保险合同的重要条款，投保人或被保险人违反保证条款的，保险人有权解除合同，并在标的发生损失时拒绝赔偿。如在火灾保险中，投保人保证所有房屋都安装有报警装置。

1. 保证的分类

从表现形式上看,保证可分为明示保证和默示保证。明示保证是指在保险合同中记载的保证事项,需要投保人明确做出承诺,如在盗窃险中,投保人要保证安装防盗门。默示保证是指习惯上认为投保人、被保险人应该保证某一事项,无须事前明确做出承诺。默示保证在海上保险中很重要,海上保险合同中的默示保证一般有三项:船舶有航行能力,航行过程中不改变航道,航程合法。应该注意的是,明示保证和默示保证具有同等的法律效力,但当二者的规定相互矛盾时,以明示保证为准。

2. 违反保证义务的法律后果

由于保险合同约定保证的事项均为重要事项,是订立保险合同的条件和基础,因而各国立法对投保人或被保险人遵守保证事项的要求极为严格。凡是投保人或被保险人违反保证义务,不论其是否有过失,也不论是否对保险人造成损害,保险人均有权解除保险合同,不予承担赔偿责任,除人寿保险外一般也不退还保险费,构成犯罪的,要依法追究刑事责任。

但是,保险人对投保人或被保险人违约之日前发生的保险事故负赔偿责任。如果是由于不可抗力的原因使被保险人不能履行保证义务的,保险人可解除合同也可修改保证条件,增收保险费以继续承保。

【案例分析 4-4】

某宾馆投保火灾保险附加盗窃保险,在投保单上写明能做到全天有警卫值班,保险公司予以承保并以此作为减费的条件。后宾馆于某日被盗。经调查,该日值班警卫曾因正当理由离开岗位,离开时间仅 10 分钟。宾馆所做的保证是一种什么保证?保险公司是否能据此拒赔?为什么?

(三)弃权与禁止反言

最大诚信原则的第三个内容是弃权与禁止反言。其中,弃权是指双方当事人任何一方放弃在保险合同中可以主张的某种权利。禁止反言是指一方当事人既已放弃合同中可以主张的权利,则日后不得再重新主张这种权利,保险人所放弃的通常是合同解除权和抗辩权。最大诚信原则中的弃权与禁止反言主要是为了规范保险人的行为。

如人寿保险中不可抗辩条款规定,对被保险人的告知不实或隐瞒行为,保险人可以以违反最大诚信原则为由解除合同。但是保险人也不许滥用这个权利,保险人只能在合同订立之后一定期限内(一般为两年),以被保险人告知不实或隐瞒为由解除合同,如果超过规定期限没有解除合同,则视为保险人已经放弃这一权利,不得再以此为由解除合同。

再如,被保险人投保人身意外伤害保险,声明并告知保险代理人,其在某一时间内将从事一些风险较高的工作,一般把这种告知称作意见性告知。保险代理人为了招揽业务,并且认为合同的有效和开价可不受影响,倘若日后发生意外事故,正是由于从事风险较高的工作引起的,那么根据弃权与禁止反言的规则,保险人不能行使保险合同的解除权,也不能拒绝给付保险金。

> **【思政要点 4-2】**
>
> 诚实守信是中华民族的优良传统。诚信是社会主义核心价值观的重要内容,诚信建设是国家治理体系和现代化建设的重要根基。树立正确的价值观,不断修身立德,树立诚信意识,打牢道德根基,把正确的道德认知、自觉的道德养成、积极的道德实践紧密结合起来,才能在人生道路上走得更正、走得更远。诚信要落在实处,落在每一个点点滴滴。我们要在生活、学习和工作中坚守诚信原则。

第四节 近因原则

一、近因原则的含义

在保险学中,近因是指引起保险标的损失的最直接、最有效的或者起支配、决定作用的原因,而并非是时间上或空间上最接近损失的原因。

所谓近因原则,是指判断风险事故与保险标的损害之间的因果关系,从而确定保险赔偿或给付责任的一项基本原则,该原则是保险实务中处理理赔案件所必须遵循的重要原则之一。近因原则的基本含义包括以下几点。

(1)若造成保险标的受损的近因属于保险责任范围,则保险人应负赔偿责任。

(2)若造成保险标的受损的近因属于除外责任范围,则保险人不负赔偿责任。

(3)若造成保险标的受损的近因同时涉及保险责任和除外责任两方面,则分不同情况处理。

遵循近因原则,有利于正确合理地判定损害事故的责任归属,从而有利于维护保险合同双方当事人的合法权益。

二、判定保险责任近因的原则

认定近因的关键是确定风险因素与损害之间的关系,确定的方法通常有两种。

第一种是由原因推断结果。即从事件链上的最初事件出发,按逻辑推理,判断下一个事件可能是什么;再从可能发生的第二个事件按照逻辑推理,判断再下一个事件可能是什么;直至最终事件即损失。如果推理判断与实际发生的事实相符,那么,最初事件就是最后事件的近因。

第二种是从结果推断原因。即从损失开始,逆着事件链的方向向前追溯,在每一个阶段上按照"为什么这一事件会发生"的思考方式来找出前一个事件,如果追溯到最初的事件且没有中断,那么,最初事件即为近因。

三、判定保险责任近因的具体应用

保险标的损失的原因是各种各样的,如何确定近因,要根据具体的情况做具体的分析。通常情况下,保险标的造成经济损失的原因有四种类型,即单一原因造成的损失、多种原因同时发生造成的损失、多种原因连续发生造成的损失以及多种原因间断发生造成的损失。遵循近因原则就是要在保险事故中找出近因,从而确定责任归属。

(一)由单一原因造成的损失

若这个近因属于承保风险,保险人负保险责任;若该近因属于未保风险或除外责任,则保险人不承担保险责任。单一原因造成损失的近因判定如图 4.1 所示。

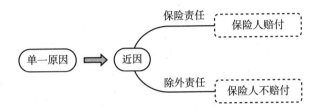

图 4.1 单一原因造成损失的近因判定

> 【案例分析 4-5】
>
> 货物在运输途中遭受雨淋而受损,若被保险人在水渍险的基础上加投了淡水雨淋险,保险人应承担赔偿责任;若被保险人只投保了水渍险,则保险人不承担赔偿责任。

(二)由多种原因同时发生造成的损失

如果同时发生的多种原因均属于近因,且均属于被保风险,保险人承担全部赔偿责任。如果多种原因都属于除外责任,则保险人不承担赔偿责任。如果在多种原因中既有保险责任,又有除外责任,在损失结果可以分解的情况下,保险人只对属于保险责任的原因导致的损失承担保险赔偿责任;在损失无法分解的情况下,有两种处理意见,一种是主张由保险人和被保险人分摊,另一种是主张保险人完全不负赔偿责任。

> 【案例分析 4-6】
>
> 仓库投保了火灾保险,该仓库屋顶有洞。在保险期内,发生火灾,同时暴雨淋湿了货物。如果能对火灾造成的损失和暴雨造成的损失进行区分,则只对火灾造成的损失赔偿,对暴雨造成的损失不赔。如果不能区分,则不赔偿或酌情赔偿。

（三）由多种原因连续发生造成的损失

如果各原因之间的因果关系未被中断，即后果是前因自然的、直接的结果，最先发生的原因为损失的近因。由多种原因连续发生造成损失的近因判定（如图4.2所示）如下。

（1）若各原因均为承保风险，保险人负赔偿责任。

（2）若前因和后因均为不保风险，保险人不负赔偿责任。

（3）若前因为不保风险，后因为承保风险，保险人不负赔偿责任。

（4）若前因为承保风险，后因为不保风险，保险人负赔偿责任。

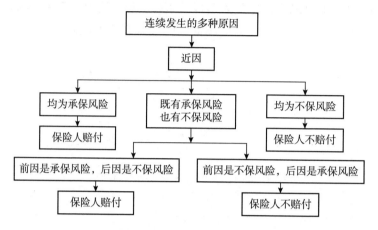

图4.2　由多种原因连续发生造成损失的近因判定

> **【案例分析4-7】**
>
> 有一艘装载皮革和烟草的船舶，遭遇海难，大量海水浸入船舱，皮革腐烂。海水虽未直接接触装烟叶的捆包，但由于腐烂皮革的恶臭，使烟叶完全变质。当时被保险人以海难为近因要求保险人全部赔付，但保险人却以烟叶包装没有水渍的痕迹为由而拒赔。你认为最后法院应该如何判决？

（四）由多种原因间断发生造成的损失

如果因果链被新的、相对独立的原因插入而中断，新插入的、相对独立的原因为近因。

> **【案例分析4-8】**
>
> 某企业集体投保团体人身意外伤害保险，被保险人王某骑车被货车撞倒，造成伤残并住院治疗，在治疗过程中王某因急性心肌梗塞而死亡。由于意外伤害与心肌梗塞没有内在联系，故心肌梗塞属于新介入的独立原因，是被保险人死亡的近因，它属于疾病范畴，不包括在人身意外伤害保险责任范围，故保险人对被保险人不负保险责任，只对人身意外伤残支付保险金。

> 【思政要点4-3】
>
> 通过近因分析，培养辩证的思维方式。

第五节 损失补偿原则

一、损失补偿原则的含义

经济补偿是保险的基本职能，也是保险产生和发展的出发点与归宿点，因此损失补偿原则也是保险的基本原则之一，是重复保险的损失分摊原则和代位原则的基础。

损失补偿原则是指保险合同生效后，如果发生保险责任范围内的损失，被保险人有权按照保险合同的约定，获得保险利益范围内的经济赔偿。保险赔偿是为了弥补被保险人由于保险事故的发生所遭受的经济损失，但被保险人不能通过赔偿获得额外利益。

因此，一般来说，损失补偿原则主要适用于财产保险合同以及人身保险中的补偿性保险合同，而对于给付性的保险合同，如人寿保险和定值保险，在实务中并不适用。

损失补偿原则的含义体现在以下两个方面：

第一，被保险人只有受到约定的保险事故所造成的损失，才能得到补偿。在保险期限内，即使发生了保险事故，但如果被保险人没有受到损失就无权要求保险人赔偿。

第二，补偿的数额必须以实际损失为限，被保险人不能获得多于损失的补偿。

二、损失补偿原则的意义

损失补偿原则的意义体现在以下两个方面。

（一）损失补偿原则有利于保险保障关系的实现

保险的基本职能是补偿损失，损失补偿原则体现了保险的基本职能。如果被保险人发现保险事故造成的经济损失不能得到补偿，就违背了保险的职能，这就意味着保险关系没有实现。损失补偿原则约束保险人必须在保险合同约定的条件下履行保险赔偿责任，从而保证被保险人合法权益的实现。

（二）损失补偿原则有利于防止被保险人从保险中获利

损失补偿原则对被保险人具有约束力，使其不能因投保而获得超过损失的补偿或额外利益。如果保险能给被保险人带来额外利益，就会引发道德风险，导致某些人制造保险事故以谋取好处，这是不被允许的。

三、被保险人请求保险赔偿的条件

被保险人请求保险赔偿的条件，包括以下几项内容。

（一）被保险人对保险标的必须具有保险利益

财产保险不仅要求投保人或被保险人投保时对保险标的具有保险利益，而且要求在保险合同履行过程中，特别是保险事故发生时，被保险人对保险标的必须具有保险利益，否则就不能取得保险赔偿。

（二）被保险人遭受的损失必须在保险责任范围之内

保险合同中明确约定了保险责任的范围，只有在此范围之内的损失，保险人才给予赔偿。对于除外责任范围内的损失，被保险人不能要求保险人赔偿。

（三）被保险人遭受的损失必须能用货币计量

如果被保险人遭受的损失不能用货币计量，保险人就无法核定损失，从而也无法支付保险赔款。

四、损失补偿原则的限制

具体而言，损失补偿原则也具有一定的限制。

（一）以被保险人的实际损失为限

在补偿性合同中，当保险标的遭受保险责任范围以内的损失时，保险人按合同规定承担赔偿责任，其支付的保险赔偿不得超过被保险人的实际损失。如果被保险人得到的保险赔偿金超过了他在事故中的实际损失额，则他在整个保险事故中反而得利，这就违反了损失补偿的第二层含义。实际损失是根据损失当时财产的实际价值来确定的，而财产的价值与市场价值有关，所以实际损失的确定通常要根据损失当时财产的市场价值来确定。

> **【案例分析 4-9】**
>
> 对某财产按购买价值 80 万元进行投保，在保险期内，因火灾遭受全额损失，损失当时的财产市场价值降为 60 万元，则保险人只能按照市场价值认定实际损失，赔偿被保险人 60 万元。

（二）以投保人投保的保险金额为限

保险金额是保险人承担保险责任的最高限额，因此，保险人的损失补偿也必须以保险合同中约定的保险金额为限，即赔偿金额不能高于保险金额。因为保险金额是以保险人已收取的保险费为条件确定的保险最高责任限额，超过这个限额，将使保险人处于不平等的地位。即使发生通货膨胀，仍以保险金额为限，其目的在于维护保险人的正当权益，使损失补偿同样遵循权利义务对等的约束。

> **【案例分析 4-10】**
>
> 承接上例，假设损失时财产的市场价值上升为 100 万元，这时虽然被保险人的实际损失为 100 万元，但由于保险金额为 80 万元，按以保险金额为限的原则，保险人赔偿被保险人 80 万元。

（三）以投保人或被保险人所具有的保险利益为限

保险利益是保险保障的最高限额，保险人对被保险人的赔偿以被保险人对保险标的所具有的保险利益为前提条件和最高限额。

财产保险中，如果保险标的在受损时财产权益已全部转让，则被保险人无权索赔。

> **【案例分析 4-11】**
>
> 借款人为取得 80 万元的贷款，将市场价值为 100 万元的房子抵押给银行，银行为保证贷款的安全，将房子投保财产保险。由于银行对该房子只有 80 万元的保险利益，所以，当房子遭受损失时，保险人只能根据以保险利益为限的原则，最多赔偿银行 80 万元。若贷款已经收回，则银行投保的保险合同无效，银行无权索赔。

在具体的保险实务中，当以上三个限额不一致时，保险人最终对被保险人的实际赔偿金额，是其中实际货币金额最小的一项。

五、保险人对被保险人实施的补偿方式

保险人对被保险人实施的补偿行为主要有以下三种方式。

第一种方式是货币赔付。货币赔付是保险人选择的最常见的一种方式。

第二种方式是修复。修复是机动车辆保险中保险人广泛使用的方式。

第三种方式是置换。如果被保险人损坏的财产是实物，保险人可以赔付与被损毁财产同等规格、型号、性能的财产。需要注意的是，保险人通常不采用此种补偿方式。

六、损失赔偿计算方式

损失赔偿计算方式是损失补偿原则的具体应用。财产保险赔偿方式主要有第一损失赔偿方式和比例计算赔偿方式两种。

（一）第一损失赔偿方式

第一损失赔偿方式，即在保险金额限度内，按照实际损失赔偿。

当损失金额≤保险金额时，赔偿金额＝损失金额

当损失金额＞保险金额时，赔偿金额＝保险金额

在我国，家庭财产保险采用第一损失赔偿方式。

> **【案例分析 4-12】**
>
> 王某拥有 100 万元的家庭财产，向保险公司投保家庭财产保险，保险金额为 60 万元。在保险期间王某家中失火，当家庭财产损失 10 万元时，则保险公司应赔偿多少？
>
> **分析：**
>
> 根据第一损失赔偿方式，损失金额≤保险金额时，赔偿金额＝损失金额，即 10 万元。

（二）比例计算赔偿方式

比例计算赔偿方式是按照保障程度，即保险金额与损失当时保险财产的实际价值的比例计算赔偿金额。其计算公式是

赔偿金额＝损失金额 × 保险金额 ÷ 损失当时保险财产的实际价值

在我国，企业财产保险采用比例计算赔偿方式。

> **【案例分析 4-13】**
>
> 某企业投保企业财产保险，保险金额为 800 万元，保险事故发生时，保险人对该项财产评估价为 1000 万元，若发生全部损失，则保险人赔偿金额是多少？若发生部分损失，损失金额为 200 万元，则按比例计算的赔偿金额为多少？
>
> **分析：**
>
> 本案例中，若发生全部损失，则赔偿金额应为 800 万元，即按保险金额赔偿。若发生部分损失，则赔偿金额＝（200×800÷1000）万元＝160 万元。

七、损失补偿原则的例外情况

损失补偿原则也有例外的情况，比如以下四种情况属于损失补偿原则的例外情况，它们不适用于损失补偿原则，但也被认为具有合理性。

（一）定值保险

定值保险是指保险合同双方当事人在订立合同时，约定保险标的的价值，并将此确定为保险金额的保险。当保险事故发生时，保险人不论保险标的损失当时的市场价值如何，均按保险合同中约定的保险价值来进行赔付。

在这种情况下，保险公司的赔偿金额可能超过实际损失，所以定值保险是损失补偿

原则的例外。海洋货物运输保险通常采用定值保险的方式，因为运输货物出险的地点不定，各地的市价也不一样，很难按照损失时的市价确定损失，故采用定值保险方式。在保险实务中，古董、字画等珍贵的艺术品一般也采用定值保险方式。

（二）重置价值保险

重置价值保险是指以被保险人重置或重建保险标的所需费用或成本确定保险金额的保险。有些财产会因通货膨胀、物价上涨等因素影响，导致其重置成本上升。如果按照实际损失价值赔付，达不到保险充分保障的目的。所以为了满足被保险人对受损财产进行重置或重建的需要，保险公司推出了重置价值保险方式。在重置价值保险方式中，可能会出现保险赔偿额大于实际损失的情况，所以说重置价值保险也是损失补偿原则的例外。

（三）人身保险

由于人身保险的保险标的是无法估价的人的生命或身体，其保险利益也是无法估价的。所以人身保险合同不是补偿性合同，而是给付性合同。人身保险的保险金额是根据被保险人的需要和支付保险费的能力来约定的，当保险事故发生时，保险人按双方事先约定的金额给付保险金。所以，损失补偿原则不适用于给付性人身保险合同。

（四）施救费用的赔偿

保险实务中，当保险事故发生时，要求被保险人应当尽力采取必要的措施，防止或者减少损失。保险事故发生后，为防止或者减少保险标的的损失所支出的施救费用由保险人承担。这样，保险人实际上承担了保险金和施救费用两部分的补偿责任，扩展了损失补偿的范围与额度，这也是损失补偿原则的例外。

第六节 重复保险分摊原则

一、重复保险分摊原则的含义

重复保险是指投保人以同一保险标的、同一保险利益、同一保险时期、同一保险事故分别与两个或两个以上保险人订立保险合同且保险金额总和超过保险价值的保险。重复保险，原则上是不被允许的，但事实上却是客观存在的保险现象。对于重复保险，按照最大诚信原则，各国保险立法都规定，投保人有义务将重复保险的有关情况告知保险人。投保人不履行该项义务的，保险人有权解除保险合同或者宣布合同无效。在重复保险条件下，为避免被保险人在数个保险人处重复得到超过损失额的赔偿，确保保险补偿目的的达成，并维护保险人与被保险人、保险人与保险人之间的公平原则，所以产生了重复保险的分摊原则。

重复保险分摊原则是在被保险人重复保险的情况下处理损失补偿的基本原则，是损失补偿原则的一个派生原则，即在重复保险的情况下，被保险人所能得到的赔偿金由各保险人采用适当的方法进行分摊，从而使被保险人所得到的总赔偿金不超过实际损失额。该原则同样只适用于财产保险等补偿性保险合同，不适用于人身保险。

二、重复保险的分摊方式

在重复保险的情况下，当发生保险事故，对于保险标的所遭受的损失，由各保险人分摊。重复保险的分摊方式一般有比例责任分摊方式、限额责任分摊方式和顺序责任分摊方式三种。

（一）比例责任分摊方式

比例责任分摊方式是指各保险人按其所承保的保险金额与总保险金额的比例分摊保险赔偿责任。其计算公式为

$$每个保险人实际分得的赔偿 = \frac{该保险人承保的保险金额}{各保险人承保的保险金额总和} \times 损失金额$$

【案例分析4-14】

如果甲保险公司提供的保险金额为2万元，乙保险公司提供的保险金额为8万元，丙保险公司提供的保险金额为10万元，保险标的发生损失5万元的情况下，甲、乙、丙保险公司各自应分摊的保险赔偿金额为多少？

比例责任分摊方式的特点是计算方法简单易行，相对公平，是普遍采用的分摊方式。

但在有些情况下，保险公司所支付的赔偿金额与其实际承担的责任并不匹配，所以在此基础上，又提出了第二种重复保险的分摊方式，即限额责任分摊方式。

（二）限额责任分摊方式

限额责任分摊方式又称独立责任分摊方式，是指按假设没有重复保险的情况下保险人单独应承担的赔偿责任限额占所有保险人赔偿责任限额之和的比例来分摊损失金额。

$$每个保险人实际分得的赔偿 = \frac{该保险人独立责任限额}{所有保险人独立责任限额总和} \times 损失金额$$

【案例分析4-15】

承接上例，假设没有重复保险的情况下，甲保险公司单独应赔偿的责任限额为2万元，乙保险公司为5万元，丙保险公司为5万元，那么甲、乙、丙保险公司各自应分摊的保险赔偿金额为多少？

限额责任分摊方式的特点是总体来说较为公平，但由于各保险人的赔偿金额与其收

取的保险费并不是线性关系,该方式在少数情况下也是缺乏公平性的。

(三) 顺序责任分摊方式

顺序责任分摊方式下,以签发保险单的顺序来处理赔款,先出单的保险公司先赔,后出单的保险公司只有在损失金额超出第一家保险公司的保险金额时,才承担超出部分的赔款,依次类推。

> **【案例分析 4-16】**
> 承接上例,按顺序责任分摊方式,甲、乙、丙保险公司各自应分摊的保险赔偿金额为多少?

顺序责任分摊方式的缺点在于越是顺序靠后的保险人,赔付的概率越小,承担的责任越少,这对第一保险人很不公平。

在保险实务中,我国规定采用比例责任分摊方式进行赔偿。

第七节 代位求偿原则

一、代位求偿原则概述

(一) 代位求偿原则的含义

代位求偿原则也是损失补偿原则的派生原则。所谓代位,指的是取代别人的某种地位。保险学中的代位求偿指的就是保险人取代投保人对第三者的求偿权(即权利代位)或取得对标的的所有权(即物上代位)。

代位求偿原则是指在财产保险中,保险标的由于第三者责任导致的损失,保险人按照合同的约定履行赔偿责任后,依法取得对保险标的损失负有责任的第三者的追偿权;或者保险标的发生保险事故造成推定全损,保险人向被保险人按全部损失赔偿后,取得对保险标的的所有权。定义中"或者"前面讲的就是权利代位,"或者"后面讲的就是物上代位。所以代位求偿有权利代位和物上代位两种情况。

(二) 代位求偿原则的法律依据

代位求偿原则的法律依据包括以下两方面内容。

一是财产保险的损失补偿原则,即被保险人通过保险获得的经济补偿,不应超过保险财产的实际损失。通过行使代位求偿原则能够有效地防止被保险人在同一次损失中取得重复赔偿。

二是民法的公平原则。保险人的赔偿不能成为违法行为人逃避民事法律追究的借口。通过行使代位求偿权,保险人能够从过失方取得补偿,这体现了公平原则。

(三)代位求偿原则的适用范围

代位求偿原则的适用范围等同于损失补偿原则的适用范围。如财产保险,以及具有补偿性质的健康保险等。由于人的生命和身体是无价的,所以人身保险的被保险人和受益人可以同时得到保险人给付的保险金和第三者的赔偿金,不存在从中获利的问题。因此,人寿保险不适用于代位求偿原则。

《中华人民共和国保险法》规定,被保险人因第三者的行为而发生死亡、伤残或疾病等保险事故的,保险人向被保险人或者受益人给付保险金后,不享有向第三者追偿的权利,但被保险人或者受益人仍有权向第三者请求赔偿。

也就是说,由肇事者造成的人身伤害,受害者不但可以向保险公司要求赔偿,还可以向肇事者要求赔偿,但保险公司是不可以行使代位求偿权的。所以说,代位求偿原则不适用于人身保险。

二、代位求偿原则的两种形式

代位求偿原则有两种形式:权利代位和物上代位。

(一)权利代位

1.权利代位的定义与对象

权利代位是指在财产保险中,保险标的由于第三者责任导致保险责任范围内的损失,保险人按照合同的约定履行赔偿责任后,依法取得对第三者的追偿权,如图4.3所示。

保险权利代位的对象是对保险事故的发生和保险标的的损失依法应承担赔偿责任的第三者。

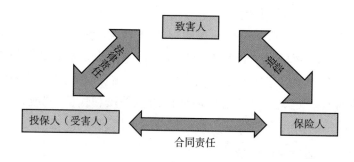

图4.3 权利代位示例

2.代位求偿权(权利代位)的构成条件

保险人取得代位求偿权的条件包括以下几点。

(1)保险标的损失的原因是保险责任事故。

(2)保险标的的损失是由于第三者的行为引起的,依法应承担赔偿责任。

(3)保险人须已先行赔付保险金。

3. 代位求偿权的权限界定

代位求偿权的权限界定包括以下几点。

（1）保险人在代位求偿中仅享有被保险人对第三者可以享有的权益，但不能超过保险人赔付的金额。

（2）保险人追偿到的金额若小于或等于赔付金额，则全额归保险人。

（3）若追回金额大于赔付金额，则超出部分应偿还给被保险人。

> **【案例分析 4-17】**
>
> 保险人在支付了 5000 元的保险赔款后向有责任的第三方追偿，追偿款为 6000 元，则保险人应该如何处理？

4. 行使代位求偿权的注意事项

行使代位求偿权的过程中，还要注意以下事项。

（1）被保险人已从第三者取得损害赔偿但赔偿不足时，保险人在保险金额限度内予以补足；保险人赔偿保险金时应扣减被保险人从第三者已取得的赔偿金额。

（2）保险人行使代位求偿权，不影响被保险人就未取得赔偿的部分向第三者请求赔偿的权利。

（3）如果被保险人在获得保险人赔偿之前放弃了向第三者请求赔偿的权利，那么，意味着他放弃了向保险人索赔的权利。如果被保险人在获得保险人赔偿之后未经保险人同意而放弃对第三者请求赔偿的权利，该行为无效。

（4）保险人不能对被保险人及其家庭成员或组成人员（如企业职工）行使代位求偿权，除非是被保险人的家庭成员或其组成人员故意造成保险事故。因为家庭成员和组成人员对被保险人来说在某种程度上是具有经济利害关系的，如果保险公司赔偿了被保险人，再向被保险人的家人进行追偿，则相当于保险公司没有赔偿。

（二）物上代位

1. 物上代位的定义

物上代位是指保险标的遭受保险责任范围内的损失，经保险人对于保险标的的推定全损，且保险人按保险金额全数赔偿后，依法取得对保险标的的所有权。

2. 物上代位的实现形式

保险人物上代位权的取得是通过委付来实现的。委付是指保险标的发生推定全损时，投保人或被保险人将保险标的的一切权益转给保险人，而请求保险人全额赔付的行为。

3. 委付实现的条件

委付实现的成立条件包括以下几点。

（1）保险标的发生保险责任范围内的推定全损。

（2）委付必须由被保险人向保险人提出请求，且必须就保险标的的全部申请委付。

（3）委付不得附有条件。

（4）委付必须经过保险人的同意。

被保险人向保险人提出的委付申请，必须经过保险人的同意才能生效。保险人可以接受委付，也可以不接受。若保险人接受委付，则委付生效，不能反悔，中途不能撤回。在委付后，保险人对保险标的处置而取得的超额收益由保险人获得，不必退还给被保险人。保险人接受委付有可能获得大于其赔付金额的收益。如果拒绝委付，则委付不成立，保险人按推定全损赔偿损失后，保险标的归被保险人所有，保险人对保险标的既无权利，也无义务。因此，保险人必须权衡利弊而做出选择。

【案例分析4-18】

在第一次世界大战中，一艘英国籍船舶被德国所捕获，保险人支付了赔款，并接受了委付。数年后，该船被归还，保险人出售该船获得了比赔偿金额更高的利益。则保险人是否应将超额部分归还被保险人？为什么？

【思政要点4-4】

通过学习代位求偿权，树立责任与权利相匹配的法律意识，培养实事求是的唯物观。

■ 本章小结

1. 保险利益原则是保险特有的原则，它强调了保险利益在保险合同的签订和履行过程中的重要性。保险利益必须是经济上的利益、合法的利益和已确定或可以实现的利益。

2. 最大诚信原则是保险的基本原则之一。它要求保险合同的双方当事人在签订和履行保险合同的过程中必须保持最大限度的诚意，恪守信用，互不欺骗和隐瞒。最大诚信原则的基本内容有告知、保证、弃权与禁止反言。

3. 近因原则是在保险理赔过程中必须坚持的原则。所谓近因，是指引起保险标的损失的最直接的、最有效的、起决定或支配作用的原因。如果引起保险事故发生、造成保险标的损失的近因属于保险责任，则保险人承担损失赔偿责任；如果近因属于除外责任，则保险人不承担赔偿责任。

4. 损失补偿原则是指在保险标的遭受保险责任范围内的损失时，保险人应按照合同规定，以货币形式补偿被保险人所受的损失，或者以实物赔偿，或修复原标的。无论以哪种形式赔偿，保险人应能也只能最多使被保险人在经济上恢复到受损前同等状态。损失补偿原则体现了保险的宗旨，确保被保险人通过保险可以获得经济保障，同时又可以防止被保险人利用保险不正当得利，从而保证保险事业健康、有序地发展。损失补偿原则主要适用于财产保险以及其他补偿性保险合同。损失补偿原则的派生原则包括重复保险分摊原则和代位求偿原则。

■ 思考与练习

一、单选题

1. 《中华人民共和国保险法》规定的保险利益原则适用于（　　）。
   A. 人身保险
   B. 财产保险和人身保险
   C. 部分财产保险和部分人身保险
   D. 财产保险

2. 《中华人民共和国保险法》规定被保险人（投保人）有危险程度显著增加的通知义务，该义务适用于（　　）。
   A. 财产保险合同
   B. 健康保险合同
   C. 财产保险合同和人身保险合同
   D. 人寿保险合同

3. 以下不需要履行保险标的转让的通知义务的情形是（　　）。
   A. 机器设备转让　　B. 房屋转让
   C. 车辆转让　　　　D. 运输中的货物转让

4. 王某某年4月1日为其家用汽车投保一年期、保额20万元的车辆损失保险。同年12月2日，王某将汽车转手卖给李某，但没有通知保险公司变更投保人。次年2月10日，该汽车发生了保险事故，造成重大损失，对此，（　　）。
   A. 李某可以向保险公司索要保险金
   B. 王某和李某都可以向保险公司索要保险金
   C. 王某可以向保险公司索要保险金
   D. 王某和李某都不能向保险公司索要保险金

5. 根据《中华人民共和国保险法》的规定，投保人因过失未履行告知义务，对保险事故的发生有严重影响的，保险人对于保险合同解除前发生的保险事故，正确的处理方式是（　　）。
   A. 全部承担赔偿或给付保险金责任
   B. 部分承担赔偿或给付保险金责任
   C. 不承担赔偿或给付保险金责任，并不退还保险费
   D. 不承担赔偿或给付保险金责任，但退还保险费

6. 杨某在投保某款普通人身意外伤害保险时，对于投保单中"是否在其他保险公司投保过此类保险产品？"的询问既没有回答"是"也没有回答"否"，保持该栏空白，在保险合同有效期内杨某在一次交通事故中意外身亡。关于该保险合同的理赔处理说法正确的是（　　）。
   A. 由于保险人明知杨某没有履行如实告知的义务仍然承保，即放弃了此项原因导致的合同解除权，因此应当承担保险赔付责任
   B. 由于保险事故的发生与杨某没有履行如实告知义务没有必然联系，保险人应当依据合同约定承担赔付责任
   C. 由于杨某可能存在重复投保，因此保险人可能需要按照重复保险分摊赔款
   D. 由于杨某在投保时故意不履行如实告知义务，保险人可以拒绝赔付并不退还保险费

7. 地震不属于房屋保险的保险责任，但是暴雨属于房屋保险的保险责任。若地震过程中伴随有暴雨，结果导致被地震损坏的房屋最终因暴雨而坍塌。下列说法正确的是（　　）。
   A. 如果能够分清地震和暴雨对于房屋损毁的作用程度，保险人应当对暴雨造成损毁部分承担赔偿责任，但是对地震造成的损毁部分不承担赔偿责任
   B. 如果不能分清地震和暴雨对于房屋损毁的作用程度，保险人就应当承担房屋损毁的全部责任
   C. 由于暴雨是房屋损毁的近因，地震不是近因，因此保险人应当承担保险赔偿责任
   D. 由于地震是房屋损毁的近因，暴雨不是近因，因此保险人不承担保险赔偿责任

8. 投保人就保险价值10万元的财产进行投保，以下构成重复保险的是（　　）。

A. 在 A、B、C 三家公司投保的保险金额分别为 3 万元、3 万元、4 万元的相同险种

B. 在一家公司投保保险金额为 12 万元的某险种

C. 在 A、B、C 三家公司投保的保险金额分别为 3 万元、4 万元、5 万元的相同险种

D. 在 A、B、C 三家公司投保的保险金额分别为 2 万元、3 万元、4 万元的相同险种

9. 根据《中华人民共和国保险法》的规定，采用保险人提供格式化条款订立合同时，保险人要向投保人和被保险人明确提示和明确说明的条款主要是指（　　），否则该条款不产生效力。
A. 保险费率　　　B. 免责条款
C. 投保人条款　　D. 保证条款

10. 在海上保险中，保险人的物上代位一般是通过（　　）方式取得的。
A. 无法取得　　　B. 法定
C. 自然　　　　　D. 委付

11. 于某以 45 万元的房屋向银行抵押贷款 30 万元，贷款合同为 10 年，每月偿还额为 3500 元，银行就该抵押房屋向保险公司购买了保险。在抵押保险 15 个月后，房屋遭受火灾全部毁损。保险公司支付给银行赔款应是（　　）。
A. 45 万元　　　　B. 30 万元
C. 24.75 万元　　 D. 5.25 万元

12. 在家庭财产保险中，一位被保险人的房屋因电线老化发生了火灾，在抢救过程中有人趁乱偷走了被保险人家中的珠宝，造成被保险人珠宝丢失的近因是（　　）。
A. 火灾
B. 偷窃
C. 被保险人的疏忽
D. 电线老化

二、多选题

1. 关于《中华人民共和国保险法》规定的投保人如实告知义务，下列说法正确的是（　　）。
A. 以保险人的询问为前提
B. 如实告知义务是合同规定的义务
C. 投保人告知的事项应当都是重要事项，对保险人决定是否承保以及以何种费率承保有重要影响
D. 如实告知义务是合同前义务

2. 以下属于保险合同中保证条款的是（　　）。
A. 企业财产险条款中要求"保险期间仓库的自动喷淋装置系统要保持正常运转"
B. 保险合同中约定的责任免除条款
C. 医疗保险中的保证续保条款
D. 车辆保险条款中约定驾驶员不得醉酒驾车

3. 保险人在进行损失赔偿时，一般对赔偿额度的限制条件有（　　）。
A. 保险金额　　　B. 实际损失金额
C. 随意确定金额　D. 保险利益
E. 固定金额

4. 财产保险中的保险利益构成要件有（　　）。
A. 必须是归属于投保人的利益
B. 必须是法律认可的利益
C. 必须为经济上的利益
D. 必须是可以确定的利益

5. 下列情形中，可以归结为近因原则的缺陷与例外的有（　　）。
A. 近因原则在《中华人民共和国保险法》中没有明确规定
B. 某些人身意外伤害保险的保险责任判定并不严格遵循近因原则
C. 近因判定需要根据保险事故发生的具体情境
D. 对于特定情形下连续发生的风险事件按近因原则判定是否属于保险责任的方式存在不足

6. 保险人的告知形式有（　　）。
A. 无限告知　　　B. 明确列明
C. 明确说明　　　D. 询问告知
E. 默示告知

7. 下列有关分摊原则的说法正确的是（　　）。
A. 由补偿原则衍生出来
B. 可防止被保险人获得高于实际损失额

的赔偿金
   C. 是对重复保险发生保险事故后进行分摊的原则
   D. 在没有合同约定的情况下，应以顺序责任制进行分摊
   E. 是对财产保险和人身保险的赔偿和给付所实施的原则
8. 要求投保人（或被保险人）必须对保险标的具有保险利益，此即为保险利益原则，在保险经营活动中，坚持保险利益原则的意义包括（　　）。
   A. 保证保险人的偿付能力
   B. 避免赌博行为的发生
   C. 防止道德风险的产生
   D. 便于衡量损失，避免保险纠纷
   E. 减少心理风险的产生
9. 根据《中华人民共和国保险法》的规定，投保人对其具有保险利益的人员包括（　　）。
   A. 本人　　　　　B. 配偶
   C. 未婚妻　　　　D. 子女
   E. 父母
10. 损失补偿的方式主要包括（　　）。
    A. 出售　　　　　B. 检验
    C. 现金赔付　　　D. 修理
    E. 置换

三、判断题

1. 弃权与禁止反言只是对保险人的要求，对投保人、被保险人与受益人并没有此要求。（　　）
2. 多原因同时发生导致保险事故，但是具体责任难以划分的，实践中保险人不承担保险赔付责任。（　　）
3. 财产保险和人身保险是保险业务的两大种类，所以财产保险和人身保险的保险利益主体是一样的。（　　）
4. 在保险实务中，只要损失的近因包括保险责任，保险人就要赔付被保险人的全部损失。（　　）
5. 在保险实践中，各国立法规定保险人不得对被保险人及其一定范围内的亲属或雇员行使代位求偿权，除非保险事故是由上述人员故意造成的。（　　）

四、计算题

1. 某企业投保企业财产保险，保险金额为800万元，保险事故发生时，保险人对该项财产评估价为1200万元，若发生全部损失，则保险人赔偿金额是多少？若发生部分损失，损失金额为200万元，则按比例计算的赔偿金额为多少？
2. 一批货物有100件，每件价格相同，对其投保水渍险，总保险金额为40万元，在运输途中遭遇恶劣天气，货物到达目的地发现有两件受水渍浸损，到达目的地完好的价值为每件为4400元，已损坏的两件分别售得2200元和880元。保险人应赔偿的金额为多少？

五、简答题

1. 何谓保险利益原则？坚持这一原则的重要意义是什么？
2. 何谓最大诚信原则？最大诚信原则的主要内容是什么？
3. 简述损失补偿原则的含义及坚持这一原则的重要意义。
4. 简述代位求偿的实现条件。
5. 简述近因与近因原则的内容。
6. 下面几种情况是否属于重复保险？为什么？
   （1）商场在A保险公司投保了财产保险综合险，同时又在B保险公司投保了公众责任保险。
   （2）对同一批货物，货主及承运人都投保了货物运输保险。
   （3）H公司对一幢价值5200万元的办公楼同时向两家保险公司投保，保险金额分别为3000万元和2200万元。
   （4）某人先向A保险公司以本人为被保险人投保了50万元人寿保险，随后又向B保险公司同样以本人为被保险人投保了50万元人寿保险。

第五章 CHAPTER5

人身保险

■ **学习目标**

学习本章，应当理解和掌握：
- 人身保险的定义、特征及分类
- 人身保险合同的重要条款
- 人寿保险的定义、特征及分类
- 健康保险的定义、特征及分类
- 意外伤害保险的定义、特征及分类

■ **价值目标**

学习本章，具体的价值目标应包括：

了解人身保险的具体内容，选择合适的保险消费方式，帮助家庭转移风险，以便更好地守护幸福生活。培养积极向上的社会道德观和价值观，为创建和谐社会贡献力量。

人有旦夕祸福。人的一生中无法避免意外、疾病、衰老和死亡，人身保险可以起到有备无患的作用，无论对家庭还是个人，都可以提供各种保障，缓解经济上的压力，解除后顾之忧，使人民安居乐业。本章主要学习人身保险的定义、特征、分类以及人身保险合同的重要条款。

第一节 人身保险的定义

人身保险是以人的生命或身体为保险标的，当被保险人发生死亡、疾病、残疾或生存至保险期满等人身风险或保险事件时，由保险人向被保险人或其受益人给付保险金的保险业务。

人身保险针对的风险必须是可保人身风险。可保人身风险是指保险客户可以转移和保险人可以承保的人身风险。可保人身风险的构成条件包括以下几点。

（一）可保人身风险的发生必须是偶然的

一般情况下，人的疾病、伤残的发生是无法预料的。人的死亡虽然是必然事件，但死亡时间是无法预料的。如果是投保人、被保险人或受益人的故意行为造成的死亡、伤残或疾病，则不属于可保人身风险，因其属于道德风险，且其发生可以预知。

（二）可保人身风险的损失必须是明确的

死亡、疾病、残疾和衰老等风险造成的经济损失是难以用金钱来衡量的，因此在人身保险中，保险金额不是由保险价值决定的，而是由保险人与投保人协商确定的。

（三）可保人身风险必须是大量标的均可能遭受损失的风险

大数法则是保险业经营的技术基础，保险人在大量风险的基础上，通过大数法则较精确地预测死亡概率、伤残概率或疾病发生率、损失率等，编制出生命表、发病率表或伤残率表，在此基础上确定保险费、保险额，进行保险经营。2006年人禽流感暴发之际，国内曾经有两家保险公司迅速推出同一相关险种，但这一行为受到广泛的批评，原因就在于人禽流感在当时属于一种新型传染病，全球感染病例只有100多例，死亡60余例，如此小的样本量对依靠大数法则定价的保险业来说是远远不够的，不能进行精确的保险精算。

（四）可保人身风险应有发生重大损失的可能性

如果可能发生的损失程度是轻微的，就不需要通过保险来获得保障。

> 【思政要点5-1】
>
> 通过对2006年人禽流感案例的讲解，加强对人身保险定义的理解，增强学生的责任感，理解人身保险以人民为中心的价值取向。

第二节 人身保险的特点

人身保险作为保险市场两大业务类型之一，一方面具有保险的一般特征，另一方面由于保险标的的特殊性，人身保险与财产保险相比又有一些自身独有的特征。

一、保险标的的特殊性

人身保险的保险标的是人的生命或身体。人的生命状态有两种：生存和死亡。人的身体状态一般用健康状况和健全程度来衡量。人身保险以这些作为衡量风险事故发生后被保险人受损害程度的标准，确定给付保险金的数额，以达到保险保障的目的；而财产保险以物质形态或非物质形态的财产及其相关利益作为保险标的。

二、保险利益要求的特殊性

人身保险要求投保人对保险标的必须符合保险利益的质的规定性，但一般情况下不必符合保险利益的量的规定性。因为人的生命和身体是无价的，理论上没有保险金额量的限制（医疗保险或债权人为债务人投保死亡保险等除外）。而财产保险要求投保人对保险标的既必须符合保险利益的质的规定性，也必须符合保险利益的量的规定性。

对于人身保险而言，保险利益只是订立人身保险合同的前提条件，不是维持合同有效或给付保险金的条件。对于财产保险而言，保险利益不仅是订立财产保险合同的前提条件，而且是维持财产保险合同有效的条件。

三、人身保险是一种定额保险

在财产保险中，保险金额的确定有客观依据。一般根据财产的实际价值，如生产成本，或参考市价，或进行客观估价来确定。而人身保险一般是定额保险，通常由保险人与投保人协商确定一个固定的保险金额。因为人的生命和身体是无价的，人身保险所提供的保险保障是为了给遭受不幸事故或有一定需要的被保险人及其家属提供经济上的帮助。协商确定人身保险保险金额大小的依据主要有如下两点。

（1）投保人对人身保险的需要程度。影响投保人对人身保险需要程度的因素有丧葬费用、遗属生活费用、偿还债务所需费用、疾病医疗费用、退休养老费用、子女教育费用等。

（2）投保人的经济承受能力。这会影响投保人是否能按时缴纳保险费，进而影响保险合同是否有效，还可以在很大程度上避免因保险金额过高引发的道德风险。

四、人身保险是一种给付性保险

人身保险大都是给付性保险，除医疗保险等以外，不适用损失补偿原则及其派生原则。而财产保险则是补偿性保险，遵循损失补偿原则及其派生原则。

五、人身保险具有变动的风险率

在社会环境、管理条件不变的情况下，财产遭受风险损失的概率变化不大，也就不会频繁地调整保险费率。而人身保险则不同，尤其是人寿保险，风险是以死亡为基础测定的。不同年龄的人死亡率不同，特别是人到晚年死亡率更是加速上升。这种变动的风险率会产生如下影响。

（1）如果单纯按风险率来确定保险费率，保险费率就会年年变动。

（2）被保险人年龄越大，保险费越高。被保险人在晚年最需要保险保障的时候因无力缴纳高额保险费而退出保险，这会使人寿保险失去存在的意义。

（3）"逆选择"现象严重，对保险人的经营十分不利。一些现实情况可能会导致身体健康的人考虑费率上升而退出保险，体弱多病者则考虑风险程度增加而坚持投保。为了避免这种变动的风险产生的负面影响，人身保险一般采用"均衡保费法"。

六、保险期限的长期性

人身保险的保险合同大多属于长期性合同，保险期限可以长达几年甚至几十年，不需要像财产保险那样每年更新保险单。人身保险保险费的缴付一般是多次的，保险费收入稳定，可积聚巨额的、可供长期运用的资金，保险资金的运用对保险人更重要。人身保险合同的长期性使保险公司对于未来利率、通货膨胀、死亡率、费用等因素的预测变得十分困难，给人身保险经营带来困难。

财产保险的合同期限一般不超过一年，期满后可以续保，所以其保险费交付一般是一次性的，对保险资金运用要求和人身保险不同。

七、保险事故发生的必然性和分散性

（1）人身保险的保险事故发生一般具有必然性。人的生或死的发生具有必然性，只是何时死亡具有不确定性，人的一生遭遇意外伤害事故或疾病的情况也具有一定必然性，而财产保险事故的发生必然性不显著。

（2）人身保险的保险事故发生具有分散性。在同一时间段，人身保险的保险事故分散于不同的家庭或地区。只有意外的大型灾害的出现，才可能出现人身保险中大量保险标的同时遭受损失的情况，而财产保险的保险事故发生则相对集中。

八、合同主体的特殊性

除了投保人、保险人、被保险人，人身保险还需要在保险合同中指定受益人，而财产保险的保险合同中不需要指定受益人。

> 【思政要点 5-2】
>
> 通过对财产保险和人身保险的比较，加强对人身保险特点的理解，利用人身保险在老有所养、病有所医、弱有所扶的和谐社会建设过程中做出自己的贡献。

第三节 人身保险的分类

一、按照保险责任划分

按照保险责任不同，人身保险主要可以分为人寿保险、人身意外伤害保险和健康保险三大类。

（一）人寿保险

人寿保险是指以人的生命为保险标的，以被保险人在保险期限内死亡或生存至保险期满为给付保险金条件，确定相应保险责任的人身保险。

（二）人身意外伤害保险

人身意外伤害保险又称意外伤害保险，是指以人的身体为保险标的，以被保险人在保险期限内因遭受意外伤害事故导致死亡或残疾为给付保险金条件，确定相应保险责任的人身保险。

（三）健康保险

健康保险是指以人的身体为保险标的，保险人对被保险人因疾病或意外事故等所致的直接费用或间接损失承担赔偿或给付保险金责任的人身保险。健康保险可以进一步分为医疗保险、疾病保险、失能收入损失保险和护理保险等。

图 5.1 所示为人身保险的主要分类。

二、按照保险期限划分

（一）长期人身保险

长期人身保险是指保险期限超过 1 年的人身保险业务。人寿保险通常是长期人身保险。

（二）短期人身保险

短期人身保险是指保险期限在 1 年及 1 年以内的人身保险业务。意外伤害保险和疾病保险以外的健康保险属于短期人身保险。

三、按照投保方式划分

（一）个人人身保险

个人人身保险是指一张保险单只为一个人提供保险保障的人身保险。

（二）团体人身保险

团体人身保险是指以一张保险单为某一组织所有或大部分在职职工提供保险保障的

人身保险。在团体人身保险中，投保人是团体组织，被保险人是团体中的在职人员，由团体组织缴纳保险费为其职工投保。

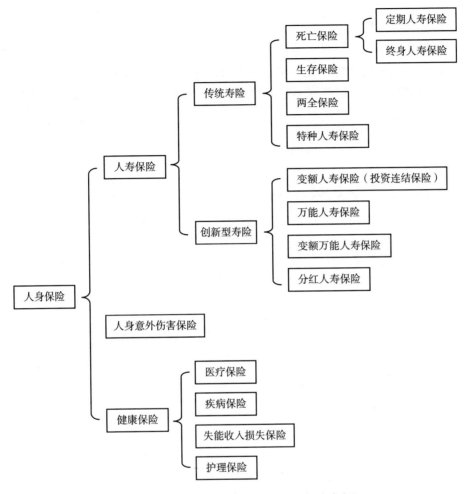

图 5.1 人身保险的主要分类（按照保险责任）

与个人人身保险相比，团体人身保险的特征表现为如下几点：

（1）风险选择的对象基于团体。团体人身保险的保险人承保时进行对象审查的重点是团体的合法性和团体成员的比例。投保团体必须是依法成立的合法组织，如各种企业、国家机关、事业单位等。投保团体中参与保险的人数与团体中具有参加资格的总人数的比例，必须达到保险人规定的比例。通常规定：如果团体负担全体保险费，符合条件的人必须全部参加；如果团体与个人共同负担保险费，投保人数必须达到合格人数的75%以上。另外，对少于10人的团体一般不能投保团体保险。

（2）被保险人不需要体检。对投保团体进行选择后，可以确保承保团体的死亡率符合正常水平，那么对个别具体的被保险人就不需要体检了。这样，既方便了被保险人，也节省了成本。

（3）团体保险的保险费率低，保险费便宜。团体保险手续简化，死亡率比较稳定，甚至低于个人保险的死亡率，因此保险费相对更便宜。

（4）不同方向类别的团体适用不同的费率，该费率根据投保团体的理赔情况制定，为经验费率。

（5）团体保险使用团体保险单。

（6）团体保险的计划具有灵活性：①保险期限可以是定期、终身、定期与终身相结合等多种方式，在保险费缴纳上，可以选择趸缴（一次性付清所有保险费）、分期缴纳、趸缴与分期缴纳相结合、定期或不定期缴费等多种方式；②被保险人可以是确定的个体，也可以是约定条件下不确定的个人；③保险金的给付可以是定额给付，也可以是根据被保险人不同而不同的非定额给付。

四、按照被保险人的风险程度划分

（一）健体保险

健体保险又称为标准体保险，是指对于身体、职业、道德等方面没有明显缺陷的被保险人，保险人按照所制定的标准费率来承保的人身保险。大部分人寿保险都是健体保险。

（二）次健体保险

次健体保险又称为弱体保险、次标准体保险，是指被保险人的风险程度超过了标准体，不能用标准费率承保，但可以附加特别条件来承保的人身保险。次健体保险的承保方法一般有以下三种：

（1）保额削减法。保额削减法是指投保人按正常费率投保，但在一定期限内按比例减少保险金给付金额，然后逐渐趋于正常的承保方法。此承保方法适用于保险事故可能性递减的被保险人（如刚进行手术处于恢复期的被保险人）。

（2）年龄增加法。年龄增加法是指将被保险人的实际年龄加上一定的年数后所对应的费率作为保险费率的承保方法。此承保方法适用于保险事故可能性递增的被保险人。

（3）额外保险费征收法。额外保险费征收法是指对投保人征收一定金额的额外保险费的承保方法。此承保方法适用于保险事故发生率与正常值的差值为固定值的被保险人，如某些保险公司会对吸烟、喝酒、患有肺结核等疾病及其他面临职业性危险的被保险人加收一定金额的额外保险费。

> **【思政要点 5-3】**
>
> 让学生通过对不同划分条件下不同类型人身保险的学习，认识到人身保险责任、期限及投保方式的多样性，学会借助人身保险满足不同人群对美好生活的需求。

第四节 人身保险合同的重要条款

一、不可争条款

《中华人民共和国保险法》第十六条规定，订立保险合同，保险人就保险标的或者被保险人的有关情况提出询问的，投保人应当如实告知。投保人故意或者因重大过失未履行规定的如实告知义务，足以影响保险人决定是否同意承保或者提高保险费率的，保险人有权解除合同。但是，这一合同解除权，自保险人知道有解除事由之日起，超过30日不行使而消灭。自合同成立之日起超过两年的，保险人不得解除合同；发生保险事故的，保险人应当承担赔偿或者给付保险金的责任。此为不可争条款，又称不可抗辩条款，即保险合同生效一定时期（两年）后，保险人不得以投保人在投保时没有履行如实告知义务等为理由，主张保险合同无效或拒绝给付保险金。

【案例分析 5-1】

2010年上海郊县农村有一妇女因患高血压在家休息，同年8月投保保险金额为20万元、期限为20年的人寿保险，投保时隐瞒了病情。2011年2月该妇女高血压发作，不幸去世。被保险人的丈夫作为家属请求保险公司给付保险金。保险公司是否应履行给付责任？如果该妇女于2013年8月因高血压发作去世，保险公司是否应履行给付责任？

分析：

因为投保人在投保时隐瞒了病情，违反了如实告知义务。因此，保险人有权解除保险合同，不承担给付保险金的责任，并且不退还保险费。如果被保险人于2013年8月因高血压发作去世，根据不可争条款，保险公司应履行给付责任。

二、年龄误告条款

年龄误告条款又称年龄误保条款，是指人身保险投保时如果误报了被保险人的年龄，保险金额将根据真实年龄予以调整的合同规定。

根据《中华人民共和国保险法》第三十二条的规定：①投保人申报的被保险人年龄不真实，并且其真实年龄不符合保险合同约定的年龄限制的，保险人可以解除合同，并按照合同约定退还保险单的现金价值，但合同解除权的行使须符合本法第16条的规定除外；②投保人申报的被保险人年龄不真实，致使投保人支付的保险费少于应付保险费的，保险人有权更正并要求投保人补交保险费，或者在给付保险金时按照实付保险费与应付保险费的比例支付；③投保人申报的被保险人年龄不真实，致使投保人支付的保险费多于应付保险费的，保险人应当将多付的保险费退回给投保人。

> 【案例分析 5-2】
>
> 被保险人 51 岁时投保终身死亡保险，保险金为 50000 元，但由于投保时年龄误报为 48 岁，每年实收保险费为 400 元。但是该保险单允许投保的极限年龄为 50 岁，1 年后保险人发现，应如何处理？假如是 5 年后发现又该如何处理？
>
> **分析：**
>
> 在这个案例中，根据《中华人民共和国保险法》的规定，如果 1 年后保险人发现，可以解除合同，并按照合同约定退还保险单的现金价值。如果 5 年后保险人发现，则不能再解除合同，但是有权更正并要求投保人补交保险费及利息，或者在给付保险金时按照实缴保险费与应缴保险费的比例支付。

三、宽限期条款

宽限期条款是针对投保人由于一些特殊原因未能按时缴纳保险费而设计的。

《中华人民共和国保险法》第三十六条规定：合同约定分期支付保险费，投保人支付首期保险费后，除合同另有约定外，投保人自保险人催告之日起超过 30 日未支付当期保险费，或者超过约定的期限 60 日未支付当期保险费的，合同效力中止，或者由保险人按照合同约定的条件减少保险金额。

被保险人在前款规定期限内发生保险事故的，保险人应当按照合同约定给付保险金，但可以扣减欠交的保险费。

四、复效条款

《中华人民共和国保险法》第三十七条规定：合同效力依照本法第三十六条规定中止的，经保险人与投保人协商并达成协议，在投保人补交保险费后，合同效力恢复。但是，自合同效力中止之日起满二年双方未达成协议的，保险人有权解除合同。

保险人依照前款规定解除合同的，应当按照合同约定退还保险单的现金价值。

人身保险合同效力中止的条件包括：①逾期未缴纳保险费；②超过宽限期；③合同未约定其他补救措施（减少保险金额、自动垫缴）。

人身保险合同复效的条件包括：①效力中止两年内；②投保人提出申请并补交欠缴保险费及利息；③被保险人身体健康状况符合承保要求；④经保险人同意。

保险合同效力中止期间发生保险事故的，保险人不承担责任。

> 【案例分析 5-3】
>
> 王某为自己投保了一份终身寿险保单，合同生效时间为 2017 年 3 月 1 日。因王某未履行按期缴纳续期保险费的义务，此保险合同的效力遂于 2018 年 5 月 2 日中

止。2019 年 5 月 1 日，王某补交了其所拖欠的保险费及利息。经保险双方协商达成协议，此合同效力恢复。2019 年 10 月 10 日，王某自杀身亡，其受益人向保险公司提出给付保险金的请求，而保险公司则认为复效日应为保险合同的起算日，于是便以合同效力不足两年为由予以拒赔。

分析：

本案中保险合同的自杀条款效力应该从合同成立日算起，并且已满两年期限，保险公司应按合同规定给付保险金与王某的受益人。

五、不丧失价值任选条款

不丧失价值任选条款是指人身保险合同的投保人享有保险单现金价值的权利不因合同效力的变化而丧失。也就是说，即使保险单失效了，保险单中的现金价值所有权也不变。之所以保险单的现金价值仍属于投保人，是因为长期人身保险实行的是均衡保险费制。在保险合同生效后的初始阶段，投保人缴纳的均衡保险费高于当年的自然保险费，当保险费被交给保险人后，其中的一部分用于支付保险人的费用，大部分被积存用作责任准备金或投资。在投保人缴纳一定时期的保险费之后，人身保险就有了一定量的现金价值并且其在大多数情况下是不断递增的，这部分现金价值与储蓄存款一样，应为投保人所拥有。保险事故发生前，保险人可以使用这部分现金价值；保险事故发生后，投保人可以取回全部保险金；而当投保人不愿继续投保致使保险合同失效时，投保人仍享有对保险单现金价值的所有权并可以选择对自己有利的方式进行处置。

处置保险单现金价值的方式主要包括以下几种：

（1）现金返还。对于那些不想继续参加保险的投保人，可以向保险人提出退保，领取退保金。

（2）将原保险单改为减额缴清保险单。减额缴清保险单是指以现金价值作为保险费投保，原保险单的保险责任、保险期限不变，只依据保险单的现金价值数额相应降低保险金额，投保人不必再缴纳保险费的保险单。

（3）将原保险单改为展期保险单。展期保险单是指将保险单改为与原保险单的保险金额相同的死亡保险，保险期限相应缩短，投保人不必再缴纳保险费的保险单。即以保险单的现金价值作为保险费，投保死亡保险，保险金额与原保险单相同，保险期限依据保险费数额而定，但不能超过原保险单的保险期限。

六、自动垫缴保险费条款

分期缴费的人身保险合同生效两年后，如果投保人逾期未支付当期保险费，保险人则自动以保险单的现金价值垫交保险费。对于此项垫交保险费，投保人要偿还并支付利息。垫交保险费期间，如果发生保险事件，保险人仍承担责任，但要从支付的保险金中扣除垫交保险费及利息。当垫交保险费及利息达到保险单的现金价值数额时，保险合同自行终止，投保人不能再要求保险人退还保险单的现金价值。

规定此条款的目的是避免非故意的保险单失效，维持较高的续保率。为了防止投保人过度利用该条款，有的保险合同要求投保人必须申请才能办理，有的保险人对自动垫缴的使用设定了限制次数。

七、保险单贷款条款

在人身保险合同生效两年后，投保人可以以具有现金价值的保险单为质押向保险人申请贷款，贷款数额以该保险单的现金价值为限。投保人应按期归还贷款并支付利息，当贷款不能按期归还时，保险单的现金价值按法定程序归保险人所有。如果在归还贷款本息之前发生了保险事故或退保，保险人有权从其所支付的保险金或退保金中扣还贷款本息。当贷款本息达到保险单的现金价值数额时，保险合同自行终止，保险人应向投保人或被保险人发出终止保险合同的书面通知。实行保险单贷款方便了投保人，降低了保险单的解约率，增加了保险人的资金运用渠道。

八、自杀条款

以被保险人死亡为给付保险金条件的合同，自合同成立或者合同效力恢复之日起两年内，被保险人自杀的，保险人不承担给付保险金的责任，但被保险人自杀时为无民事行为能力人的除外。保险人依据这一规定不承担给付保险金责任的，应当按照合同约定退还保险单的现金价值（见《中华人民共和国保险法》第44条规定）。如果自杀发生在两年以后，保险人应履行给付保险金的责任。规定自杀条款是为了防止道德风险发生，有利于保险人经营的稳定性。但是，如果完全把自杀作为除外责任也不合理，因为：①以死亡为给付保险金条件的人身保险保障的主要是受益人的利益；②生命表的编制已经考虑了自杀死亡的因素；③两年的除外期已排除了绝大部分为获取保险金而蓄意自杀的行为。

目前世界各国都把自杀作为除外责任，但掌握程度有所不同。一种情况是，将所有的自杀均列为除外责任。理由是风险的发生应该是非本意的，人为地故意造成的风险不能列为保险责任，自杀违反社会公德，不论出于什么动机都应该反对。另一种情况是，对自杀做出时间上的限制，即在保险合同生效或复效的若干年后（通常为两年）对自杀所造成的死亡或残疾负给付责任。原因是保险的目的是保护受益人或被保险人的遗属在被保险人死亡后的正常生活不受影响，如果对不是由于为图谋保险金的原因而发生的自杀一概不给付保险金，将影响受益人的生活，也就失去了保险的意义，与保险的目的相违背。更何况人在特定情况下一时因挫折等原因是可能产生自杀的念头，但这个念头通常都不会维持太长时间，就算在投保当时有此想法，经过两年的时间，想法也会有所改变，可能不会再轻易结束自己的生命。所以将自杀列为除外责任，但做一个时间上的限制，既可以有效地防止投保人以获取保险金为目的而投保，同时又可以兼顾被保险人及受益人的利益。对于稳定保险公司的经营，发挥保险的积极作用也具有重要的意义。

> **【案例分析 5-4】**
>
> 严某为其 9 岁的女儿向某保险公司投保了 5 份少儿保险，身故受益人为严某。次年，严某的妻子刘某携带其女儿从 11 层办公楼跳楼死亡。经公安部门现场勘察和调查询问，认定刘某及其女儿的死亡性质为自杀。事故发生后，受益人严某向保险公司申请赔付意外身故保险金。请问：本案的被保险人在保险合同成立之日起两年内自杀，但其年仅 9 岁，属于无民事行为能力，其自杀是否适用责任免除条款？
>
> **分析：**
> 自杀条款适用于具有完全民事行为能力的被保险人，精神病、未成年人不适用，其女儿属于未成年人，所以保险公司应予赔偿。

> **【思政要点 5-4】**
>
> 通过人身保险条款的学习，让学生了解保险条款中的人文法治精神，理解国家为提高人民生活水平而做出的努力，坚定中国特色社会主义道路自信，增强民族自豪感。

第五节　人寿保险概述

一、人寿保险的概念及特征

（一）人寿保险的概念

人寿保险又称生命保险（简称寿险），是以人的寿命为保险标的，以被保险人在保险期限内死亡或生存至保险期满为给付保险金条件的人身保险。

投保人可以为自己的寿命投保，也可以为他人的寿命投保。投保人为他人投保以死亡为给付保险金条件的人寿保险会受到一定限制（父母为未成年子女投保除外）：一是被保险人必须具有民事行为能力；二是必须征得被保险人同意并认可金额，否则合同无效。不论为谁的寿命投保，都应该在人寿保险合同中指定受益人。

（二）人寿保险的特征

1. 生命风险的特殊性

以生命风险作为保险事故的人寿保险的主要风险因素是死亡率，死亡率越高则保险费率越高。死亡率是变动的，但是根据一些专业机构对死亡率的研究，死亡率因素较其他非寿险风险发生概率的波动而言是相对稳定的，所以在寿险经营中的巨灾风险较少，寿险经营在这方面的稳定性较好。因此在寿险经营中运用再保险手段相对较少，保险公司主要对大额保单和次健体保险进行再保险安排。

2. 人寿保险大多具有储蓄性质

大部分人寿保险不仅提供一般保险保障，还具有较强的储蓄性质。当投保达到一定期限时，被保险人或受益人可以收回全部或部分的保险金额。财产保险则不具备储蓄性质，如果保险期内发生保险事故，保险人会根据被保险人损失程度以不超出保险金额为限进行赔偿；如果未发生保险事故，保险人也不退还保险费。

人寿保险的储蓄性表现为它兼具返还性和收益性的特征。人寿保险的返还性是指，人寿保险最基本的保险责任是死亡，而按照人的生命规律，人最终都会走向死亡，从而使人寿保险的死亡给付具有了某种必然性。收益性是指，人寿保险采用均衡保险费，一部分用于当年发生的死亡给付，成为自然保险费，另一部分储存起来用于以后年度发生的死亡给付或满期生存给付，成为储蓄保险费。储蓄保险费存放于保险公司时间较长，保险人可以投资增值，所以应该对投保人以预定利率来计算利息。储蓄保险费加上利息，就形成了保险单的现金价值。被保险人可以在保险单的现金价值内，用保险单做抵押向保险人借款；可以在中途解除合同时领回退保金；还可以利用现金价值改投其他保险等。

3. 保险费率厘定方法的特殊性

人寿保险的保险费率是依据预定死亡率、预定利率和预定费用率等因素来确定的，而财产保险的保险费率则是依据平均保额损失率即损失概率来确定的。

4. 保险期限的特殊性

人寿保险合同往往是长期合同，保险期限短则数年，长则数十年甚至终身。

二、人寿保险的种类

（一）传统人寿保险

1. 生存保险

生存保险是指以被保险人在保险期满或达到合同约定的年龄时仍然生存为给付保险金条件的人寿保险。投保生存保险的目的主要是为子女提供教育婚嫁金或者为老年人提供养老保障等。因此，生存保险以储蓄为主，也被称为储蓄保险。生存保险的保险费可以是趸缴，也可以分期缴付；保险金的给付可以一次付清，也可以分期给付。

生存保险主要有两种形态：单纯的生存保险和年金保险。

（1）单纯的生存保险。在单纯的生存保险中，保险金的给付是以被保险人在期满时仍然生存为条件。如果被保险人在保险期限内死亡，则保险人没有任何给付，也不用退还保险费。因此，保险公司给付满期生存者的保险金，不仅包括其本人所缴纳的保险费和利息，也包括在满期前死亡者所缴纳的保险费和利息。这种纯粹的生存保险如果不加以限制，就会使不幸者更加不幸，有利者更加有利，最后可能导致与赌博性质差不多的后果，因而在现实业务中一般不以单纯的生存保险作为单独的保险形式推行，而是附加死亡保险或其他人身保险。如我国目前开办的子女教育婚嫁保险、独生子女保险等，都是以生存保险作为基本险，附加了死亡或意外伤害保险的。

（2）年金保险。年金保险是指在被保险人生存期间，保险人按照合同的规定每年（或每月）给付其一定的生存保险金的保险。按给付期限不同，年金保险可以分为定期年金保险、终身年金保险和最低保证年金保险三种。定期年金保险会在合同中规定给付期限，被保险人在给付期限内生存，保险人按期给付约定的年金；若被保险人在规定期限内死亡或给付期限届满，保险人停止给付年金（两者以先发生的日期为准）。终身年金保险是指被保险人达到约定年龄时，保险人开始给付年金，直至被保险人死亡为止的保险。最低保证年金保险是指若被保险人过早死亡而由其受益人按规定继续领取年金的保险。领取最低保证年金有两种方式：①规定最低给付年限，若在规定期限内被保险人死亡，由其受益人继续领取年金直至达到规定的最低年限；②规定最低给付金额，当被保险人死亡时，其领取的年金总额低于最低保证金额的，可由其受益人领取差额。

2. 死亡保险

死亡保险是指以被保险人在保险期限内死亡为给付保险金条件的人寿保险，包括定期死亡保险和终身死亡保险。

（1）定期死亡保险。定期死亡保险又称定期人寿保险（简称定期寿险），是指当被保险人在规定的保险期限内死亡时，由保险人给付保险金的人寿保险。定期寿险只提供一个确定的保障时期，如5年、10年、20年，或者到被保险人达到某个年龄（如65岁）为止。如果被保险人在规定时期内死亡，保险人向受益人给付保险金；如果被保险人期满生存，保险人不承担给付保险金的责任，也不退还保险费。定期寿险包括以下特点。

①保险费相对较为低廉。由于定期寿险不含储蓄因素，保险人承担风险责任有确定期限，所以在保险金额相等的条件下，确定期限内定期寿险可以以较低的保险费获得较大保障。

②可以延长保险期限。许多保险公司允许保险单所有人在保险期满时，被保险人不必进行体检，不论健康状况如何都可以延长保险期限。

③可以变换保险类型。很多保险公司规定，被保险人不论健康状况如何，具有把定期寿险变换为终身人寿保险或两全保险的选择权。不过这种选择权一般只允许在一个规定的变换期内行使，如65岁以前。

④保险公司对投保人有比较严格的选择。身体状况欠佳或者危险性大的人，往往积极地投保较大金额的定期寿险。为了控制承保风险，保险公司选择投保客户的措施通常有：对超过一定保险金额的被保险人的身体做全面、彻底的健康检查；对身体状况略差或一些从事某种危险工作的被保险人提高收费标准；对年龄较大身体又较差者拒绝承保。

定期寿险的适用范围包括：①短期内从事比较危险的工作、急需保障的人；②家庭经济境况较差、子女年岁尚小、自己又是家庭主要经济来源的人。

（2）终身死亡保险。终身死亡保险又称为终身人寿保险或不定期死亡保险，是指以死亡为给付保险金条件，且保险期限为终身的人寿保险。被保险人在保险有效期内无论何时死亡,保险人都向其受益人给付保险金。终身人寿保险保障的是避免因被保险人死亡而使其家属或依其收入生活的人陷入困境。

终身人寿保险的显著特点是其保险单具有现金价值,而且保险单所有人既可以中途退保并领取退保金,也可以在保险单现金价值的一定限额内贷款,具有较强的储蓄性。终身寿险的保险费率较高,为解决不同年龄阶层的人支付能力的差距问题,终身寿险往往采取均衡保险费的费率制定方法。

3. 两全保险

两全保险又称生死合险,是指被保险人在保险合同约定的保险期限内死亡,或在保险期限届满仍生存时,保险人按照保险合同约定均应承担给付保险金责任的人寿保险。即被保险人在保险期限内死亡,保险人按照保险合同的约定向受益人给付死亡保险金;被保险人生存至保险期限届满,保险人按合同的约定向被保险人给付生存保险金。

两全保险具有如下特点。

①承保责任全面。它既可以保障被保险人由于一定时期内收支失衡而引起的生存需要,又可以解决由于被保险人死亡而给依靠其生活的家庭成员及相关人员带来的负面经济问题。

②保险费率高。两全保险相当于生存保险和死亡保险结合的产物,从精算角度来讲,其保险费应该等于定期寿险与生存保险两者保险费之和。从实际业务来看,两全保险的保险费率比单一险种高,但比同时买两个单一险种低。

③兼具保障性和储蓄性。两全保险既能在保险事故发生后给付死亡保险金,起到保险保障的作用;又能在没有发生保险事故、正常到期以后,返还生存保险金,起到一定储蓄作用。

4. 特种人寿保险

特种人寿保险是指在寿险保险单条款的某一方面或某几方面做出特殊规定的保险业务。

(1)简易人寿保险。简易人寿保险是一种低保额、低保险费、免体检的人寿保险。其特点包括:保险金额比较低,按份计算;投保人至少投保一份,可投保多份;每一份的保险金额依被保险人的性别、年龄和保险期限而有所不同;保险费低且缴费次数频繁,每月缴费一次;不要求被保险人体检,自我感觉良好即为健康。简易人寿保险的费率高于一般寿险费率。

(2)弱体人寿保险。弱体人寿保险又称为次健体保险,是以身体有缺陷或风险程度超过正常情况的人为被保险人的一种保险。由于弱体人寿保险的被保险人面临的风险程度高,保险人不能按标准费率承保,必须附加一定条件,一般是在标准体保险费率的基础上再加收一定数额的保险费。

(3)团体人寿保险。团体人寿保险是以团体为投保人,以团体的所有成员或大部分成员为被保险人的一种人寿保险。团体人寿保险对每个被保险人的保险金额做统一规定;团体内的被保险人实行统一费率,保险费率依据投保团体从事工作的性质、职业特点、以往的索赔情况等确定。

（二）创新型人寿保险

为了满足人们日益丰富的不同保险需求，增强寿险产品的竞争力，保险公司对人寿保险的基本形态进行不断修订和组合，增加其功能，形成内容更加复杂的创新型寿险品种。这些险种与传统险种相比，通常具有投资功能，也被称为投资理财类保险产品。因此，创新型人寿保险是指包含保险保障功能并至少在一个投资账户中拥有一定资产价值的人寿保险产品。创新型人寿保险除了提供同传统人寿保险一样的保障服务，还可以让客户直接参与由保险公司管理的投资活动。客户的大部分保险费记入由保险公司专门设立的投资账户，由投资专家负责账户内资金的调动和投资决策。投资账户中的资产价值将随着保险公司实际收益情况发生变动，所以客户在享受保险保障的同时也面临一定的投资风险。创新型人寿保险主要包括变额人寿保险、万能人寿保险、变额万能人寿保险及分红寿险。

1. 变额人寿保险

变额人寿保险（简称变额寿险）是一种保险费固定但保险金额不固定且有最低死亡给付金额保证的保险业务。20世纪70年代，西方国家发生了严重的通货膨胀，传统的固定保险费、固定保险金额的险种受到了极大挑战，甚至威胁到整个保险业的发展。为了提升保险业的竞争力，变额寿险应运而生。

变额寿险具有以下特点。

①设立专项账户，与保险公司其他业务分开管理。在变额寿险保险单的管理上，保险人将每投保人缴纳的保险费分为两个部分：保障账户和投资账户。保险人将每年收取的保险费减去相关费用及死亡给付分摊额后，存入一个单独的投资账户。为了稳妥经营，保险人大多采用投资组合方法，保险人提供的投资账户有股票基金、债券基金和货币市场基金等。保险单持有人有投资选择权，他们可以决定净保险费投入各种基金的比例或投入每一种基金的限额。保险人每年还要向保险单持有人寄送报告，以说明他们所持有保险单的现金价值、死亡保障金额和各项费用等。

②保险费是固定的，但保险金额在保证一个最低限额基础上是变动的。变额寿险大多是终身寿险，投保的根本目的是希望受益人得到较大的死亡保险金数额，但最终结果如何取决于投资业绩。如果投资收益率高，保险单现金价值和死亡保障都会增加；如果投资收益率低，则只能保证最低死亡给付金额。保险单持有人承担了几乎全部投资风险。

变额寿险是一种将保险与投资相挂钩的新险种，因此也被称为投资连结保险，简称投连险。由于投资账户不承诺投资回报，保险公司在收取资产管理费后，所有的投资收益和投资损失都将由客户承担。因此，投资连结保险适合于具有理性的投资理念、追求资产高收益同时又具有较高风险承受能力的投保人。

变额寿险的保险单抵押贷款一般以其现金价值的75%为限，这是因为变额寿险的保险单现金价值数额波动性较大。保险单持有人要求退保时，退保金根据保险单当时的现金价值计算。

2. 万能人寿保险

万能人寿保险是一种缴费灵活、保险金额可调整、非约束性的人寿保险。万能人寿保险的保险单持有者在缴纳一定的首期保险费后，可以按照自己的意愿选择任何时候缴纳任何数量的保险费，只要保险单的现金价值足以支付保险单的相关费用，有时甚至可以不再缴费。保险单持有人还可以在具备可保性的前提下提高保险额，也可以根据自己的需要降低保险额。

万能人寿保险具有以下特点。

①缴费方式灵活。投保人在缴纳首期保险费后，保险公司从中扣除首期的各种费用、死亡给付分摊等，剩余部分作为保险单最初的现金价值并用于投资。此后，保险单持有人可以在保险公司规定的幅度内选择任何一个数额，在任何时候缴纳保险费。保险单的现金价值不足以支付各种费用开支时，投保人须再次缴纳保险费，否则保险单失效。

②保险金额可按约定调整。在保险单生效一年以后，保险单持有人可以在一定的限额范围内自行确定保险金额，但在提高保险金额时通常要提供可保证明。

③设立独立投资账户，有固定的保证利率。高于保底利率以上的收益，保险公司和投资人按规定比例共享。

④保险单运作透明。保险人定期向保险单持有人公开构成账户价格的各种因素，用以说明保险费、保险金额、利息、保险成本、各项费用以及保险单现金价值的数额与变动状况，便于客户进行不同产品的比较，并监督保险人的经营状况。

⑤保险单现金价值领取方便。客户可以随时领取保险单现金价值相应金额，以作他用。

3. 变额万能人寿保险

变额万能人寿保险是融合了保险费缴纳灵活的万能寿险与投资灵活的变额寿险而形成的缴纳保险费灵活、投资灵活和保险额可调整的新险种。

变额万能人寿保险具有以下特点：

①采用万能人寿保险的保险费缴纳方式，保险单持有人在规定限度内可自行决定缴费期限及每期保险费缴付金额。

②吸收变额寿险的特点，在具备可保性及保险单最低保险额的情况下，保险单持有人可任意选择降低或提高保险额。

③保险单现金价值的变化与变额寿险相同，取决于专项账户基金的投资组合及其收益状况，没有最低收益率限制和本金的保证。保险单持有人可以选择各种投资组合，并承担投资风险。

4. 分红寿险

分红寿险是指保险人在每个会计年度结束后，将该年度的部分可分配盈余，按一定的比例，以现金红利或增值红利的方式分配给保险单持有人的一种人寿保险。

分红寿险的主要具有以下特征。

①保险公司与保户之间利益和风险共担。保险公司每年要将经营分红险种产生的部分盈余以红利的形式分配给保险单持有人，这样投保人就可以与保险公司共享经营成

果。如果保险公司的经营状况不佳，保户能分到的红利就少，甚至没有。

②保险给付、退保金中含有红利。分红保险中，被保险人身故后的受益人及满期给付时的被保险人在获得投保时约定的保险额的同时，还可以得到未领取的累积红利和利息。保险单持有人在退保时得到的退保金也包含保险单红利及其利息之和。

③设立单独的投资账户，运作有一定的透明度。

分红保险从本质上说是一种保户享有保单盈余分配权的产品，即将寿险公司的盈余（如利差益、死差益、费差益等）按一定比例分配给保险单持有人。分配给保户的保险单盈余，就是我们所说的保险单红利。红利领取方式主要有以下几种：

①现金分红。保险公司将每张保险单应当分配的红利，以现金形式支付给保险单持有人。

②抵交保险费。保险公司将每张保险单应当分配的红利抵交投保人当年应交付的部分保险费，投保人只付差额即可。

③提高保险金额。保险公司将每张保险单应当分配的红利作为投保人增交的保险费，相应提高该保险单的金额，以提高保障程度。

④累积生息。保险公司将每张保险单应当分配的红利留存在保险公司，以一定的利率按复利方式累积生息，被保险人死亡、保险合同期满或投保人要求退保时，一并支付给保险单持有人。

> 【思政要点 5-5】
>
> 通过对人寿保险条款的教学，让学生认识到生命的可贵，珍惜生命，关爱家人，乐观积极地面对生活。

第六节　健康保险概述

一、健康保险的概念及特征

（一）健康保险的概念

健康保险是指以人的身体为保险标的，当被保险人因疾病或意外事故受到伤害造成医疗费用支出或收入损失时，由保险人承担补偿或赔偿责任的一种人身保险。

健康保险的保险事故包括疾病和意外伤害。疾病是由于人体内部的原因，造成的身体或精神的痛苦或不健全。疾病成立的条件包括：必须是由于明显非外来原因所造成的，必须是非先天性的原因所造成的，必须是由于非长期存在的原因所造成的。

（二）健康保险的特征

1. 保险性质上的双重性

健康保险既有对患病给付一定保险金的险种，也有对医疗费用和收入损失的补偿的险种，其给付金额往往是按实际发生的费用或收入损失而定的。也就是说，健康保险的一些险种具有人寿保险属性，另一些险种具有损害保险的属性。正因如此，有些国家把医疗费用保险列入损害保险，允许财产保险公司承保健康保险。如《中华人民共和国保险法》第九十五条中规定，经营财产保险业务的保险公司经国务院保险监督管理机构批准，可以经营短期健康保险业务和意外伤害保险业务。

2. 保险经营内容较为复杂

（1）经营风险的特殊性。健康保险经营的是伤病发生的风险，其影响因素较人寿保险更加复杂，逆选择和道德风险都更大。

（2）承保标准复杂。为降低逆选择风险，健康保险的承保条件更复杂、更严格。核保时，需要综合考虑被保险人的年龄、既往病症、现病症、家族病史、职业、居住环境及生活方式等多种因素。保险人按照风险程度将被保险人分为标准体保险、非标准体保险和非保体。

（3）厘定保险费率的因素复杂。人寿保险在制定费率时主要考虑死亡率、费用率和利率，而健康保险不仅要考虑疾病的发生率、疾病持续时间、残疾发生率、死亡率、续保率、附加费用、利率等因素，还要考虑保险公司展业方式、承保理赔管理、公司主要目标以及道德风险、逆选择等因素对费率的影响。此外，健康保险合同中规定的等待期、免责期、免赔额、共保比例和给付方式、给付限额等都会影响最终的费率。

3. 责任分摊

健康保险的保险责任主要是指疾病医疗给付责任，即对被保险人的疾病医治所发生的医疗费用支出，保险人按照合同规定给付相应的疾病医疗保险金。但由于健康保险具有风险大、不易控制和难以预测的特性，为了降低给付责任，敦促投保人关注自身健康，在健康保险中，保险人对所承担的医疗保险金的给付责任往往带有很多限制或制约性条款。如免赔额、共保比例等规定都是投保人对保险人给付责任的分摊。

4. 保险人在一定条件下享有代位追偿权

在健康保险中，被保险人发生医疗费用支出后，若医疗费用已经由第三方全部或部分赔偿，保险人可以不再给付保险金，或只给付第三方赔偿后的差额部分。若保险人已经支付医疗保险金，而保险事故责任应由第三方承担，则被保险人应将向第三方追偿的权利转移给保险人。

5. 合同条款的特殊性

健康保险合同中，除适用一般寿险的不可抗辩条款、宽限期条款、不丧失价值条款等外，还采用一些特有的条款，如观察期条款、体检条款、免赔额条款、共保比例条款、给付限额条款等。

6. 健康保险的除外责任

健康保险的除外责任一般包括战争或军事行动，故意自杀或企图自杀造成的疾病、死亡和残疾，堕胎导致的疾病、残疾、流产、死亡等。

健康保险将战争或军事行动除外，是因为战争所造成的损失程度较高，且难以预测，在制定正常的健康保险费率时，不可能将其造成的伤害因素和医疗费用因素计算在内，因而将其列为除外责任。自杀或企图自杀均属故意行为，与健康保险所承担风险的偶然性相违背，因此也列为除外责任。

二、健康保险的特殊条款

（一）观察期条款

在首次投保的健康保险合同中通常要规定一个观察期（90天或180天等），观察期结束后保险单才正式生效。如果被保险人在观察期内因疾病或其他免责事项死亡，保险人不承担责任，在扣除手续费后退还保险费，保险合同终止。及时续保的健康保险合同不再设置观察期。

（二）体检条款

该条款规定，在被保险人提出索赔后，保险人有权要求被保险人接受由保险人指定的医生或医疗机构的体检，以便确认索赔的有效性以及具体的赔付数额。体检条款主要适用于疾病保险和收入损失保险。

（三）免赔偿条款

在健康保险中通常对医疗费用有免赔额的规定，即在合同规定的免赔额以内的医疗费用支出由被保险人自己承担，保险人不予赔付。只有当实际支付的医疗费用超过免赔额时，保险人才负责赔偿。在健康保险业务中通常采用绝对免赔额。

（四）共保比例条款

共保比例条款又称比例给付条款，是指在健康保险合同中，对超过免赔额的医疗费用部分采用保险人和被保险人共同分摊的比例给付。双方分摊的比例在保险合同中进行明确规定。

（五）给付限额条款

在补偿性健康保险合同中，通常规定保险人给付医疗保险金的最高限额，以控制总支出水平。可以规定单项疾病给付限额、住院给付限额、门诊费用给付限额等。在健康保险中，保险人只对超过免赔额部分的医疗费用按给付比例补偿，并且以给付限额为最高限额。

三、健康保险的基本类型

（一）医疗保险

医疗保险是医疗费用保险的简称，是指保险人对被保险人因疾病而支付的医疗费用提供保险。医疗保险是健康保险最重要的组成部分。医疗费用包括医疗费、手术费、药费、诊疗费、护理费、各种检查费和住院费以及其他医院杂费。

从保险保障范围来看，医疗保险包括普通医疗保险、住院医疗保险、手术医疗保险、综合医疗保险等。

1. 普通医疗保险

普通医疗保险是指对被保险人治疗疾病时所发生的一般性医疗费用提供保障的保险，主要包括门诊费用、医药费用和检查费用等。普通医疗保险保险费较低，适用于一般社会公众。一般采用费用的方式给付保险金，为控制相关费用支出额度，一般都有免赔额、共保比例和给付限额的规定。

2. 住院医疗保险

住院医疗保险是指保险人对被保险人因疾病或意外伤害住院而支出的各种医疗费用提供保障的保险。由于住院所发生的费用往往相当高昂，故将住院费用作为一项单独的保险业务。对于首次投保或非连续投保住院医疗保险时有免责期（观察期）的规定，且重大疾病住院免责期长于一般疾病，但因意外伤害住院和连续投保的则无免责期规定。为了控制不必要的长时间住院，住院医疗保险常还会规定最长住院天数和分担比例（如90%）等。

3. 手术医疗保险

手术医疗保险是指保险人对被保险人在治病过程中因所必须进行的手术而产生的医疗费用提供保障的保险。保障范围包括手术费、麻醉师费、各种手术材料费、器械费和手术室费等。一般由保险人负担全部手术费用，不需要被保险人按比例分担。

4. 综合医疗保险

综合医疗保险是指保险人为被保险人提供的一种保障范围较全面的医疗保险，包括对普通医疗、住院、手术等的一切费用及某些康复治疗费用的补偿。这种保险单的保险费较高，一般会确定一个较低的免赔额及适当的分担比例。

（二）疾病保险

疾病保险是指被保险人罹患合同约定的疾病时，保险人按合同约定的保险金额给付保险金的健康保险。疾病保险是给付性保险。

1. 重大疾病保险

重大疾病保险是指当被保险人在保险合同有效期间罹患合同所规定的重大疾病时，由保险人按合同的约定给付保险金的保险。

目前，各保险公司对于重疾病种均以中国保险行业协会和中国医师协会合作共同制定并颁布的《重大疾病保险的疾病定义使用规范（2020年修订版）》为基础，共计28个种类见表5.1。从发生率来看，表中列出的28种标准重疾已经占到了重疾发生率的95%左右，额外增加的病种对发生率影响不大。除此之外，各保险公司会自行增加一些病种，一般都达到30种以上。

2. 特种疾病保险

特种疾病保险是指以被保险人罹患某些特殊疾病为给付条件，保险人按照合同约定金额给付保险金或对被保险人治疗该种疾病的医疗费用进行补偿的保险。特种疾病保险包括生育保险、牙科费用保险、眼科保健保险、获得性免疫缺陷综合征（艾滋病）保险、团体传染性非典型肺炎疾病保险、禽流感保险等。

表 5.1　中国保险行业协会颁布的 28 种重大疾病

恶性肿瘤——重度	瘫痪——肢体随意运动功能永久完全丧失
较重急性心肌梗死	心脏瓣膜手术——须开心脏
严重脑中风后遗症	严重阿尔茨海默病——自主生活能力完全丧失
重大器官移植术或造血干细胞移植术	严重脑损伤——神经系统永久性功能障碍
冠状动脉搭桥术（或称冠状动脉旁路移植术）——须切开心包	严重原发性帕金森病——自主生活能力完全丧失
严重慢性肾衰竭	严重Ⅲ度烧伤——达全身体表面积的 20% 或以上
多个肢体缺失——完全性断离	严重特发性肺动脉高压——永久不可逆性的体力活动能力受限
急性或亚急性重症肝炎	严重运动神经元病
严重非恶性颅内肿瘤——须开颅手术或放射治疗	语言能力丧失——完全丧失且经积极治疗至少 12 个月
严重慢性肝衰竭——不包括酗酒或药物滥用所致	重型再生障碍性贫血
严重脑炎后遗症或严重脑膜炎后遗症——永久性功能障碍	主动脉手术——须实施开胸或开腹手术
深度昏迷——不包括酗酒或药物滥用所致	严重慢性呼吸衰竭——永久不可逆
双耳失聪——永久不可逆	严重克罗恩病
双目失明——永久不可逆	严重溃疡性结肠炎——已实施结肠切除或回肠造瘘术

（三）失能收入损失保险

失能收入损失保险是指以意外伤害、疾病导致收入中断或减少为给付保险金条件的保险，即在保险合同有效期内，当被保险人因疾病或意外伤害而致残疾，部分或全部丧失工作能力或短期、永久丧失工作能力而造成其正常收入损失时，由保险人按合同约定的方式定期给付保险金的保险。其投保对象主要针对有固定的全职工作或收入的人。

（四）护理保险

护理保险是指以因保险合同约定的日常生活能力障碍引发护理需要给付保险金为条件，为被保险人的护理支出提供保障的保险，也可称为长期护理保险。

长期护理保险的保险范围分为医护人员看护、中级看护、照顾式看护和家中看护四个等级。典型长期护理保险要求被保险人不能完成下述五项活动之两项即可：进食、沐浴、穿衣、如厕、移动。除此之外，患有老年痴呆等认知能力障碍的人通常需要长期护理，但他们却能执行某些日常活动，为解决这一矛盾，目前所有长期护理保险已将阿尔茨海默病及其他精神病患者包括在内。

【思政要点 5-6】

通过对健康保险的教学，增强学生对生命安全和身体健康的重视，强化其对锻炼和健康重要性的理解。

第七节 意外伤害保险概述

一、意外伤害的概念及分类

（一）意外伤害的概念

意外伤害是指在被保险人没有预见到或违背被保险人意愿的情况下，突然发生的外来致害物对被保险人的身体造成明显、剧烈的侵害的客观事实。

意外伤害的构成条件包括意外和伤害两方面，缺一不可，只有在意外情况下发生的伤害，才能构成意外伤害。意外是指被保险人事先没有预见到，或者违背被保险人的主观意愿，它是一种主观状态。伤害则是指被保险人的身体受到侵害的客观事实，由致害物、侵害对象、侵害事实三个要素构成，它是一种客观状态。

（二）意外伤害的分类

意外伤害保险承保的风险是意外伤害，但并非一切意外伤害都是保险人所能承保的。按照是否可以承保划分，意外伤害可以分为不可保意外伤害、特约保意外伤害和一般可保意外伤害。

不可保意外伤害是指意外伤害保险的除外责任，包括以下几种情况：被保险人在犯罪活动中所受的意外伤害，被保险人在寻衅斗殴中所受的意外伤害，被保险人在醉酒、吸食（或注射）毒品后发生的意外伤害，由于被保险人的自杀行为造成的伤害。

特约保意外伤害是指从保险原理上来讲虽非不能承保，但保险人考虑到保险责任不易区分或于承保能力一般不予承保，只有经过投保人与保险人特别约定，有时还要另外加收保险费后才予以承保的意外伤害。特约保意外伤害包括以下几种：战争使被保险人遭受的意外伤害，被保险人在从事登山、跳伞、滑雪、江河漂流、赛车、拳击、摔跤等剧烈的体育活动或比赛中遭受的意外伤害，核辐射造成的意外伤害，医疗事故造成的意外伤害。

一般可保意外伤害是指在一般情况下保险人可以予以承保的意外伤害。除不可保意外伤害、特约保意外伤害以外，均属一般可保意外伤害。

> **【案例分析 5-5】**
>
> 某县农民 A 于某年 4 月 23 日向某保险公司办理了人身意外伤害保险。同年 10 月 16 日，A 伙同 B（已被执行死刑）等人偷鸡，销赃后未分赃给 B。10 月 19 日，A 伙同上次合伙作案的另外两人再次偷鸡回来，刚好被 B 碰上，B 在向他们索要赃款时，将 A 伤害致死。事发后，A 的父亲多次要求保险公司理赔，保险公司则以保险条款中规定"被保险人系因从事违法犯罪行为致死的免责"为由拒绝赔偿，双方引发争议，A 父遂向法院起诉。

> **分析：**
> 根据《中华人民共和国保险法》的规定，只有当被保险人的违法行为构成犯罪时，保险公司才有权拒绝赔付。原告之子 A 虽参与偷窃，但情节显著轻微，未构成犯罪，只是违法行为，因此保险公司的免责条款与《中华人民共和国保险法》相抵触，拒赔理由不成立。

二、意外伤害保险的概念及分类

（一）意外伤害保险的概念

意外伤害保险是指当被保险人在保险期限内遭受意外伤害事故而致死亡或残疾时，保险人按照合同约定给付保险金的一种人寿保险。

（二）意外伤害保险的特征

（1）保险金的给付条件更为严格。意外伤害保险以被保险人在保险期限内遭受意外伤害事故而致其在责任期限内死亡或残疾为给付保险金的条件，保障项目主要包括死亡给付和残疾给付。其他原因（如疾病等）造成的死亡或伤残，或者意外伤害事故造成的其他损失（如医疗费用、收入减少等），保险人都不负责。

（2）保险期限较短。意外伤害保险的保险期限一般是一年或一年以内，有的只有几个月甚至更短，最多三年或五年。

（3）投保条件相对宽松。由于人身意外伤害保险的保险费率与被保险人的年龄和健康状况无关，而是取决于被保险人的职业等情况，因此意外伤害保险对被保险人的年龄一般没有特殊要求，也不要求体检。

（4）厘定保险费率的依据特殊。意外伤害保险费率的厘定是根据过去各种意外伤害事件发生概率的经验统计计算，比较注重职业风险，即职业是确定意外伤害保险费率的重要依据。被保险人的职业风险高，则保险费率高；被保险人职业风险低，则保险费率低；被保险人由低风险职业转为高风险职业时，必须履行风险增加通知义务。

（5）保险费低但保障较高。人们遭受意外伤害的可能性虽然存在，但并不像其他寿险产品，特别是终身和两全寿险产品，保险事故必然会发生，且意外伤害保险不具备储蓄功能，期满后一般也不退还保险费。因此，意外伤害保险的保险费比一般寿险的便宜。

三、意外伤害保险的主要内容

（一）保险责任

意外伤害保险的基本保险责任是被保险人因意外伤害所致的死亡或残疾引发的死亡给付和残疾给付。意外伤害保险的派生保险责任包括医疗费用给付、误工给付、丧葬费给付和遗属生活费给付等。意外伤害保险的保险责任由以下四个必要条件构成：

（1）被保险人在保险期间遭受了意外伤害。首先，被保险人遭受意外伤害的客观事实必须发生在保险期限之内；其次，被保险人遭受意外伤害必须是客观发生的事实，而不是臆想的或推测的。

（2）被保险人死亡或残疾。死亡即机体生命活动和新陈代谢的终止。在法律上发生效力的死亡包括两种情况：一种是生理死亡，即已被证实的死亡；另一种是宣告死亡，即按照法律程序推定的死亡。残疾也包括两种情况：一种是指人体组织的永久性缺损，如肢体断离等；另一种是指人体器官正常机能的永久丧失，如丧失视觉、听觉、嗅觉、语言能力以及出现运动障碍等。

（3）被保险人的死亡或残疾必须发生在责任期限内。责任期限是意外伤害保险和健康保险特有的概念，是指自被保险人遭受意外伤害之日起的一定期限（如 90 天、180 天、360 天等）。如果被保险人在保险期限内遭受意外伤害，在责任期限内死亡，则构成保险责任。责任期限对于意外伤害造成的残疾实际上是确定其伤残程度的期限，即以责任期限结束这一时间点的情况确定残疾程度。在我国，责任期限为 180 天。

（4）意外伤害是死亡或残疾的直接原因或近因。只有当意外伤害与死亡或残疾之间存在因果关系时，才能构成保险责任，包括以下两种情况：①意外伤害是死亡、残疾的直接原因，意外伤害事故直接造成了被保险人的死亡或残疾，构成保险责任，保险人给付保险金；②意外伤害是死亡或残疾的近因，当被保险人的死亡或残疾是由多种原因造成，但运用近因原则推定意外伤害是被保险人死亡或残疾的近因时，才构成了保险责任。当意外伤害造成被保险人原有疾病发作而致其死亡或残疾时，保险人比照身体健康的人遭受这种意外伤害会造成何种后果处理。

【案例分析 5-6】

赵某为其父向某保险公司投保了 10 万元的终身寿险和 5 万元的意外伤害保险。半年后某日，被保险人赵父被人发现倒卧在其居所附近的自行车棚内死亡。赵父家属向保险公司提出索赔请求。保险公司经调查，对终身寿险 10 万元保险金给付责任无异议，但对给付 5 万元意外伤害保险金有异议，其家属遂上诉法院。

分析：

本案争议焦点在于被保险人死亡原因，是意外跌倒—脑中风—死亡，还是脑中风昏厥—跌倒—加速脑出血—死亡。由于保险公司无法举证被保险人生前患有高血压，故法院没有认定被保险人的死亡仅因为高血压诱发脑中风。因此，法院判决被保险人系先行跌倒受伤后引起脑中风死亡，保险公司给付意外伤害保险金 5 万元。

【案例分析 5-7】

被保险人甲投保了人身意外伤害保险，未投保医疗保险。保险期限内某日，甲因狩猎摔下马骨折，由于该处环境潮湿阴冷，甲在获救前感染肺炎，后医治无效去世。请问：保险公司是否应该赔偿？

分析：

保险公司应该赔偿。两个或两个以上原因连续发生，各原因之间的因果关系未被中断，最先发生并造成一连串后因的原因为损失的近因。被保险人死亡的原因包括摔下马骨折以及感染肺炎，两原因间有明显的因果关系，因此死亡的近因为摔下马骨折，而该原因属于保险责任，依据近因原则，保险公司应该赔偿。

（二）意外伤害保险的给付方式

意外伤害保险属于定额给付保险，当保险责任构成时，保险人按照保险合同中约定的保险金额给付死亡保险金或残疾保险金。

1. 死亡保险金的给付

在意外伤害保险合同中，死亡保险金的数额已在合同中明确规定，当被保险人因意外伤害事故而致死亡时，保险人按照保险金额的100%给付保险金。

2. 残疾保险金的给付

当被保险人因意外伤害事故而致残疾时，保险人按照规定的伤残程度给付比例乘以保险金额给付保险金，即残疾保险金的数额由残疾程度和保险金额两个因素确定。

【案例分析 5-8】

某公司组织员工旅游。车在高速公路上飞速行驶时，突然从后面飞驶而来一辆大货车（后经交警裁定：大货车为违章快速超车）。公司大巴来不及避让，两车发生严重碰撞。公司员工甲和乙受了重伤，立即被送入附近医院急救。甲因颅脑受到重度损伤，且失血过多，抢救无效，于两小时后身亡。乙在车祸中丧失了一条腿，在急救中因急性心肌梗死，于第二天死亡。事后保险公司了解到，甲一向身体健康，而乙则患心脏病多年。请问：保险公司对甲和乙应如何赔偿？

分析：

在这个案例中，车祸属于意外事故，也是甲死亡的近因，属于意外伤害保险责任，保险公司应给付死亡保险金；而乙死亡的近因是急性心肌梗死，不属于意外伤害保险责任，保险公司不予给付死亡保险金，但是乙丧失了一条腿的近因是车祸，属于意外伤害保险责任，保险公司应该给付意外残疾保险金。

四、意外伤害保险的分类

（一）按参保规定划分

1. 自愿性的意外伤害保险

自愿性的意外伤害保险是指投保人根据自己的意愿和需求投保的各种人身意外伤害

保险，如中小学生平安险、投宿旅客人身意外伤害保险等，该类保险一般采取家长或旅客自愿投保的形式，由学校或旅店代收保险费，再汇总交给保险公司。

2. 强制性的意外伤害保险

强制性的意外伤害保险是指国家机关通过颁布法律、行政法规、地方性法规，强制规定有关人员必须参加的一种人身意外伤害保险。

（二）按承保风险划分

1. 普通意外伤害保险

普通意外伤害保险承保由一般风险而导致的各种人身意外伤害事件，如团体人身意外伤害保险、学生团体平安保险等。

2. 特种意外伤害保险

特种意外伤害保险承保在特定时间、特定地点或因特定原因而发生或导致的人身意外伤害事件，如在游泳池、游乐场等场所中，或江河漂流、登山、滑雪等激烈的体育比赛或活动中发生的人身意外伤害等。

（1）旅行意外伤害保险。旅行意外伤害保险以被保险人在旅行途中，因意外事故遭受伤害为保险事故，保险人一般对约定的旅行路线和旅行期间发生的保险事故承担责任，如飞机失事或船舶碰撞而致旅客的伤害等。旅行意外伤害保险可细分为国内旅行意外伤害保险和国外旅行意外伤害保险。

（2）交通事故意外伤害保险。交通事故意外伤害保险主要承保由于交通工具遇到交通事故给被保险人造成的伤害、残疾和死亡，而且赔偿范围扩大到交通工具之外的等候场所。

它所承保的范围有：①作为乘客的被保险人在交通工具行驶、飞行过程中所遭受的意外伤害事故；②作为乘客的被保险人在交通工具搭乘场所（候车、候机、候船）时所遭受的意外伤害事故，作为行人的被保险人因遭受空中物体坠落而遭受的意外伤害事故；③被保险人被交通工具所撞或因交通工具发生火灾、爆炸所遭受的意外伤害事故。

（3）电梯乘客意外伤害保险。电梯乘客意外伤害保险是指被保险人因乘坐电梯发生意外事故造成伤残或死亡时，由保险人负赔偿责任的保险。投保人一般是置办电梯或者安装电梯的社会组织或经济单位，被保险人是使用电梯的乘客，保险责任仅限于在专门载乘顾客的专用电梯内发生的意外事故。

（三）按投保人和保险对象划分

1. 个人意外伤害保险

个人意外伤害保险是指以被保险人个人在日常生活、工作中可能遇到的意外伤害为保险事故的保险，如机动车驾乘人员人身意外伤害保险、航空人身意外伤害保险、旅客人身意外伤害保险等。

2. 团体意外伤害保险

团体意外伤害保险是指社会组织为了防止本组织内的成员因遭受意外伤害致残或致死而受到巨大损失，以本社会组织为投保人，以该社会组织的全体成员为被保险人，以被保险人因意外事故造成的人身重大伤害、残疾、死亡为保险事故的保险。

由于人身意外伤害保险的保险费率与被保险人的年龄和健康状况无关，而是取决于被保险人的职业等状况，因此最适合于团体投保。

（四）按保险期限划分

1. 极短期意外伤害保险

极短期意外伤害保险的保险期限往往只有几天、几小时甚至更短，如我国开办的公路旅客人身意外伤害保险、住宿旅客人身意外伤害保险、旅游保险、索道游客人身意外伤害保险、游泳池人身意外伤害保险、大型电动玩具游客人身意外伤害保险等。

2. 一年期意外伤害保险

意外伤害保险大多数险种的保险期限为一年。

3. 多年期意外伤害保险

多年期意外伤害保险的保险期限超过一年，但基本上不超过五年，如人身意外伤害期满还本险。

（五）按险种结构划分

1. 单纯意外伤害保险

单纯意外伤害保险是指一张保险单所承保的保险责任仅限于意外伤害的人身意外伤害保险。我国开办的团体人身意外伤害保险、公路旅客人身意外伤害保险、学生团体人身意外伤害保险、驾驶员人身意外伤害保险等，都属于此类保险。

2. 附加意外伤害保险

附加意外伤害保险包括两种情况：一种是其他保险附加人身意外伤害保险；另一种是人身意外伤害保险附加其他保险责任。如住宿旅客人身意外伤害保险，保险责任包括旅客由于人身意外伤害造成的死亡、残疾以及旅客随身携带行李物品的损失，这属于意外伤害保险附加财产保险。还有一种意外伤害保险会附加意外伤害医疗保险。

【案例分析 5-9】

李某在游泳池内被从高处跳水的王某撞昏，溺死于池底。由于李某生前投保了一份健康保险，保额为 5 万元，而游泳馆也为每位游客投保了一份意外伤害保险，保额为 2 万元。事后，王某承担民事损害赔偿责任 10 万元。请问：

（1）因未指定受益人，李某的家人能领取多少保险金？

（2）对王某的 10 万元赔款应如何处理？

分析：

（1）李某死亡的近因属于意外伤害，属于意外伤害保险的保险责任，因此李某的家人只能领到 2 万元的保险金。

（2）王某的 10 万元赔款应全部归李某的家人所有，因为人身保险不适用于损失补偿原则。

> 【思政要点 5-7】
>
> 通过对意外伤害保险的学习，学生可以深入理解和思考意外伤害保险的社会意义和伦理价值，贯彻以人为本的理念，为完善我国社会保障制度贡献自己的力量。

■ 本章小结

1. 人身保险是以人的生命或身体为保险标的，当被保险人发生死亡、疾病、残疾或生存至保险期满等人身风险或保险事件时，由保险人向被保险人或其受益人给付保险金的保险业务。人身保险主要分为人寿保险、意外伤害保险和健康保险三大类。

2. 人寿保险是以人的寿命为保险标的，以被保险人在保险期限内死亡或生存至保险期满为给付保险金条件的人身保险。传统寿险产品主要有生存保险、死亡保险及两全保险；创新型寿险产品主要有变额寿险、万能寿险、万能变额寿险及分红寿险。人寿保险合同的主要条款包括不可争条款、年龄误告条款、宽限期条款、复效条款、不丧失价值任选条款、自动垫缴保险费条款、保险单贷款条款及自杀条款等。大部分人寿保险具有很强的储蓄性。

3. 健康保险是指以人的身体为保险标的，当被保险人因疾病或意外事故受到伤害造成医疗费用支出或收入损失时，由保险人承担补偿或赔偿责任的一种人身保险。健康保险既有补偿性险种，又有给付性险种，其保险经营内容复杂。健康保险主要包括医疗保险、重大疾病保险、失能收入损失保险及护理保险等。

4. 意外伤害保险是指当被保险人在保险期限内遭受意外伤害事故而致死亡或残疾时，保险人按照合同约定给付保险金的一种人身保险。其特点包括保险金给付条件更为严格、保险期限较短、投保条件相对宽松、保险费相对较低而保障相对较高等。意外伤害保险属于定额给付保险，当被保险人因意外伤害事故而致死亡时，保险人按照保险金额的100%给付保险金；当被保险人因意外伤害事故而致残疾时，保险人按规定的伤残程度给付比例乘以保险金额给付保险金。

■ 思考与练习

一、单选题

1. 以下关于疾病保险的说法，正确的是（　）。
   A. 疾病保险是定额给付，只要是患了合同规定的重大疾病，保险公司都会按照合同约定的金额赔付
   B. 疾病保险属于健康保险，仅以被保险人的生命为保险标的
   C. 疾病保险的保险期限通常为一年
   D. 疾病保险主要是针对一般疾病的保障

2. 下列不属于疾病保险所承保的疾病是（　）。
   A. 内部原因的疾病
   B. 非先天性疾病
   C. 偶然性疾病
   D. 意外伤害引起的伤亡、疾病

3. 健康保险的保险标的是（　）。
   A. 被保险人的生命
   B. 被保险人的身体
   C. 被保险人的疾病
   D. 被保险人所受伤害

4. 在人寿保险合同中规定宽限期是为了（　　）。
   A. 保护保险人的利益
   B. 保护受益人的利益
   C. 保护投保人的利益
   D. 保护被保险人的利益
5. 在健康保险合同中，通常规定合同订立一段时间后，保险人才对被保险人根据事先存在的条件履行保险赔付责任。这里的一段时间被称为（　　）。
   A. 宽限期　　　　　B. 推迟期
   C. 观察期　　　　　D. 缓冲期
6. 在健康保险中，通常会有一个条款，该条款规定，在保险合同生效后，保险人对被保险人所患疾病并不立即承担保险责任，而是在一定期限后才承担保险责任。这一条款被称为（　　）。
   A. 宽限期条款　　　B. 犹豫期条款
   C. 观察期条款　　　D. 中止期条款
7. 甲以丈夫乙为被保险人向保险公司投保了一份终身寿险，指定女儿丙为身故受益人。甲在投保过程中需要获得乙同意的事项包括（　　）。
   A. 投保
   B. 死亡保险金额和指定受益人为丙
   C. 指定受益人为丙
   D. 投保、死亡保险金额、指定受益人为丙
8. 丈夫以妻子为被保险人向某保险公司投保两全保险一份，并指定他们的儿子为唯一受益人。三年后，丈夫和妻子因感情破裂离婚，则该保险单的效力状况是（　　）。
   A. 合同继续有效　　B. 合同效力中止
   C. 合同部分有效　　D. 合同变更才有效
9. 医疗保险具有的特征之一是（　　）。
   A. 规定受益人条款
   B. 规定年龄误告条款
   C. 规定免赔额条款
   D. 规定不丧失价值条款
10. 下列关于疾病保险的说法，不正确的是（　　）。
    A. 疾病保险是以疾病为保险金给付条件的保险，如重大疾病保险、特种疾病保险等。它是指被保险人罹患合同约定的疾病时，保险人按投保金额定额给付保险金，以此为被保险人因疾病遭受的经济损失提供保障的保险
    B. 疾病保险不考虑被保险人的实际医疗费用支出，而以保险合同约定的保险金额给付保险金
    C. 在观察期内发生的疾病或手术属于疾病保险的可保责任
    D. 重大疾病保险不限被保险人的性别，只要年龄符合规定，均可投保，但男女交费的数额有所差异，一般男性高于女性
11. 万能寿险在保险期间可以改变（　　）。
    A. 保险单现金价值和保险金额
    B. 纯保险费和附加保险费
    C. 保险费和保险单的现金价值
    D. 保险费和保险金额
12. 万能寿险是保险人为了满足那些有特殊要求的寿险消费者而设计的产品，其表现出来的特点是（　　）。
    A. 依法纳税　　　　B. 自动续保
    C. 缴费灵活　　　　D. 保额固定
13. 人身伤害保险费率一般不需要考察被保险人的（　　）。
    A. 性别　　　　　　B. 职业
    C. 工种　　　　　　D. 所从事的活动

二、多选题

1. 人身保险合同的特征有（　　）。
   A. 人身保险合同属于给付性合同
   B. 是不定额性保险合同
   C. 是以长期合同为主的保险合同
   D. 具有储蓄性质
2. 人身保险合同没有（　　）概念。
   A. 保险期限　　　　B. 保险利益
   C. 重复保险　　　　D. 保险价值
3. 终身寿险的优点包括（　　）。
   A. 被保险人可以得到永久性保障
   B. 保险费中含有储蓄成分
   C. 保险单没有现金价值
   D. 中途退保可得到退保金

4. 下列伤害不属于意外伤害保险承保范围的是（　　）。
   A. 犯罪中的意外伤害
   B. 交通事故引起的意外伤害
   C. 醉驾导致的意外伤害
   D. 自杀

5. 人寿保险的基本特征包括（　　）。
   A. 风险的特殊性　　B. 储蓄性
   C. 投保的周期性　　D. 社会性
   E. 业务的长期性

6. 在人寿保险中，保险单所有人的权利通常包括（　　）。
   A. 变更受益人
   B. 领取保险单现金价值
   C. 以保险单作抵押进行借款
   D. 领取退保金

7. 关于意外伤害保险费的确定，需要考虑的因素有（　　）。
   A. 被保险人的职业类别
   B. 被保险人的性别
   C. 意外事故发生的频率
   D. 被保险人的工种
   E. 被保险人的年龄

8. 和定期死亡保险相比，终身死亡保险的特点包括（　　）。
   A. 保险费率较高
   B. 保险单具有现金价值
   C. 有效保险单必发生保险金给付
   D. 保险费必须缴纳

9. 医疗保险具有的特征为（　　）。
   A. 医疗保险具有普遍性
   B. 医疗保险因涉及面广而更具复杂性
   C. 医疗保险属于短期的、经常性的保险
   D. 医疗保险是通过医疗服务和费用补偿机制来实现的
   E. 医疗风险的发生频率高，且费用难以控制

10. 构成健康保险所指的疾病必须具备的条件是（　　）。
    A. 必须是由于年龄原因造成的
    B. 必须是由于非长期存在的原因所造成的
    C. 必须是由于明显非外来原因所造成的
    D. 必须是非先天的原因所造成的

三、案例分析题

1. 2010年1月31日，丛某之父在某保险公司购买了平安永利两全保险及附加险，被保险人为其本人，身故受益人为丛某。其中平安永利险保额为2万元，意外伤害险保额为5万元，丛某之父如期缴纳了保险费。2011年6月30日下午，丛某之父在水稻田里劳动时死亡，公安局经鉴定确定：死者系生前冠状动脉粥样硬化性心脏病急性发作致溺水窒息死亡，无外力性损伤。丛某于2011年11月13日向保险公司提出理赔申请，要求支付两全保险金2万元，意外伤害保险金5万元。2012年12月9日丛某在保险公司处领取了两全保险金22000元，保险公司对其要求的意外伤害保险金以被保险人的死亡不构成意外伤害事故为由拒绝理赔。但丛某认为，导致其父死亡的原因是溺水，符合保险合同中"意外伤害"的保险责任，因此将保险公司诉至法院。请问：本案应如何判决？

2. 何某（男）与林某（女）以夫妻名义同居生活，并生育一女孩。何某以自己为投保人给自己和林某各买了一份人寿保险，死亡保额均为10万元，受益人为双方所生的女儿。林某出差在外并不知情。不久后，林某因车祸意外死亡。何某向保险公司提出索赔，保险公司调查后拒赔。何某不服，遂向法院提起诉讼。请问：
   （1）本案中何某对林某是否具有保险利益？保险合同是否有效？
   （2）保险公司是否应该承担给付保险金的责任？

3. 2016年8月，妻子为丈夫投保5万元人寿保险，受益人是其儿子。2018年3月，妻子与丈夫离婚，儿子由妻子抚养。2019年12月，丈夫因意外事故去世，妻子向保险公司提出索赔。请问：保险公

司是否应支持该请求?

4. 2016年3月,某厂45岁的干部龚某因患胃癌(亲属因害怕其情绪波动,未将真实病情告诉本人)住院治疗,手术后出院,并正常参加工作。8月24日,龚某经同事吴某推荐,与之一同到保险公司投保了人身保险,办妥有关手续。填写投保单时没有申报住院和身患癌症的事实。2017年5月,龚某旧病复发,经医治无效死亡。龚某的妻子以指定受益人的身份,到保险公司请求给付保险金。保险公司在审查提交有关的证明时,发现龚某的死亡病史上,载明其曾患癌症并动过手术,于是拒绝给付保险金。龚妻以丈夫不知自己患何种病并未违反告知义务为由抗辩,双方因此发生纠纷。对于此案该如何处理?

5. 刘某为其妻魏某投保了一份人寿保险,保险金额为8万元,由魏某指定刘某为受益人。请思考以下问题:

(1) 半年后刘某与妻子魏某离婚,离婚次日魏某意外死亡。对此,保险公司给付8万元。

①魏某生前欠其好友刘某5万元,因此刘某要求从保险金中支取5万元。这个主张会得到支持吗?为什么?

②魏某父母提出,刘某已与魏某离婚,因此不具有保险利益,魏某的保险金应由他们以继承人的身份作为遗产领取。这种说法正确吗?为什么?

(2) 若刘某与魏某因车祸同时死亡、分不清先后顺序,针对魏某的身故保险金,刘某父母与魏某父母分别向保险公司索赔,保险公司应如何处理?

第六章 CHAPTER6

财产保险

■ **学习目标**

学习本章,应当理解和掌握:
- 财产保险的含义与内容
- 财产损失保险(火灾保险、车辆保险)业务的内容
- 责任保险的含义与内容
- 信用与保证保险的含义与内容

■ **价值目标**

学习本章,具体的价值目标应包括:

认识到安全第一和珍惜生命的重要性;培养节能环保、低碳生活的意识;树立公正与法治的观念;探索车险领域的改革成果,明白知行合一的重要性。

第一节 财产保险概述

一、财产保险的概念与业务体系

(一)财产保险的概念界定

财产保险是指以各种财产物资和有关利益为保险标的,以补偿投保人或被保险人经济损失为基本目的的一种社会化经济补偿制度。它的起源是共同分摊海损制度,经过海上保险、火灾保险时代,因 18 世纪普遍发展起来的工业保险与汽车保险而跨入现代保险阶段。同时,19 世纪末产生的责任保险和 20 世纪下半叶出现的科技保险丰富了财产保险险种的内容,使之成为现代保险业的两大支柱之一。

财产保险的概念界定和分类,可以概括为以下两种:

(1)根据经营业务的范围,可分为广义财产保险与狭义财产保险。其中,广义财产保险是指包括各种财产损失保险、责任保险、信用保证保险等在内的一切非人身保险;而狭义财产保险则仅指各种财产损失保险,它强调保险标的是各种具体的财产物资。

(2)根据承保标的的虚实不同,可分为有形财产保险和无形财产保险。其中,有形财产保险是指以各种实体财产物资为保险标的的财产保险,它在内容上与狭义财产保险业务基本一致;无形财产保险则是指以各种没有实体但属于投保人或被保险人的合法利益的无形财产为保险标的的保险,如责任保险、信用保险、利润损失保险等。

在以上界定中,广义财产保险是最高层次的概念,狭义财产保险隶属于广义财产保险,而有形财产保险和无形财产保险概念范围的合集等于广义财产保险。

在国际上,不同的国家对财产保险及相关保险业务有不同的定义,如产物保险、损害保险或非寿险,这些概念与我国的财产保险概念有一定差别。如产物保险强调以各种财产物资为保险标的,经营范围较窄;而非寿险则包括各种短期人身保险业务,范围较广。不过,按照国际惯例,根据各种保险业务的性质和经营规则可将整个保险业划分为非寿险和寿险。

财产保险的业务范围非常广泛。《中华人民共和国保险法》将保险业按直接业务划分为财产保险与人身保险两大类,这与国际流行的划分(即寿险与非寿险两大类)存在差异。这种差异主要体现在业务经营范围的大小不同,而不会对财产保险的性质等方面造成认知偏差。同时,我国境内的财产保险公司的业务经营范围事实上也包括短期人身保险业务。根据《中华人民共和国保险法》的规定,经营财产保险业务的保险公司经国务院保险监督管理机构批准,可以经营短期健康保险业务和意外伤害保险业务。

(二)财产保险的业务体系

财产保险有一个庞大的业务体系,它由若干险别及数以百计的险种构成。根据相关著述,财产保险的业务体系通常被划分为三大部分、四个层次,见表 6.1。

表 6.1 财产保险业务体系

第一层次	第二层次	第三层次	第四层次(险种)
财产损失保险	火灾保险	团体火灾保险	财产保险基本险、财产保险综合险等
		家庭财产保险	普通家庭财产保险、还本家庭财产保险等
	运输保险	运输工具保险	机动车辆保险、船舶保险等
		货物运输保险	海洋、陆上、航空货运保险等
	工程保险	建安工程保险	建筑工程保险
			安装工程保险
		科技工程保险	航天保险、核电保险等

(续)

第一层次	第二层次	第三层次	第四层次（险种）
财产损失保险	农业保险	种植业保险	农作物保险、林木保险等
		养殖业保险	畜禽保险、水产养殖保险
责任保险	公众责任保险	场所责任保险	宾馆、展览馆、车库责任保险等
		承包人责任保险	建筑工程承包人责任保险等
		承运人责任保险	旅客责任保险、货物运输责任保险等
	产品责任保险	—	各种产品责任保险
	雇主责任保险	—	普通雇主责任保险、各种附加保险
	职业责任保险	—	医生、会计师、律师责任保险等
信用保证保险	信用保险	—	出口信用保险、个人信用保险等
	保证保险	—	履约保证保险、雇员忠诚保证保险等

表 6.1 所列的财产保险业务体系中，财产损失保险与责任保险是现代财产保险业的两大支柱。虽然农业保险也可以采取商业保险方式来经营，但它在许多国家事实上被全部或部分地纳入政策保险范畴。而在信用保证保险业务中，出口信用保险、海外投资保险也属于政策保险范畴。这些政策保险在业务性质与业务经营方面均与一般的商业性财产保险存在很大的差异。

二、财产保险的特征

财产保险的特征不仅体现在保险标的方面，而且体现在财产保险业务的独特性质方面。

（一）保险标的为各种财产物资及相关责任

财产保险业务的承保范围覆盖除自然人的身体与生命之外的一切危险，不仅包括各种差异极大的财产物资（如航天工业、核电工程、家庭或个人财产等），而且包括各种民事法律危险和商业信用危险等。由于财产保险业务承保范围具有广泛性，其承保对象具有较大的差异，这使得财产保险公司对业务经营范围有多种选择。与此同时，财产保险的保险标的无论是法人所有还是自然人所有，均有具体的价值标准，都可以用货币来计量，保险客户可以通过财产保险获得充分的补偿；而人身保险的保险标的限于自然人的身体与生命，无法用货币来计价。正是由于保险标的形态与保险标的价值规范存在差异，才将保险区分为财产保险与人身保险。

（二）保险业务的性质是组织经济补偿

保险人经营各种类别的财产保险业务，就要承担对保险客户保险利益损失的赔偿责任。尽管在财产保险经营实践中，有许多保险客户因未发生保险事故或保险损失而不能得到赔偿，但理论上讲，保险人的经营是建立在补偿保险客户的保险利益损失的基础之上的。因此，财产保险费率的计算依据为投保财产或有关利益的损失率；财产保险基金的筹集与积累的前提也是能够补偿所有保险客户的保险利益损失。

当保险事故发生以后，按照损失补偿原则，财产保险人必须按照保险合同规定履行赔偿义务，但不允许被保险人通过保险获得额外利益，因而还要遵循代位追偿、重复保险损失分摊和损余折抵赔款等原则。而在人身保险中，因人的身体与生命无法用货币来衡量，除不允许医药费重复给付或赔偿外，并不限制被保险人或受益人获得多份合法的保险金。财产保险业务的这种经济补偿性，也是其与人身保险业务相区别的又一重要特征。

（三）经营内容的复杂性

财产保险经营内容的复杂性特征主要表现在以下方面。

1. 投保人与承保标的复杂

一方面，财产保险的投保人既有法人团体和其他组织，又有居民家庭和个人，既可能只涉及单个法人团体或单个保险客户，也可能同时涉及多个法人团体或多个保险客户。在财产被合伙企业或者多个保险客户所共有、占有或拥有等情况下，在投保时就存在如何处理其相互关系的问题。另一方面，财产保险的承保标的覆盖面广泛，从普通的财产物资到高科技产品、大型土木工程等，从有实体的各种物资到无实体的法律责任、信用等，不同保险标的的形态与危险各不相同。而人身保险的投保人与保险标的不具有这种复杂性。

2. 承保过程与承保技术复杂

在财产保险业务经营中，既要强调保前危险检查、保时严格核保，又须考虑保险期间的防灾防损以及保险事故发生后的理赔查勘等，承保过程程序较多且烦琐。在经营过程中，要求保险人具备与各种类型的投保标的相关的技术知识。例如：要想经营好责任保险业务，就必须熟悉各种民事法律、法规及相应的诉讼知识和技能；要在汽车保险业务经营方面取得成功，就必须同时具备保险经营能力和汽车方面的专业知识，如果保险人不了解汽车技术知识，那么对汽车保险的经营将陷入被动或盲目状态，而人身保险经营中没有财产保险承保过程和技术上的这种复杂性。

3. 危险管理复杂

在危险管理方面，财产保险主要强调对物质及有关利益的管理。由于危险集中，保险人通常要采用分保或再保险的方式来进一步分散危险。而人身保险一般只强调被保险人身体健康，保险金额相对要小得多，不会对保险人的业务经营及财务稳定构成威胁，不需要进行再保险作为接受业务的条件。例如，飞机保险、船舶保险、各种工程保险等，均需要通过再保险来从更大范围内进行危险分散，进而维护保险人业务经营和财务状况的稳定。财产保险公司的危险直接来自保险经营，即直接保险业务的危险性决定着财产保险公司的财务状况；而人身保险公司的危险却更多地来自投资危险，公司失败的原因通常与投资失败有关。因此，财产保险公司特别强调对承保环节的危险控制，而人身保险公司则更重视对投资环节的风险管理。

（四）单个保险关系具有经济价值上的不平等性

财产保险遵循等价交换、自愿成交的原则，保险人根据大数法则与损失概率来确定各种财产保险的费率（即价格），这在理论上决定了保险人从被保险人那里所筹集的保险金与所承担的危险责任是相对应的,即保险人与被保险人在经济价值上具有平等性。然而,就单个保险关系而言,保险双方却又明显地存在实际支付的经济价值上的不平等性。一方面,保险人承保每一笔业务都是按确定费率标准计算并收取保险费,其收取的保险费金额较小(通常是投保标的实际价值的千分之几或百分之几)。一旦被保险人发生损失,保险人往往要支付高于保险费若干倍的保险赔款,在这种情形下,保险人支付巨大的赔偿金,而被保险人会获得远超保险费的收益。另一方面,在所有承保业务中,只有少数甚至是极少数保险客户发生保险事故或保险损失,对多数保险客户而言,保险人即使收取了保险费,也不存在经济赔偿的问题,交易双方实际支付的经济价值也是不平等的。因此,保险人在经营每一笔财产保险业务时,收取的保险费与支付的保险赔款事实上并不是相等的。而在人寿保险中,被保险人的收益总是与投保人的缴费联系在一起,绝大多数保险关系是一种相互对应的经济关系。这种单个保险关系在经济价值上的不平等性,构成了财产保险关系在总量上具有公平性的现实基础。保险人与投保人经过协商对上述经济价值上的不平等性予以认同并做出选择,进而建立了财产保险关系。

> **【思政要点6-1】**
>
> 结合《中国保险业标准化"十四五"规划》中提出的加强农业保险、巨灾保险、健康保险领域标准建设等内容,带领学生充分直观感受财产保险补偿损失和防灾防损的职能,明白财产保险险种和保险服务质量对于国家安全和发展的重要性。

第二节 财产损失保险

一、财产损失保险概述

财产损失保险是以承保保险客户的财产物资损失危险为内容的各种保险业务的统称,是财产保险最传统的、最广泛的业务来源。财产损失保险包括:①各种火灾保险,如团体火灾保险、家庭财产保险等;②各种运输保险,如机动车辆保险、飞机保险、货物运输保险等;③各种工程保险,如建筑工程保险、安装工程保险等。财产损失保险的共同特征就是保险标的均属于实体标的,但各种具体的保险业务之间仍然存在较大差异。

二、火灾保险

(一)火灾保险的含义及其发展

火灾保险,简称火险,是指以存放在固定场所并处于相对静止状态的财产物资为保险标的的一种财产保险。火灾保险是财产保险中最常见的一种业务,其产生晚于海上保险,早于工业保险与汽车保险等。需要指出的是,火灾保险在产生之初只承保陆上财产的火灾危险，但后来发展到承保各种自然灾害与意外事故，因此，就保险责任而言，火灾保险早已超出了当初的承保范围，但保险界仍然保留着对此类业务的传统叫法。

1666年的伦敦大火，是火灾保险发展史上的第一个重大事件。这场火灾几乎烧毁了伦敦城，给人们带来惨烈的教训，同时也促使人们通过建立火灾保险制度、提供灾后经济补偿来应对火灾危险。

伦敦大火促使承保不动产与一般动产的火灾保险业务产生。到18世纪以后，由于机器大生产及由此引出的工业保险的快速普及，火灾保险进入新的发展阶段。目前，火灾保险作为最基本的保险业务，不仅是保险人立足财产保险市场的基础，也是保险客户用于转移财产危险的首选险种。

（二）火灾保险的特点

火灾保险是一种传统的、独立的保险业务，具有不同于其他保险业务的特点并无法被其他保险险种替代，因而可以独立存在并发展至今。

火灾保险具有如下特征：①保险标的是陆上处于相对静止状态的各种财产物资，处于动态条件下或运输中的财产物资不能作为火灾保险的投保标的；②火灾保险承保财产的存放地址是固定的，不能随意变动，如果被保险人变动了被保险财产的存放地址或处所，将直接损害保险合同的效力，保险人可以因此拒绝赔偿保险损失；③承保危险非常广泛，不仅包括各种自然灾害与多种意外事故，还包括有关责任保险或信用保证保险。具体来讲，企业可以投保附加利润损失保险，家庭则更需要投保或附加盗窃保险等。可见，通过火灾险的基本险与附加险的组合保险所承保的危险，覆盖了实际生活中绝大部分的可保危险。

（三）团体火灾保险

团体火灾保险是以企业及其他法人团体为保险对象的火灾保险，它是火灾保险的主要业务来源。企业财产保险在理论概念上不包括非企业法人的财产保险在内，同时企业财产保险这一险种在我国已经被财产保险基本险、财产保险综合险、财产保险一切险替代。因此，本书采用团体火灾保险这一名称，而没有使用企业财产保险这一名称。

在经营团体火灾保险的实践中，主要的保险客户群体是工商企业，凡是领有工商营业执照、有健全的会计账簿、财务独立核算的各类企业都可以投保团体火灾保险，其他法人团体如党政机关、工会、共青团、科研机构、医院、图书馆、电影院、剧场以及文化艺术团体等，也可投保团体火灾保险。个体工商户，包括小商小贩、夫妻店、家庭手工业作坊等个体经营户，则不属于团体火灾保险范围，只能以家庭财产的投保人投保。因此，团体火灾保险强调的是保险客户的法人资格。

1. 可保财产、特约可保财产和不保财产

团体火灾保险的保险标的是各种财产物资，但并非一切财产物资均可以成为团体火灾保险的保险标的。团体火灾保险保险人的承保范围可以划分为可保财产、特约可保财产和不保财产。

（1）可保财产。凡是为被保险人自有或与他人共有而由被保险人负责的财产，由被保险人经营或替他人保管的财产,以及具有其他法律上承认的与被保险人有经济利害关系的财产,而且是坐落、存放于保险单所载明地址的财产,都属可保财产。具体包括以下几类。

1)房屋及其附属设备(含租赁)和室内装修材料,包括正在使用、未使用或出租、承租的房屋,以及房屋以外的各种建筑物,如船坞、车库等。

2)机器及设备,包括各种机床、铸造机械、传导设备以及其他各种工作机器、设备等。

3)工具、仪器及生产用具,如切削工具、模具、检验和测量用仪器及符合固定资产确认条件的包装容器等。

4)管理用具及低值易耗品,如办公、计量、消防用具及其他经营管理用的器具设备,工具、玻璃器皿以及在生产过程中使用的包装容器等各种低值易耗品。

5)原材料、半成品、产成品或库存商品、特种储备商品,如各种原料、材料、备品备件、物料用品、副产品、样品、包装物等。

6)账外及已摊销的财产,如简易仓棚、边角料、只在备查账簿中登记的自制设备、无偿转移的财产、账上已摊销而尚在使用的低值易耗品等。

此外,建造中的房屋、建筑物和建筑材料等也属于团体火灾保险的可保财产。

(2)特约可保财产。特约可保财产是指必须经过保险双方的特别约定,并在保险单上载明的作为保险标的的财产。这种特别约定包含两层含义:一是取消保险单中对该特约可保财产的除外不保;二是将该项目纳入可保财产范围。团体火灾保险中的特约可保财产包括以下几类。

1)市场价格变化大、保险金额难以确定的财产,如金银珠宝、玉器、古玩、邮票、艺术品等。

2)价值高、危险较特别的财产,如堤堰、水闸、铁路、道路、桥梁、码头等。这些财产虽不易遭受火灾而导致损失,但如遭遇洪水、地震等危险往往会造成巨额损失。因此,保险人一般将其列为特约可保财产。

3)危险大,需要提高保险费率的财产,如矿井、矿坑内的设备和物资等。

(3)不保财产。不保财产是保险人不予承保或不能在火灾保险项下承保的财产,包括如下几项。

1)土地、矿藏、森林、水产资源等。

2)货币、有价证券、票证、文件、账册、技术资料、图表等难以鉴定其价值的财产。

3)违章建筑、非法占有的财产,以及正处于紧急状态的财产。

4)未经收割的农作物和家禽、家畜及其他家养动物。

2. 保险金额的确定

保险金额是保险人对被保险人的保险财产遭受损失时,负责赔偿的最高限额,也是投保人缴纳保险费的依据。法人团体投保的保险金额,一般都以保险标的的账面价值为基础确定,但因财产种类不同,其计算方式也有所不同。在实务中保险金额分固定资产与流动资产来分别加以确定。

（1）固定资产的保险金额。固定资产是企业生产经营的物质基础，也是团体火灾保险中的主要内容。团体火灾保险中固定资产的保险金额可采取如下三种不同方式确定。

1）按账面原值投保，即固定资产的账面原值就是该固定资产的保险金额。

2）按重置重建价值投保，即按照投保时重新购买或建设同样的财产所需的支出确定保险金额。

3）按投保时实际价值协议投保，即根据投保时投保标的所具有的实际价值由保险双方协商确定保险金额。

投保人可以任意选择上面一种方式确定保险金额。

（2）流动资产的保险金额。法人团体的流动资产通常分为物化流动资产与货币形态流动资产，前者表现为原材料、在产品、产成品及库存商品等，后者表现为现金、银行存款等。保险人通常只负责物化流动资产的保险，对货币形态流动资产则不承担保险责任。因此，在承保时还需要区分流动资产的结构与形态。然而，法人团体的流动资产在结构与形态方面是经常变动的，任一个时间点上的物化流动资产均不一定等于出险时的物化流动资产。对此，保险人通常有两种确定保险金额的方式供投保人选择。

1）按被保险人物化流动资产最近 12 个月的平均账面余额投保。

2）按被保险人物化流动资产最近账面余额投保。

对于已经摊销或未列入账面的财产，可以由投保人与保险人协商按实际价值投保，并按照实际价值作为保险金额。

3. 保险费率的厘定

团体火灾保险的费率主要根据不同保险财产的种类、占用性质，按危险性的大小、损失率的高低和经营费用等因素制定。我国现行的团体火灾保险费率采用的是分类级差费率制，具体包括以下三大类。

（1）工业险费率。工业险费率根据工业企业的产品和所使用的原材料以及生产过程中工艺处理的危险程度划分为六级费率，即金属冶炼类、五金制造修配类、棉纺织轻工业类、麻丝油蜡加工类、一般危险品化合生产类和特别危险品化合生产类。凡从事制造、修配、加工生产的工厂，按工业险费率收取保费。

（2）仓储险费率。仓储险费率根据仓储的用途、储存的物资及可能遭受损失的危险大小确定，凡商业、物资、供销各专业局，采购供应运输、批发部门以及储运单位专门储存大宗商品、物资的仓库、露堆、罩棚、油槽、储气柜、地窖、囤船等，均适用于仓储险费率，并按其危险程度不同，适用五个等级费率中的某一个，五个等级费率分别是：储存一般物资、储存危险品、特别危险品专储、金属材料专储、石油专储。

（3）普通险费率。普通险所承保的是不在上述范围内的其他法人团体火灾保险业务，其费率按被保险财产所在建筑物的占用性质等分为五级，凡公园、医院、学校、商店、火车站、码头、农场等单位投保均适用于普通险费率。

此外，对于特约附加责任，如附加水管爆裂意外险、附加商业盗窃险、附加橱窗玻璃意外险以及露堆财产保险等，应在投保财产保险基本险或财产保险综合险的基础上特约加保,并在主险费率的基础上按规定的附加费率加收保险费。

4. 保险责任范围的确定

在团体火灾保险经营实务中,不同险种的保险责任范围并不相同,如财产保险综合险承担较宽的保险责任范围,财产保险基本险承担较窄的保险责任范围。但概括起来,团体火灾保险的可保责任可分为下列几大类。

(1) 列明的自然灾害,如雷击、暴风、龙卷风、暴雨、洪水、地陷、突发性滑坡、雪灾、冰凌、泥石流等。

(2) 列明的意外事故,如火灾、爆炸、飞行物体或其他空中运行物体坠落等。

(3) 特别损失承担责任,如被保险人自有的供电、供水、供气设备因前述列明的保险责任遭受损害,引起停电、停水、停气而造成保险标的的直接损失等。保险人在承担该项责任时,要求同时具备下列三个条件:首先,必须是被保险人同时拥有全部或部分所有权和使用权的供电、供水、供气设备,包括企业自有设备和与其他单位共有的设备;其次,这种损失仅限于保险单列明的保险责任范围内的意外危险和自然灾害所造成的,如果是由规定的保险责任以外的危险、灾害或其他原因引起的"三停"事故对保险标的造成的损失,保险人不承担赔偿责任;最后,这种损失的对象必须是通过供电、供水和供气设备的正常运转才能保证财产正常存在的保险标的,如熔炼、冷凝、发酵、烘烤、蒸发等工作中需要通过"三供"设备进行操作的保险标的。

(4) 在发生保险事故时,为抢救财产或防止灾害蔓延,采取合理的、必要的措施而造成的保险标的损失。保险人在承担该项责任时,通常要求相关损失为在保险单列明的保险责任发生时,为了抢救保险标的或防止灾害蔓延而造成的保险标的的损失,对于在抢救保险标的或防止灾害蔓延时造成的非保险标的的损失,则不予赔偿。

(5) 发生保险事故时,为了减少保险标的的损失,被保险人对于保险标的采取施救、保护、整理措施而支出的合理费用。保险人在承担该项责任时,只对保险标的的施救费用负责。如果施救的财产中包括了非保险标的,或者无法分清保险标的与非保险标的,保险人可以按照被施救的保险标的占全部被施救标的的比例承担施救费用。

5. 赔偿的计算方法

团体火灾保险的赔偿采取分项计赔、比例赔偿的办法,即根据保险财产的不同种类,投保时按不同方法确定保险金额,采取的赔偿计算方法也不同。

(1) 固定资产的赔偿计算方法。如果发生保险责任范围内的损失属于全部损失,则无论被保险人以何种方式投保,都按保险金额予以赔偿;但如果受损财产的保险金额高于重置重建价值,那么其赔偿金额以重置重建价值为上限。

如果固定资产的损失是部分损失,那么其赔偿方式如下:按重置重建价值投保的财产,按实际损失计算赔偿金额;按账面原值投保的财产,如果受损财产的保险金额低于重置重建价值,应根据保险金额按财产损失程度或修复费用占重置重建价值的比例计算赔偿金额;如果受损保险财产的保险金额相当于或高于重置重建价值,按实际损失计算赔偿金额。以上固定资产赔偿应根据明细账、卡片账分项计算,其中每项固定资产的最高赔偿金额不能超过其投保时约定的保险金额。

（2）流动资产的赔偿计算方法。流动资产的赔偿计算方法有如下两种。第一种是按最近12个月账面平均余额投保的财产。发生全部损失，按出险当时的账面余额计算赔偿金额；发生部分损失，按实际损失计算赔偿金额。第二种是按最近账面余额投保的财产。发生全部损失，按保险金额赔偿，但受损财产的实际损失金额低于保险金额时，以不超过实际损失为上限；发生部分损失，在保险金额内按实际损失计算赔偿金额，如果受损财产的保险金额低于出险当时的账面余额，应当按比例计算赔偿金额。以上流动资产选择部分科目投保的，其最高赔偿金额以其投保时约定的该科目的保险金额为赔偿上限。

对已经摊销或不列入账面财产投保的财产损失，其赔偿计算方法如下：若全部损失，按保险金额赔偿，但受损财产的保险金额高于实际价值时，其赔偿金额以不超过实际损失金额为限；若部分损失，则按实际损失计算赔偿金额，但以不超过保险金额为限。

【案例分析6-1】

某企业投保财产保险基本险，载于保险合同的保险金额是200万元，其中房屋建筑物120万元，机器设备50万元，其他财产30万元。保险期间发生火灾，造成损失100万元，其中机器设备一项的损失即达到60万元。尽管经保险人查勘、审核后确认系保险事故所致，但对被保险人机器设备一项的损失赔偿最高仍然不得超过50万元。

【案例分析6-2】

某制革厂于2012年1月10日与甲保险公司签订了财产保险合同，将该厂自有的固定资产和流动资产全部投保，保险全额1000万元，保险费3万元，保险期限为1年，在投保单和保险单所附的财产明细表中均写明了投保的流动资产包括原材料和产品，存放在本厂仓库内，并在保险单所附的制革厂简图中标明了仓库、车间的位置。

2012年6月16日，制革厂与天津某公司签订了由该公司为制革厂代销合成内底革合同。制革厂于2012年7月两次共发货给该公司内底革2800件，合计50万元，该公司把货物存放在其所在地的一座仓库内。2012年8月5日，由于该公司所在地连续高温，引起该批内底革自燃（经公安部消防科学研究所鉴定）并全部烧毁。

火灾发生后，制革厂向保险公司索赔，保险公司以制革厂投保标的物被销售转移，保险项目变更、不属于赔偿范围为由，拒绝赔偿。制革厂遂诉至所在市中级人民法院。

经审理后，法院认为，根据《中华人民共和国保险法》的相关规定，保险标的如果变更用途或增加危险程度，投保方应通知保险方。在需要增加保险费时，应及时增加保险费，投保人如不履行此项义务因此引起事故造成损失的，保险人不负保险责任。

分析：

本案中制革厂将保险标的中的内底革让某公司代理销售，转移了存放地点，却没有通知保险公司。因此，保险公司不负赔偿责任。

三、家庭财产保险

（一）家庭财产保险及其基本特征

家庭财产保险是以城乡居民为保险对象的一种火灾保险。由于其投保人为个人且属于自愿投保，因此，家庭财产保险的承保率可以侧面反映一个国家或地区财产保险的发展水平，也体现了公众对危险保障选择的偏好。因此，家庭财产保险的快速发展会产生示范效应，促进其他财产保险险种的发展。

与团体火灾保险相对应，家庭财产保险作为另一类火灾保险业务在经营中呈现出以下特色。

（1）业务较分散，额小量大。城乡居民均是以家庭或个人为单位的，具有居住分散且物质财产积累有限的特点，每一户城乡居民家庭都是保险人的展业对象。因此，家庭财产保险业务是一种分散性业务，其单个保险单的承保额不高，但业务量较大。

（2）危险结构有特点。家庭财产面临的主要是火灾、盗窃等危险，这种危险结构与团体火灾保险存在较大的差异。因此，保险人需要有针对性地做好危险选择与防损工作。

（3）保险赔偿有特色。一方面，家庭财产保险的理赔案大多为小额、零星理赔案，需要保险人投入较多的人力来处理。另一方面，保险人对家庭财产保险的理赔一般采取有利于被保险人的第一危险赔偿方式。这种方式将被保险人的财产价值分为两部分：第一部分为保险金额部分，也是保险人应当负责的部分；第二部分为超过保险金额的部分，它由被保险人自己负责。凡保险金额内的损失全部由保险人负责赔偿。

（4）险种设计较灵活。家庭财产保险业务面向普通的城乡居民，为使险种具有吸引力，保险人不仅提供普通家庭财产保险，还会推出具有还本性质的家庭财产两全保险和家庭财产长效还本保险等。因此，家庭财产保险面向城乡居民的险种较多，选择余地较大。

（二）普通家庭财产保险

普通家庭财产保险是面向城乡居民家庭设计的基本险种，它承保居民存放在固定地址且处于相对静止状态的各种财产物资，凡属于被保险人所有的房屋及其附属设备、家具、家用电器、非机动交通工具及其他生活资料均可以作为家庭财产保险的投标标的，农村居民的农具工具、已收获的农副产品及个体劳动者的营业用器具、工具、原材料、商品等也可以投保家庭财产保险。经被保险人与保险人约定，并在保险单上写明属于被保险人代管和共管的上述财产，也属可保财产范围。但下列财产一般除外：①金银首饰、珠宝、有价证券、票证、邮票、古玩、字画、文件、账册、图表、家畜、花、树、鱼、鸟、盆景及其他无法鉴定价值的财产；②正处于紧急危险状态的财产；③用于生产经营的财产。

普通家庭财产保险的保险责任较为宽泛，包括火灾、爆炸、雪灾、洪水、海啸、地震、地陷、崖崩、龙卷风、冰凌、泥石流、雷电、冰雹、空中运行物体的坠落、建筑物和其他固定物体的倒塌，以及暴风或暴雨使房屋主要结构倒塌造成保险财产的实际损失，或者为防止灾害蔓延发生的施救、整理费用及其他合理费用，均由保险人负责赔偿。但保险人对于战争、军事行动或暴力行为，核辐射和污染，被保险人或有关人员的故意行为，电机、电器、电气设备因使用过度而超电压、碰线、孤花、走电、自身发热造成本身的损毁，存放于露天的保险财产以及用芦席、稻草、油毡、帆布等材料作为外墙、屋顶、屋架的简陋屋棚遭受暴风雨后的损失，以及虫蛀、鼠咬、霉烂、变质、家禽走失或死亡等，不负赔偿责任。

普通家庭财产保险的保险金额，由被保险人根据保险财产的实际价值自行确定，并分别列明相关的财产项目。保险费依照保险公司规定的家庭财产保险费率计算，被保险人在起保当天一次性缴清保险费。普通家庭财产保险的保险责任期限均为1年，从保险单生效日零时起至保险到期日24时止，期满可以续保。

（三）还本家庭财产保险

还本家庭财产保险是在普通家庭财产保险基础上派生出来的一种火灾保险，它也是面向城乡居民的一个基本险种。与普通家庭财产保险相比较，还本家庭财产保险在保险范围、保险责任、保险赔偿方式等方面均与普通家庭财产保险相似，但又具有如下几个特点。

（1）以保险客户储金所生利息抵充保险费。即被保险人在参加保险时，缴纳一笔保险储金而不直接缴纳保险费，这种储金的所有权属于被保险人，保险人则享有保险期间的使用权，可以用储金所生的利息作为保险费收入。因此，尽管该保险的保险费在实质上仍来源于保险客户，但这种缴费行为只能算间接缴费行为。

（2）期满退回保险储金。由于保险储金属于被保险人所有，当保险期满时，保险人无论是否赔偿过被保险人，也不论赔偿多少，均必须将保险储金全部退还被保险人。

（3）保险责任期限较长。还本家庭财产保险的保险期限较普通家庭财产的保险期限长，多为3年或5年。为了方便保险客户，一些保险人甚至推出了长效还本家庭财产保险，即只要被保险人到期不取回保险储金，即视为被保险人自愿续保，保险合同继续有效，保险人继续承担保险合同规定的危险责任。

（四）其他家庭财产保险

除普通家庭财产保险与还本家庭财产保险外，保险人通常还根据城乡居民的需要开办了其他专用险种，如家用电器保险、房屋保险、非机动交通工具保险等。

（五）附加盗窃险

盗窃是城乡居民面临的一项主要危险，但因其性质特殊，保险人一般不在基本险中承保，而是将其列为附加责任，由保险客户选择投保。由于多数城乡居民投保家庭财产保险时均会选择附加盗窃保险。所以，盗窃保险虽然是一项附加责任，却是家庭财产保险中的重要内容。只要加保了附加盗窃险，保险人就对存放于保险地址室内的保险财产因遭受外来的、有明显痕迹的盗窃损失负赔偿责任，其免责内容如下：被保险人及其家庭成员、服务人员、寄居人员的盗窃或纵容他人盗窃所致保险财产的损失。

> **【思政要点 6-2】**
>
> 在课程教学中，以"河南特大暴雨中水泡车的理赔案"为例，加强学生对家庭财产保险合同履行的理解，认同财产合同履行中的法治、平等、公正的原则，提升专业兴趣和职业能力。

> **【案例分析 6-3】**
>
> 刘某是一个音乐发烧友，家中有一套贵重的音响设备。某年3月，他为这套音响设备投保了家庭财产保险，保险期限为1年。半年后，刘某所在楼栋发生火灾，刘某在火灾中除将这套音响设备抢救出来外，家中其他财产全部被焚毁，损失达60万元。火灾过后，刘某来到保险公司索赔，遭到保险公司拒绝，理由是刘某只为这套音响设备投保了家庭财产保险，其他财产均未参保，而这套音响设备现在并没有损失。请问：保险公司完全拒赔是否合理？为什么？
>
> 分析：
>
> 保险公司完全拒赔是不合理的。原因在于刘某牺牲其他未保险财产的是为了保全保险财产，可以将其他未保险财产的损失视为抢救保险财产而支付的施救费用，被保险人为防止或减少保险标的损失所支付的必要的、合理的施救费用应由保险人承担。保险公司应该给予部分或全部赔偿，但赔偿金额应控制在刘某投保的保险金额限度内。

四、运输保险

（一）运输业与运输保险

运输保险是随着运输业的不断发展而产生并发展起来的一种财产保险业务。世界上最早的运输保险是海上保险，它也是整个保险业的真正起源。我国的民族保险业也是从运输保险开始的，清朝末年创办的仁济和保险公司即以承保当时轮船招商局的船舶与货物为主要业务。因此，保险业的发展是从运输保险开始的，而运输保险又是从船舶运输保险与货物保险开始的。

随着机动车辆的出现及迅速发展，机动车辆保险得以普及，并逐渐成为整个财产保险业务的重要组成部分。20世纪初期飞机的诞生与航空事业在全球的迅速发展，使财产保险的范围由海上保险、陆上保险，进一步延伸至空中保险。

因此，运输业的发展促进了运输保险的发展，而保险人提供了各种运输保险服务，同样促进了运输业的进一步发展。同时，运输保险与运输工具及商业贸易密不可分。运输业的发达程度通常决定着运输保险的发展水平，而运输保险的发展水平也对运输业的发展产生重要的影响。

(二) 运输保险的分类

运输保险按照保险标的不同，可以划分为运输工具保险与货物运输保险两大类，但在具体的业务经营中通常分为如下险种。

1. 机动车辆保险

它承保各种机动车辆在陆上营运中可能遭遇的自身损失危险及可能导致的第三者责任危险。机动车辆保险是运输工具保险的主要业务，也是整个财产保险的主要业务。它是我国财产保险体系中的第一大险种。

2. 船舶保险

它承保各种船舶在内河及海洋航行中可能遭遇的自身损失危险及其碰撞责任危险，是历史最悠久的保险业务之一。

3. 航空保险

它承保各种飞机在地面及空中运行过程中可能遭遇的自身损失危险及其他责任危险。

4. 货物运输保险

它的保险标的是处于运输中的各种货物，对其在运输过程中可能遭遇的保险损失负责赔偿。

此外，运输保险还包括其他一些险种，如摩托车保险、拖拉机保险等，这些险种在保险市场上多是作为独立的险种来经营的。

(三) 运输保险的基本特征

运输保险的基本特征包括。

（1）运输保险的保险标的是处于运行状态的，这是其最大特征。该特征决定了运输保险的危险结构也是动态的、广泛而复杂的，包括陆地上的各种危险、内河及海洋中的各种危险以及各种空中危险。

（2）运输保险标的的出险地点多在异地，相对增加了保险人的理赔难度，如飞机出事往往远离机场或在异地机场，船舶碰撞多发生在异地水域，货物出险多发生在运输途中。因此，这也对承保人的理赔技术与经验提出了挑战。

（3）运输意外事故的发生通常与保险双方之外的第三方有密切关系。例如：车辆、船舶受损大多是碰撞事故所致，碰撞方或被碰撞方即构成了保险双方之外的第三方；运输中的货物更是直接控制在承运人的手上，其在运输中遭受的损失大多与保险双方之外的承运人密切相关。可见，运输保险的实际关系相当复杂，对承保人而言，是一种有挑战性的保险业务。

(四) 机动车辆保险

1. 机动车辆保险及其特点

机动车辆保险是以机动车辆本身及其第三者责任等为保险标的的一种运输工具保

险，其保险客户是拥有各种机动交通工具的法人团体和个人，其保险标的主要是各种类型的汽车，也包括电车、电瓶车等专用车辆及摩托车等。

机动车辆保险产生于19世纪末，世界上最早签发的机动车辆保险单是1895年由英国一家保险公司签发的保险费为10～100英镑的汽车第三者责任保险单，同时在增加保险费的条件下可以加保汽车火险。第二次世界大战后，机动车辆保险的发展迅速。原因有两方面：一是汽车的普及使道路事故危险成为一种普遍性的社会危险；二是许多国家将包括汽车在内的各种机动车辆第三者责任列入强制保险的范围。因此，机动车辆保险在全球均是具有普遍意义的保险业务。

机动车辆保险的特征主要体现在如下三个方面。

（1）保险危险具有不确定性与难以预测性。机动车辆在陆上运行，流动性大且行程不固定。对保险人而言，无疑增加了危险事故与保险损失的不确定性和难以预测性。

（2）扩大了可保利益。只要是经被保险人允许的合格驾驶人员使用已保险的机动车辆，发生保险单约定的保险事故并造成第三者的财产损失或人身伤亡的，保险人均负赔偿责任。保险人在承担这项责任时，只要求驾驶人员是合格的、驾驶的机动车辆是已投保的且得到了被保险人的同意，而不要求其对机动车辆拥有所有权、占有权或管理权等，这实际上扩大了保险合同中的保险利益，同时也放大了保险责任。

（3）注重维护公众利益。机动车辆第三者责任保险作为一种与机动车辆密不可分的责任保险业务，在绝大多数国家均采用强制原则实施，因而是一种法定保险业务。各国对这种业务特殊对待，其出发点都是为了维护公众利益，即确保在道路交通事故中受害的一方能够得到有效的经济补偿。

2. 车辆损失保险

机动车辆保险的主要品种包括车辆损失保险（简称车身保险）与第三者责任保险，并在若干附加险的配合下，共同为保险客户提供多方面的危险保障服务。

车辆损失保险的保险标的是各种机动车辆的车身及其零部件、设备等。

车辆损失保险的保险责任包括碰撞责任与非碰撞责任，其中碰撞是指被保险车辆与外界物体的意外接触，如车辆与车辆、车辆与建筑物、车辆与电线杆或树木、车辆与行人、车辆与动物等碰撞，均属于碰撞责任范围之列。非碰撞责任则可以分为以下几类。①保险单上列明的各种自然灾害，如洪水、暴风、雷击、泥石流等；②保险单上列明的各种意外事故，如火灾、爆炸、空中运行物体的坠落等；③其他意外事故，如倾覆、冰陷、载运被保险车辆的渡船发生意外等。

在除外责任方面，保险人对战争、军事行动或暴乱等导致的损失，被保险人故意行为或违章行为导致的损失，被保险人车辆自身缺陷导致的损失，以及未履行相应的义务（如增加挂车而未事先征得保险人的同意等）的情形下出现的损失，均不负责赔偿。需要强调的是，机动车辆保险的保险责任范围不是一成不变的，例如2020年9月实施的车险综合改革，承保人将机动车全车盗抢、玻璃单独破碎、自燃、发动机涉水等六项保险责任并入车辆损失保险中。同时，随着新能源车保有量的不断增加，保险公司还开发了新能源汽车商业保险专属条款。

机动车辆损失保险采用不定值保险方式，保险金额按投保时被保险机动车的实际价值确定。投保时被保险机动车的实际价值由投保人与保险人根据投保时的新车购置价格减去折旧金额后的价格协商确定或参照其他市场公允价值协商确定。

> 👆【思政要点6-3】
>
> 　　结合汽车保险费率影响因素的教学，引导学生关注汽车价格、保险费率与汽车排量之间的关系，关注国家在提倡节能减排方面采取的政策措施，使学生明白国家提倡节能减排的重要意义，教育学生要有环保节能的意识，倡导低碳生活。

> 👆【思政要点6-4】
>
> 　　引导学生对比2020年下半年车险改革前后保险费率、赔付率、给付金额的变化情况，进而帮助其弄清车险改革的来龙去脉，在探索中体验车险领域的改革成果，明白知行合一的重要性。

3. 第三者责任保险

机动车辆第三者责任保险是承保被保险人或其允许的合格驾驶人员在使用被保险车辆时因发生意外事故导致的第三者的损害索赔危险的一种保险。第三者责任保险的主要目的在于维护公众的安全与利益，因此在实践中通常作为法定保险并强制实施。目前市场上同时存在机动车辆交通事故强制责任保险和商业机动车辆第三者责任保险。

机动车辆第三者责任保险的保险责任，即被保险人或其允许的合格驾驶人员在使用被保险车辆过程中发生意外事故，致使第三者人身或财产受到直接损毁时被保险人依法应当支付的赔偿金额。

机动车辆第三者责任保险的责任核定主要包括两点：一是直接损毁，是指现场财产损失和人身伤害，各种间接损失不属于保险人负责赔偿的范围；二是被保险人依法应当支付的补偿金额，保险人依照保险合同的规定进行赔偿。这里面需注意的是，被保险人的补偿金额并不一定等于保险人的赔偿金额，即保险人的赔偿必须扣除除外不保的责任或除外不保的损失。例如，被保险人所有或代管的财产、私有车辆的被保险人及其家庭成员以及他们所有或代管的财产、本车的驾驶人员及本车上的一切人员和财产在交通事故中的损失，均不在第三者责任保险负责赔偿之列。同时，被保险人的故意行为、驾驶人员酒后或无有效驾驶证开车等行为导致的第三者责任损失，保险人也不负责赔偿。

4. 附加险

机动车辆的附加险是机动车辆保险的重要组成部分。从我国现行的机动车辆保险条款看，主要有附加新增加设备损失险、附加车身划痕损失险、附加车轮单独损失险等，投保人可根据自己的需要选择加保。

【思政要点6-5】

在教学中,以交强险的发展变迁为例,突出党和政府执政为民的执政理念和责任担当,突出社会主义制度的优越性,培养学生爱国爱党的情感和对社会主义制度的认同感。

同时,通过交强险的理赔案例,让学生明白遵纪守法是公民应尽的社会责任和道德义务,培养学生的法律意识和社会公德意识。

【案例分析6-4】

曹某和李某系同一家公司的同事,某年十一假期相约拼车旅游,由曹某担任驾驶员,使用车辆为李某已投保交强险和商业第三者责任保险的一辆自用汽车。旅行途中曹某驾车突然失控,汽车撞上了路边一棵大树,李某遭受重伤。后经交警勘定曹某承担全部责任。李某的家属要求曹某赔偿医疗费和误工费等。曹某向保险公司索赔,保险公司是否应该赔偿?

分析:

无论是交强险还是商业第三者责任保险,针对的都是车上人员以外的其他第三者的人身伤害或财产损失。而李某属于车上人员,不属于此案中保险公司的承保责任范围。因此李某可以向曹某索赔,但曹某的保险公司不应当承担对李某的赔偿责任。

(五)船舶保险

1. 船舶保险及其适用范围

船舶保险起源于海上保险,是以各类船舶及其附属设备为保险标的的运输工具保险,各种水上装置如海洋石油开发中的钻井平台等也可以作为船舶保险的保险标的,但建造或修理中的船舶一般不能投保船舶保险。与其他运输工具的保险相比,船舶保险不仅承保船舶在整个保险期间的危险,而且保险人同时承担着船舶损失、碰撞责任和有关费用三类保障责任,加之船舶在水上运行,发生事故后无法保留现场以备查勘,因此,船舶保险业务经营和机动车辆保险业务相比,经营难度更大。

船舶保险的保险标的包括各类船舶及水上装置,其范围十分广泛。船舶按结构可分为铁壳船、木壳船、帆船、水泥船、玻璃钢船、气垫船等;按用途可分为客船、货船、油船、驳船、泵船、游船、液化气船等;按照有无机器动力可分为机动船、非机动船和机帆船等。

需要指出的是,此处的船舶保险被称为普通船舶保险,建造、修理或拆除中的船舶,试航的船舶,石油钻探船,失去航行能力的船舶以及从事捕捞作业的渔船,均不在承保范围之内。这类船舶(除失去航行能力的船舶外)可相应投保造船、修船、拆船、石油钻探船、渔船保险等。

2. 船舶保险的责任范围

船舶保险的责任范围较广，保险人承担的责任包括如下三类。

（1）船舶本身损失的赔偿责任。即由于八级及以上大风、洪水、海啸、崖崩、滑坡、泥石流、冰凌、雷击、水灾、爆炸、碰撞、搁浅、触礁、倾覆、沉没、船舶航行中失踪6个月以上等自然灾害、意外事故造成的保险船舶损失，由保险人根据保险合同的规定负赔偿责任。

（2）碰撞责任。凡是被保险机动船舶或其拖带的保险船舶和其他船舶、固定物体发生直接碰撞责任事故，致使被碰撞的船舶及所载货物或被碰撞的码头、港口设备、航标、桥墩等固定建筑物遭受损失并造成被碰撞船舶上的人员伤亡，依法应由被保险人承担的赔偿责任，保险人可按照保险合同的规定予以补偿。

（3）有关费用。对于共同海损分摊费用、海难中的救助费用和海损事故中发生的施救费用等，保险人均应按照船舶保险合同的规定予以赔偿或损失补偿。

保险人不承担由于下列原因造成的被保险船舶的经济损失或赔偿责任：战争、军事行动和政府征用导致的损失；不具备适航条件而航行导致的损失；被保险人及其代表的故意行为引起的损失；超载、浪损、搁浅引起的事故损失；船体和机件的正常维修费用和自然磨损、锈蚀、机器本身发生的故障，以及一切间接损失、清理航道和污染费用等，均不属于船舶保险负责赔偿的范围。

3. 保险金额与保险费率

船舶保险的保险金额的确定依据有如下三种：

（1）按照新船的市场价格或出厂价格确定保险金额。除新船外，使用年限不久（如5年以内的钢质船舶和3年以内的木质船舶）的船舶也可按照此方式确定保险金额。

（2）按照旧船的实际价值确定保险金额。在此，船舶的使用年限、新旧程度、船舶结构和用途均对保险金额的确定产生影响。

（3）保险双方协商确定保险金额。船舶保险费率的厘定原则与团体火灾保险有某些相似之处，即采用类别级差费率制。保险人一般根据航行水域的危险程度大小和损失率的高低进行分类确定。例如，我国保险界就将所有水域划分为沿海和内河两部分，分别制定相应的费率，再将内河分为急流、半急流和平流，分别制定不同等级的费率标准。概括起来，船舶保险的费率制定一般应考虑以下因素：船舶的种类与结构、船舶的新旧程度、船舶航行区域、船舶的使用性质、船舶所有人的经营管理素质和技术水平等，同时适当参照国际船舶保险市场的费率标准。

4. 船舶保险的赔偿

船舶保险的赔偿处理因为通常可能涉及碰撞责任，需要以海损事故赔偿的基本原则作为基础。而在船舶海损事故的处理中，其基本原则包括按过失责任赔偿、赔偿按货币结算和支付、赔偿仅限于直接经济损失三项。保险人的赔偿包括以下三项。

（1）船舶损失赔偿。即赔偿被保险船舶在海损事故中遭受的全部损失或部分损失。只要每次赔款达不到保险金额，保险人就应连续承担和履行赔偿责任，而且每次均以保险金额为限，所赔金额不在保险金额中予以扣除。如果一次赔偿额达到了保险金额，则意味着保险人履行了全部义务，保险合同终止。

（2）费用损失赔偿。包括共同海损公摊费用、救助费用以及合理的施救费用在内的费用损失，保险人均应给予赔偿，但以不超过保险金额为限，且要与船舶本身的赔偿分别算。

（3）碰撞责任赔偿。即对被保险人依法应负的碰撞责任赔偿，保险人在保险金额限度内给予补偿。此种赔偿的处理类似于机动车辆保险中的第三者责任保险。

由此可见，船舶保险的保险金额实际上适用于三个方面，即碰撞责任，共同海损、救助和施救费用，以及船舶本身的损失，每次事故的最高赔偿额均以保险船舶的保险金额为限。对于由第三方导致的被保险船舶的损失，保险人可以行使代位追偿权。

（六）航空保险

1. 航空保险及其特点

航空保险是以飞机及与其有关的法律责任危险等为保险标的的一种运输保险，它通常由若干可以独立承保的基本险和附加险构成。如英国的航空基本险有飞机机身险、第三者责任险、旅客法定责任险、机场责任险、产品责任险、机组人员人身意外险、丧失执照险、飞机表演责任险和塔台指挥人员责任险等，因此，航空保险实质上是一类以飞机为中心展开的保险业务的统称。在我国，航空保险的基本险包含飞机机身险、第三者责任险和旅客法定责任险三种，但航空公司在投保上述基本险的同时，还可以加保承运货物责任险、战争与劫持险等。

航空保险的基本特征主要体现在以下两个方面。

（1）危险分布具有时效性。航空危险发生率最高的时段是起飞和着陆阶段。

（2）航空保险的标的价值高，损失危险大。这项特征决定了保险公司对航空保险业务需要采取集团共保的方式或再保险的方式来分散危险。

在英国和美国，航空保险业务都是走集团共保的发展道路。

2. 飞机机身险

飞机机身险是航空保险领域的主要险种，它承保飞机本身在飞行或滑行及在地面时因意外事故造成的损失或损坏。如飞机因坠落、碰撞、失火、灭失、失踪等造成全损或部分损失，以及清除残骸等费用，都由保险人负责赔偿。

保险人在承保机身险时，对保险责任通常采用条款列举法进行列举说明。国外的航空保险单将飞机损失分为飞行、滑行、地面和停航四个阶段，保险责任范围分为包括地面及飞行在内的一切险、不包括飞行在内的一切险、不包括飞行和滑行在内的一切险三种。一切险的责任范围包括因火灾、雷击、爆炸、碰撞、风暴、偷窃等原因造成的损失。不过，对因战争、敌对行为或武装冲突、被劫持或被第三者破坏等原因造成的飞机机身损失，以及飞机不符合适航条件而飞行、被保险人故意行为导致的损失和飞机任何部件的自然磨损、制造及机械缺陷、飞机受损后所产生的各种间接损失和费用，保险人不负赔偿责任。

在保险金额方面，机身险采用定值保险的方式。为控制危险，保险人在实务经营中往往采取两种办法：一是采用分摊条款，即对部分损失的赔偿加以限制，如损失外壳的赔偿不超过保额的40%等；二是对费率进行调整，机身险的保险费率主要根据历年的损失率，对不同型号的飞机使用不同的费率，如国内航线飞行的机身险费率，喷气式飞机为1.5%，螺旋桨式飞机为2.5%，直升机为5%。此外，由于飞机在飞行中的危险要大于地面危险，因此当飞机进行正常维修或连续停航超过规定时间时，还有退费的规定。如果所保飞机全年未发生赔款，可退回全年保险费的25%；如果虽然发生赔款，但赔款低于保险费的30%，可退回全年保险费的15%；如果赔款已逾（已达到）保险费的30%，则不退费。

3. 第三者责任保险

飞机第三者责任保险在性质上与机动车辆第三者责任保险是一致的，主要承保飞机营运中由于坠落或因机上坠人、坠物而造成第三者的人身伤亡或财产损失，应由被保险人承担的赔偿责任。但由被保险人支付工资的机内、机场工作人员，以及被保险飞机上的乘客的人身伤亡或财产损失，保险人不负责赔偿或者不能在此险种内赔偿。由于航空事故第三者造成的人身伤亡或财产损失往往无法预料，如飞机坠毁在化工厂或油库所在地时可能造成数以亿元的直接经济损失，而保险人又不能承担无限责任，因此，保险人一般规定一个赔偿限额作为承担第三者责任的最高赔偿限额。

4. 旅客责任保险

旅客责任保险是以航空旅客为保险对象的一种航空责任保险业务，凡航空公司在营运过程中造成乘客人身伤亡和行李损失且依法应负的经济赔偿责任，由承保人负责补偿。

此外，还有承运货物责任保险、飞机战争劫持保险等业务。

> **【案例分析6-5】**
>
> 2000年6月22日15时16分，武汉航空公司一架机号为B3479的国产七型小型客机从湖北恩施飞往武汉，在汉阳永丰乡四台村汉水边失事，4名机组人员和38名乘客全部遇难，同时将岸边一泵船撞入水中，船上7名正在作业的工人也同时遇难。
>
> 武汉航空公司于2000年3月15日为该飞机在太平洋保险公司武汉分公司投保2000万元的机身险和5000万元的第三者责任险及每一座位7万元的乘客法定责任险，总计保险金额为7550万元，保险期限为1年。另外武汉航空公司于2000年4月在中国人民保险公司湖北分公司的国际部投保了雇主责任险，遇难的38名乘客中有20名投保了中国人寿保险公司的航意险。
>
> 事故发生后，武汉航空公司立即通知了各保险公司，经过现场勘查，认定此次事故属于保险责任范围，保险公司分别进行了相应赔付。其中雇主责任险共赔付97.2万元，航意险赔付400万元，机身险、第三者责任险及每一座位7万元的乘客法定责任险也都相应予以赔付。

(七)货物运输保险

1. 货物运输保险及其特点

货物运输保险是以运输中的各种货物为保险标的的一种运输保险。无论是对外贸易还是国内贸易，商品从生产者到消费者手中，都要经过相应的运输过程，即只有通过相应的运输工具才能将货物由卖方交到买方手中，而在装卸、运输过程中，各种自然灾害和意外事故会对货物的安全构成威胁，并极易导致货主的经济损失。因此，为运输中的货物提供保险显得十分必要，它不仅能够保障货主的经济利益，而且有利于商品交易和运输业的正常发展。

货物运输保险的特点主要表现在以下三个方面。

（1）承保标的具有流动性。即货物运输保险所承保的货物是处于流动或运行状态的，货物不受固定地点的限制，出险也往往在保险合同签订地之外，保险人通常需要建立异地代理检验或理赔制度才能经营此类保险业务。

（2）保险合同可以背书转让。货物运输保险合同可以随着货物所有权的转移而自由转移，即它在实践中往往被看成提货单的附属物，随着提货单的转移而转移，不需要保险人事先同意。这是货物运输保险中特有的现象。

（3）保险期限具有航程性。即货物运输保险通常不是采取一年期的定期制，而是采用航程保险单，即以通常所说的"仓至仓条款"作为确定货物运输保险责任期限的依据，它一般规定保险人的责任起讫以约定的运输航程为准，从起运地的仓库到目的地的仓库整个运输过程即为一个保险责任期限。

此外，货物运输保险中承运人的影响大，这也是其他保险业务所不具有的一个特征。一方面，承运人是承担货物运输任务的人，其对货物安全运抵目的地负有直接责任，任何货物发生货损都离不开向承运人进行调查取证的过程，因而需要承运人的密切配合；另一方面，许多货物损失案件事实上与承运人的行为有关，需要向承运人追偿。

2. 货物运输保险分类

按照不同的依据，对货物运输保险业务可以进行不同的分类，大体上包括如下几种。

（1）根据货物运输是否超越国境，货物运输保险可以分为国际或涉外货物运输保险和国内货物运输保险。前者是指货物运输的起运地或目的地之一在国外，甚至两者均是在国外的保险业务，它属于国际贸易与国际运输范围；后者是指货物运输的区域没有超越国境的保险业务，属于国内贸易范围。

（2）按照运输工具，货物运输保险可以分为航空货物运输保险、水路货物运输保险、陆上货物运输保险以及联运险。其中联运险是指需要使用两种及两种以上的主要运输工具的货物运输保险。

（3）按照保险承担责任的方式，货物运输保险可以分为货物运输基本险、货物运输综合险、货物运输一切险，以及附加险，其中基本险、综合险、一切险可以单独承保，而附加险则必须附加在基本险、综合险或一切险之上。

在国际上，货物运输保险通常分为海洋货物运输保险、陆上货物运输保险、航空货物运输保险和邮包险等险种。其中邮包险专门承保邮局递运的涉外货物，它通常需要兼顾海、陆、空三种运输工具的责任，可进一步分为邮包基本险和邮包一切险。

3. 保险金额与保险费率

货物运输保险的保险金额，采取定值保险方式，并通常按如下三种价格标准择一确定。

（1）离岸价。即以起运地发票价加装船前的一切费用作为保险金额。

（2）成本加运费价。即以起运地货物本身的价格加运费作为保险金额，与离岸价相比增加了运费。

（3）到岸价。即以起运地货物本身的价格加运费再加保险费作为保险金额。

在上述三种价格条件中，到岸价是保障最为充分的价格条件。如果采取到岸价成交，则货物运输保险由卖方办理并承担保险费，如果采取前两种价格条件成交，则保险手续由买方办理并承担保险费。在我国，保险人确定货物运输保险的保险金额时通常是在起运地成本价、目的地成本价和目的地市场价中择一而定。

在厘定货物运输保险的保险费率时，保险人通常考虑下列因素。

（1）货物运输方式。货物运输方式分为直达运输、联运、集装箱运输等。其中，联运是指同一种标的需要采取两种或两种以上的主要运输工具才能从起运地运到目的地的运输方式。

（2）选用的运输工具。运输工具包括船舶、火车、汽车、飞机等，不同的运输工具客观上存在不同的运输危险。

（3）货物的性质与包装。货物性质的差异决定了货物自身的易损程度和危险大小，如玻璃易碎、烟花爆竹易爆易燃等。同时，包装的好坏也影响运输中的易损程度和危险大小。保险人一般将各种货物按易损程度分为一般货物、一般易损货物、易损货物、特别易损货物四大类，并据此制定相应的级差费率。易损程度越高，保险费率就越高。

4. 保险责任范围

货物运输保险的责任范围比较复杂，但保险人承担责任的方式大体上可以概括为基本险、综合险、一切险和附加险四类。

（1）基本险。在货物运输基本险中，保险人承担的保险责任范围包括保险单上列明的各种自然灾害，火灾、爆炸，运输工具发生意外事故，装卸或转载过程中由不属于包装不善或装卸人违反操作规程等原因导致的损失，以及共同海损分摊费用、合理的施救费用等。上述损失与费用由保险人在保险金额限度内负责赔偿。

（2）综合险。在货物运输综合险中，保险人承担的责任范围较基本险更宽，除承担基本险中的保险责任外，还承担如下保险责任。

1）因受震动、碰撞、挤压而造成破碎、弯曲、凹瘪、折断、开裂或包装破裂致使货物散失的损失。

2）液体货物因受震动、碰撞或挤压致使所用容器（包括封口）损坏而渗漏的损失，或用液体保藏的货物因液体渗漏而造成保藏货物腐烂变质的损失。

3）遭受盗窃或因承运人责任造成的整件提货不着的损失。

4）符合安全运输规定而遭受雨淋所致的损失。

5）因铁路承运人责任致使保险货物发生灭失、短少、污染、变质、损坏的损失。

但承保综合险不等于承保了运输过程中所发生的所有危险。对于下列原因造成的货物损失，保险人不负赔偿责任：①战争或其他军事行动；②核污染等事件或核爆炸；③保险货物本身的缺陷、自然损耗，以及货物包装不善；④被保险人的故意行为或过失；⑤全程是公路货物运输的，盗窃和整件提货不着的损失；⑥其他不属于保险责任范围内的损失。

（3）一切险。一切险是货物运输保险中保险人承担责任范围最广的一种保险，保险人不仅对基本险中的保险责任完全负责，而且对被保险货物在海、陆、空运输过程中因各种外来原因造成的损失，不论全部还是部分损失，都负责赔偿。一切险包括偷窃及提货不着险、淡水雨淋险、短量险、混杂沾污险、渗漏险、碰撞破碎险、串味险、受潮受热险、钩损险、包装破裂险、锈损险 11 种附加险，即只要投保了一切险，上述 11 种附加险就全部投保了。投保人也可根据货物性质和运输特点单独选择一种或数种附加险投保。

（4）附加险。由于货物种类繁多，性质各异，基本险与综合险均不可能完全满足各种保险客户对危险损失转嫁的需要。因此，保险人通常设立多种附加险供投保人选择，每一份货物运输保险合同的签发，几乎都是一个基本险或综合险与若干附加险的组合。因此，货物运输保险中的附加险十分发达，附加险构成了货物运输保险承保责任的重要组成部分。

附加险包括以下几类。

1）集合附加险。即一切险中已经包括的 11 种附加险。

2）单独附加险。如国内货物运输保险中就设立了提货不着险、破碎渗漏险、包装破裂险、电视机破碎险等，保险客户可以根据需要选择投保。

3）特别附加险。如海洋运输货物的特别附加险有交货不到险、进口关税险、舱面险、拒收险、黄曲霉素险等，需要经过特别约定保险人才会承保。

> **【案例分析 6-6】**
>
> 我国某纺织品公司向荷兰出口坯布 100 包，该公司按合同规定投保水渍险，货在海运途中因舱内食用水管破裂，致使该批坯布中 30 包浸有水渍，但保险公司拒绝赔偿，为什么？
>
> **分析：**
>
> 因为该公司投保的是水渍险，水渍险只对自然灾害和意外事故所造成的损失负责，而舱内食用水管破裂属于一般外来风险，不在水渍险的承保责任范围内。所以本案例中该纺织品公司不能向保险公司索赔，但可凭清洁提单向船舶公司进行索赔。

五、工程保险

(一) 工程保险概述

工程保险是指以各种工程项目为主要承保标的的财产保险。它是适应现代工程技术和建筑业的发展,由火灾保险、意外伤害保险及责任保险等演变而成的一类综合性财产保险,它承保一切工程项目在工程期间乃至工程结束以后的一定时期内的一切意外损失和损失赔偿责任。一般而言,传统的工程保险仅指建筑、安装及船舶建造工程项目的保险。然而,进入20世纪以来,尤其是第二次世界大战后,许多科技工程活动获得了迅速发展,又逐渐形成了科技工程项目保险。因此,建筑工程保险、安装工程保险、科技工程保险构成了工程保险的三大业务。

在保险业务经营中,工程保险的特点主要表现在以下几方面。

(1) 承保范围宽。传统的财产保险只承保保险财产的意外损失赔偿责任,对与保险财产有关的财产物资和利益却不予承保;而工程保险不仅承保工程项目本身,而且承保与此有关的建筑、安装机器设备、原材料及责任损失和人身伤亡等。因此,投保人投保工程保险,即能获得全面的危险保障。

(2) 保险危险大。普通财产保险一般只承保保险单上列明的少数危险,对于保险责任之外的一切危险,保险人是不负赔偿责任的;而工程保险大多承保被保险人的一切意外损失。在许多被冠名"一切险"的险种中,保险人承担的危险责任也基本上是除了保单列明的除外责任的一切危险责任。

(3) 扩大了投保人或被保险人的范围。在其他财产保险中,投保人是单个的法人或自然人,并在保险人签发保险单后即成为被保险人;而在工程保险中,对同一个项目具有经济利害关系的各方均具有可保利益,均具备对该工程项目的投保资格,并且均能成为该工程保险中的被保险人,均受保险合同及交叉责任条款的规范和制约。

(4) 不同工程保险的内容有交叉。在建筑工程保险中,通常包含着安装工程项目,如房屋建筑中的供电、供水设备安装等;在安装工程保险中,也往往包含着建筑工程项目,如安装大型机器设备就需要打基座等;在科技工程保险中,往往包含着建筑、安装工程项目。因此,这类业务虽有险种差异、相互独立,但内容多有交叉,在经营上也有相通性。

(5) 采用工期保险单或分阶段承保。建筑安装工程保险采用的是工期保险单,其保险责任期限均是从工程动工之日起,到工程竣工验收合格为止;科技工程保险则多是采取分阶段承保的办法。这与其他财产保险业务采用一年期定期保险单或一次性航程保险单有明显的差异。

(二) 建筑工程保险

1. 建筑工程保险与交叉责任

建筑工程保险是指以各类民用、工业用和公共事业用的建筑工程项目为承保对象的工程保险,保险人承担着对被保险人在工程建筑过程中因自然灾害和意外事故引起的一切损失的经济赔偿责任。它适用于房屋建筑物、道路、水坝、桥梁、港埠以及各种市政工程项目的建筑，上述工程在建筑过程中的各种意外危险均可通过投保建筑工程保险而得到转嫁。

在建筑工程项目中，与其存在经济利害关系的不止一方，因此，建筑工程保险不仅适用于工程所有人，还适用于其他有关各方，如施工单位（包括主承包人和分承包人）、工程技术监督单位（包括工程设计人、建筑师等），以及建筑工程的贷款银行或债权方，均可成为建筑工程保险中的被保险人。因此，与其他保险进行区别，建筑工程保险的重要特点就是可以在一张保险单上对所有与保险项目有关的各方均提供所需的危险保障。由于建筑工程保险的被保险人不止一个，而且每个被保险人各有其本身的权益和责任需要向保险人投保，为避免有关各方相互之间追偿责任，大部分建筑工程保险单都加贴共保交叉责任条款，这一条款的基本内容就是各个被保险人之间发生的相互责任事故造成的损失均可由保险人负责赔偿，不需要根据各自的责任相互进行追偿。

2. 建筑工程保险的承保项目

建筑工程的主体无疑是建筑项目本身，但建筑工程保险的承保范围往往涉及与工程项目本身有关的财产物资和利益。因此，建筑工程保险可承保的项目包括下列各项。

（1）建筑施工合同中规定的建筑工程，包括永久工程、临时工程以及工地上的物料。以大型旅馆建筑为例，承保项目包括建筑物主体、建筑物内装修设备、与建筑物配套的道路和桥梁、水电设施等。它们是建筑工程保险的主要承保项目。

（2）建筑用的机器设备，包括施工用的各种机器如起重机、打桩机、铲车、推土机、汽车，各种设备如水泥搅拌设备、临时供水及供电设备、传送装置、脚手架等。

（3）工地上原有的财产物资，包括工程所有人或承包人在工地上的房屋建筑物及其他财产物资。

（4）安装工程项目，即建筑工程项目中需要进行机器设备或其他设施安装的项目，如旅馆大楼内的电梯及发电、取暖、空调等机器设备的安装。

（5）损害赔偿责任，即建筑过程中因意外事故导致他人受到损害并依法应承担的损害赔偿责任。它虽然是责任保险中的承保对象，但也可作为建筑工程保险项目之一由保险人承保。

3. 建筑工程保险的责任范围

建筑工程保险的责任范围相当广泛，概括起来有以下几类。

（1）协议列明的自然灾害，主要包括雷电、水灾、暴雨、地陷、冰雹等。地震与洪水由于其危险性大，一旦发生，往往会造成重大损失。国际保险界一般将其列入特约可保责任另行协议加保，即将其排除在基本保险责任之外，或者虽然列入基本责任范围，但另行规定赔偿限额，以便对这类巨灾危险加以适当控制。

（2）列明的意外事故，主要包括火灾、爆炸、空中运行物体坠落、工作人员在施工中的过失造成的意外以及原材料缺陷等引起的意外事故。

（3）盗窃及清理保险事故现场所需费用。也有保险人对此类危险另行承保的情况。

（4）第三者责任。

（5）在建筑工程一切险中，未列入除外责任且不在上述危险责任范围内的其他危险。建筑工程保险的除外责任，除了财产保险中的例行除外责任，如被保险人的故意行为、战争、罢工、核污染，一般还有下列除外责任：一是错误设计引起的损失、费用或责任，其责任者在设计方，应由直接责任者负责；二是原材料缺陷，如置换、修理或矫正所支付的费用以及工艺不善造成的本身损失；三是保险标的的自然磨损和消耗；四是各种违约后果，如罚金、耽误损失等；五是其他除外责任，如文件、账簿、票据、货币及有价证券、图表资料等的损失。建筑工程保险的保险责任期限，一般采用工期保险单，即以工期的长短作为确定保险责任期限的依据，由保险人承保从开工之日起到竣工验收合格的全过程。但对大型、综合性建筑工程，由于各子工程是分期施工的，应分项列明保险责任起讫。

4. 建筑工程保险的责任限额与保险费率

建筑工程保险的责任限额是指保险人承保的危险损失补偿限额，包括以建筑工程中财产物资为保险标的而确定的保险金额、以第三者责任危险为保险标的的赔偿限额，以及根据保险双方协商确定的免赔额。

建筑工程保险的保险金额按不同的承保项目分项确定。其中建筑工程本身一般以该工程的总造价为保险金额，包括设计费、材料设备费、施工费、运杂费、税款及保险费等项。考虑到施工期间多种因素的变化，如原材料价格的涨跌等，保险人一般让投保人根据计划价格投保，待工程完毕后再按实际造价对保险金额予以调整；其他承保项目的保险金额则以投保标的的实际价值或重置价值为依据由保险双方协商确定。此外，因地震、洪水等特约灾害造成的损失，保险人一般还会另行规定赔偿限额，按保险金额的一定比例（如80%）计算。

在赔偿限额方面，一般对第三者的财产损失和人身伤亡分项确定赔偿限额，并按每次事故、整个保险期间的危险情况确定累计赔偿限额。在免赔额方面，保险人一般根据工程本身的危险程度、工地上的自然地理条件、工期长短、保险金额的高低以及不同的承保项目等因素与被保险人协商确定。在建筑工程保险市场上，合同工程承保项目的免赔额一般为该工程项目保险金额的0.5%~2%；机器设备项目的免赔额一般为保险金额的5%左右；有的保险人对地震、洪水等造成的损失还会规定单独的免赔额。

建筑工程保险的保险费率通常要综合考虑保险责任的大小、保险标的本身的危险程度、承包人的技术水平和管理水平、承包人及工程其他关系方的资信情况、保险金额与赔偿限额及免赔额的高低等因素。在综合考虑上述因素的基础上，再结合以往承保同类业务的赔付情况，保险人就可以制定出比较合理的费率标准。值得指出的是，由于保险金额要在工程完毕后才能真正确定，保险费的计收方式是在订立合同时预收，期满时多退少补。

（三）安装工程保险

1. 安装工程保险及其特点

安装工程保险是指以各种大型机器设备的安装工程项目为承保对象的工程保险，保险人承担着对被保险人在机器设备安装过程中及试车考核期间的一切意外损失的经济赔偿责任。

安装工程保险的特点主要体现在以下几个方面。

（1）以安装项目为主要承保对象。各种大型机器设备是基本的保险标的。

（2）承保的危险主要是人为危险。在安装工程施工过程中，机器设备本身的质量，安装者的技术水平、责任心，安装中的电、水、气供应以及施工设备、施工方式方法等均是导致危险发生的主要因素。因此，安装工程虽然也面临自然危险，保险人也承保多项自然危险，但与人为因素有关的危险却是该险种中的主要危险。

（3）安装工程在试车、考核和保证阶段危险最大。在安装工程保险中，危险并非平均分布，而是集中在最后阶段，即机器设备只要未正式运转，许多危险事故就不易发生。虽然危险事故的发生与整个安装过程有关，但只有到安装完毕后的试车、考核和保证阶段各种问题及施工中的缺陷才会充分暴露出来。因此，安装工程事故也大多发生在安装完毕后的试车、考核和保证阶段，这是承保人应充分注意的。

2. 安装工程保险的基本内容

安装工程保险的承保实务与建筑工程保险有相通之处，但在承保项目等方面仍然有自己独特的内容。安装工程保险的承保项目主要是安装的机器设备及其安装费，凡属安装工程合同内要安装的机器、设备、装置、物料、基础工程（如地基、座基等）以及安装工程所需的各种临时设施（如临时供水、供电、通信设备等）均包括在内；此外，为完成安装工程而使用的机器、设备等，为工程服务的土木建筑工程以及工地上的其他财物、保险事故发生后的场地清理费等均可作为附加项目予以承保。

安装工程保险的第三者责任保险与建筑工程保险的第三者责任保险相似，既可以作为基本保险责任，也可作为附加或扩展保险责任。

【思政要点6-6】

在教学中，通过引入一些工程事故的案例，加强学生对生命安全的重视，认识到安全第一、珍视生命的重要性，也能进一步强化学生对工程保险、责任保险等财产保险的意义和价值的理解。

（四）科技工程保险

1. 科技工程保险及危险控制

科技工程保险与建筑工程保险、安装工程保险有许多相似之处，但这类保险业务的专业性更强、危险性更大，且与现代科学技术的研究和应用有直接关系，因此，它不能被一般建筑工程和安装工程保险涵盖。

由于科技工程具有极其危险的特点，加之其深受多种因素的影响与制约，无论人们采取多么严密的防范措施，都不可能完全避免科技工程事故的发生，一旦发生灾祸，其损失往往以数亿元甚至数百亿元计，因此，世界各国尤其是发达国家的科技工程无一不以保险作为转嫁危险损失的工具和后盾。

在财产保险市场上,保险人承保的科技工程保险业务主要有海洋石油开发保险、船舶工程保险、核能工程保险等,其共同特点就是高额投资、价值昂贵且分阶段进行,保险人既可按工程的不同阶段承保,又可连续承保,这与建筑工程保险、安装工程保险有许多相似之处。

从保险人的角度出发,开展科技工程保险业务是为了开拓新的业务与市场、为科技进步与社会经济的发展服务,但承保科技工程与承保建筑工程和安装工程相比,危险性更大。因此,保险人在经营中须对承保危险加以控制,措施通常包括:一是注意选择危险,限制责任,对政治危险、社会危险及被保险人的故意行为或重大过失不予承保,同时运用赔偿限额与免赔额来限制保险人承担的危险责任;二是运用义务条款,实施外部监督,促进被保险人对科技工程危险的控制;三是充分运用集团共保和再保险手段,将科技工程危险在更大范围内分散和消化;四是建立健全科技工程保险承保、防灾防损制度,重视有关专业人才的蓄积和有关科技工程知识的培训,确保承保质量高,防灾防损有效。尽管科技工程保险中的危险极高,但保险人通过采取上述措施,总体上保证了各种科技工程保险业务的持续发展。

2. 海洋石油开发保险

海洋石油开发保险具有技术性强、条款复杂、险种繁多的特点。它要求承保人具有较高素质,既要有一定的石油开发危险管理知识,又要具备一定的法律常识;既要有比较扎实的海上保险经验,又要掌握非水险业务的专门技术。

海洋石油开发投保事宜,按国际惯例是由承包或租赁合同(如勘探合同、钻井合同、石油合同)规定的。即合同中均有保险条款,一般直接涉及作业者应投保什么险种及向谁投保等问题。因此,保险人可根据上述合同中的保险条款规定与投保人具体洽谈保险事宜。

保险人在承保这类业务时,一般承担着财产、物资、额外费用等各种损失补偿责任,同时根据石油开发的不同阶段为投保人提供不同的保险服务,即承保具有阶段性。

此外,海洋石油开发保险必须办理分保以分散危险,防止财务危机。例如,1965年墨西哥湾的台风袭击了美国石油公司,导致伦敦石油保险市场的承保人损失了1亿多美元,而当时全世界的海洋石油开发保险的保险费收入才1500万美元,可见,海洋石油开发保险业务具有巨大的风险。在经营中,保险人可以根据投保人的需要提供多种保险服务。以中国人民保险公司的经营为例,其为海洋石油开发工业提供的险种有钻井船一切险、钻井平台一切险、平台钻机一切险、井喷控制费用保险、渗漏污染保险、油管铺设一切险、海上石油开发工程建造险、雇主责任保险等许多项。

在海洋石油开发保险经营中,保险人一般是分阶段提供保险服务的。其中,在普查勘探阶段,保险人主要提供勘探作业工具保险和勘探作业人员的人身伤亡保险;在钻探阶段,保险人主要提供钻井设备保险,各种辅助工具保险,控制井喷费用、重钻费用、控制污染及清理费用保险,油污责任保险,第三者责任保险以及钻井人员人身伤亡(雇主责任)保险等;在建设阶段,除继续提供钻探阶段的各类保险外,一般还需要提供平台建筑、安装工程保险，油管铺设保险，以及运油船舶保险和产品责任保险等；在生产阶段，除继续提供前面的险种外，还会增加各种建筑、海上平台、设备、油钻、油库的财产保险，特别是火灾保险，以及生产作业中的其他保险等。

3. 航天工程保险

航天工程保险是指为航天产品，包括卫星、航天飞机、运载火箭等在发射前的制造、运输、安装和发射时以及发射后的轨道运行、使用寿命提供保险保障的综合性财产保险业务。在国际保险市场上，它也被称为一揽子保险。按照保险期限的起讫，它分为以下三种（既可单独投保，又可一揽子投保）形式。

（1）发射前保险。这是对卫星、航天飞机及其他航天产品、运载火箭在制造、试验、运输及安装过程中所遭受的意外损失提供保障的保险，它以在产到制成及运输、安装中的航天产品为保险标的，承担一切意外危险。

（2）发射保险。这是对从运载器点火开始到发射后一定时间（通常为半年）为止的期间发射失败提供保障的保险，是航天工程保险的主要形式。发射保险承保发射时的意外事故和发射后的太空危险。

（3）寿命保险。这是对卫星及其他人造天体发射成功后到某一规定时间（通常为3年）内因太空危险或自身原因造成其坠毁或不能按时收回或失去作用造成的损失责任提供保障的保险。一般而言，针对通信、广播、气象、导航及地球资源卫星的这一规定时间为1～2年，最长的不超过10年。

航天工程保险的保险金额，一般分阶段确定：发射前保险以制装总成本为依据确定保险金额；发射保险以航天产品价值及发射费用为依据确定保险金额；寿命保险以工作效能为依据确定保险金额。由于航天工程保险所承保的危险具有极大的不确定性，且一旦发生造成的损失巨大，其保险费率也高于其他财产或工程保险费率。保险人在确定费率时，主要考虑航天产品的质量、航天工程的损失率及其他危险。

4. 核能工程保险

核能工程保险是指以核能工程项目为保险标的的科技工程保险。保险人承保核能工程中的各种核事故和核责任危险。它是随着现代原子能技术的发展和各国对原子能和平用途的研究与应用而逐渐发展起来的新型保险业务。1956年，英国率先成立了核能保险委员会，专门研究核能工程保险的有关问题。该委员会论证了核能工程保险的可行性和危险性，加之英国政府对核能发电工业相当重视，英国核能保险集团得以成立，劳合社成员及当地的非寿险公司均为该集团的主要成员。英国的示范作用带动了一些其他西欧国家，以及美国和日本等，它们也成立了自己的核能保险集团。到20世纪末，全世界有20多个国家和地区成立了核能保险集团，使核能工程保险成为国际保险市场上一项有影响的科技工程保险业务，并成为各国民用核能工程必要的配套项目。

核能工程保险的特点在于，它承保的主要责任是核事故危险；而在其他各种财产、工程保险中则是把核事故危险列为常规除外责任，并且不允许扩展承保。同时，由于核事故危险的性质较为特殊，核能工程保险具有政策保险的特色，在有关核损害赔偿的立法中通常规定核事故中应按绝对责任来承担损害赔偿责任，并对保险人在责任险项下的超额赔付给予财政补贴。因此，在商业保险中，核能工程保险更讲求与政府法规配合并需要政府的支持。

核能工程保险一般包括核能工程财产损毁险、核能安装工程险、核原料运输险、核责任险，其中核能工程财产损毁险和核责任险是最主要的险种。在保险经营中，对核能工程本身即财产物资与核责任危险一般会分别确定保险金额与赔偿限额；有的保险人还分别订立一般事故赔偿限额与核事故赔偿限额；还有的将核能工程中的操作人员与技术人员列入第三者责任保险范围予以承保。

第三节 责任保险

一、责任保险及其发展

责任保险是指以被保险人依法应负的民事损害赔偿责任或经过特别约定的合同责任为承保责任的一类保险。它属于广义财产保险范畴，与一般财产保险具有共同的性质（即都属于赔偿性保险），从而适用于广义财产保险的一般经营理论。然而，责任保险承保的又是法律危险，且具有代替致害人赔偿受害人的特点，在实际经营中有自己的独特之处。因此，在各国保险市场上，通常将责任保险作为自成体系的保险业务。

责任保险的产生与发展壮大被西方国家保险界称为整个保险业发展的第三阶段，也是最后阶段。由此可见，责任保险在保险业中的地位较高，它既是法律制度走向完善的结果，同时又是保险业直接促进社会发展进步的具体表现。

（一）责任保险的险种发展

责任保险产生于19世纪的欧美国家，20世纪70年代以后在工业化国家获得迅速发展。最早出现的责任保险是雇主责任保险。1880年，英国颁布的《雇主责任法》规定，雇主在经营中因过错致使雇员受到伤害时须负法律赔偿责任，当年即有专门的雇主责任保险公司成立。此后，雇主责任保险在英国、美国等西方国家获得了发展。西方国家的保险人也开始以附加责任的方式承保其他各种责任保险，其他各种责任保险逐渐以新险种的形式出现和发展。如承包人责任保险始于1886年，制造业责任保险始于1892年，医生职业责任保险始于19世纪90年代，航空责任保险始于1919年，会计师责任保险始于1923年，个人责任保险始于1932年。目前绝大多数国家均采取强制手段并以法定方式承保的汽车责任保险始于19世纪末，并与工业保险一起成为近代保险与现代保险分界的重要标志。进入20世纪70年代以后，西方发达国家责任保险的服务领域已十分广阔，具备了门类齐全、险种众多、专业性强的特色，真正成了企业、团体、家庭及个人，乃至政府机关等都必不可少的危险保障工具和各国保险人的主要业务种类。20世纪90年代后，许多发展中国家也日益重视发展责任保险业务。

(二)责任事故处理原则的发展

由于责任保险承保的是各种责任事故危险,所以处理各种责任事故的法律原则对责任保险业务的发展起着至关重要的作用。从各国对责任事故赔偿的法律处理来看,责任事故的法律处理原则大体上可以分为三个发展阶段:一是契约责任阶段,它强调在处理责任事故时以受害人与致害人存在直接的契约或合同关系为前提,主要体现在雇主责任事故和早期的产品责任事故处理中;二是过错责任阶段,它强调在责任事故中只有当致害人对受害人的伤害负有故意或过失责任时,才承担法律规定的经济赔偿义务;三是绝对或严格责任阶段,即只要受害人不是因自己的故意行为所致的损害,均可以从实施行为的另一方获得经济上的赔偿。当然,上述发展阶段并不是一切责任事故处理的必然发展规律。

在现阶段,有的责任事故仍然按照过错责任原则进行处理,有的责任事故则进入了按绝对或严格责任原则处理的阶段。因此,在掌握责任事故处理原则时,必须视现行法律制度对具体事件的规定及其不同性质加以区分。

二、责任保险的基本内容

(一)责任保险的适用范围

责任保险适用于一切可能造成他人财产损失与人身伤亡的各种单位、家庭或个人。具体而言,责任保险的适用范围包括如下几部分。

(1)各种公众活动场所的所有者、经营管理者。如体育场、展览馆、影剧院、市政机关、城市各种公用设施等,均有可能导致公众的人身或财产损害,这些地方的所有者或经营管理者就负有相应的法定赔偿责任,从而需要且可以通过责任保险的方式向保险公司转嫁这种危险。

(2)各种产品的生产者、销售者、维修者。

(3)各种运输工具的所有者、经营管理者或驾驶员。

(4)各种需要雇用员工的单位或个人。

(5)各种提供职业技术服务的单位。

(6)城乡居民家庭或个人。

此外,在各种工程项目的建设过程中也存在民事责任事故危险,建设工程的所有者、承包者等对相关责任事故危险具有保险利益;各单位场所(即非公众活动场所)也存在公众责任危险,企业等单位也有投保公众责任保险的必要性。

可见,责任保险的适用范围几乎覆盖了所有团体组织和所有社会成员。

(二)责任保险的保险责任范围

责任保险的保险责任一般包括以下两项内容。

(1)被保险人依法对造成他人财产损失或人身伤亡应承担的经济赔偿责任。这一项责任是基本的保险责任,以受害人的损害程度及索赔金额为依据,以保险单上的赔偿限额为最高赔付额,由责任保险人予以赔偿。

（2）因赔偿纠纷引起的由被保险人支付的诉讼、律师费用及其他事先经过保险人同意支付的费用。

保险人承担上述责任的前提条件是：责任事故的发生应符合保险条款的规定，包括事故原因、发生地点、损害范围等，均应审核清楚。所谓人身伤害，不仅包括自然人身体的有形损害，而且包括脑力损害、听力损害、疾病、丧失工作能力及死亡等，但对精神方面的损害一般除外不保。所谓财产损失，包括有形财产的损毁、受损财产丧失使用价值，甚至未受损财产丧失使用价值。

在承担前述赔偿责任的同时，保险人在责任保险合同中一般还会规定若干除外责任，尽管不同的责任保险合同中规定的除外责任可能有出入，但主要的除外责任一般均包括以下几类。

（1）被保险人故意行为所致的各种损害后果。

（2）战争等军事行动及罢工等政治事件造成的损害后果。

（3）核事故危险导致的损害后果（核事故或核责任保险例外）。

（4）被保险人家属、雇员的人身伤害或财产损失。但雇主责任保险承保雇主对雇员的损害赔偿责任。

（5）被保险人所有、占有、使用或租赁的财产的损失，或由被保险人照顾、看管或控制的财产的损失。

（6）被保险人的合同责任（经过特别约定者除外）。

上述除外责任是责任保险的通常除外责任，但个别危险经过特别约定后可以承保。

（三）责任保险的赔偿限额与免赔额

责任保险承保的是被保险人的赔偿责任，而非有固定价值的标的，且赔偿责任因损害责任事故大小而异，很难准确预计。因此，不论何种责任保险，均无保险金额的规定，而是采用在承保时由保险双方约定赔偿限额的方式来确定保险人承担的责任限额，凡超过赔偿限额的索赔仍须由被保险人自行承担。从责任保险的发展实践来看，赔偿限额作为保险人承担赔偿责任的最高限额，通常有以下几种类型。

（1）每次责任事故或同一原因引起的一系列责任事故的赔偿限额，又可以分为财产损失赔偿限额和人身伤亡赔偿限额两项。

（2）保险期内累计的赔偿限额，也可以分为累计的财产损失赔偿限额和累计的人身伤害赔偿限额。

（3）在某些情况下，保险人也将财产损失和人身伤亡两者合成一个限额，或者只规定每次事故和同一原因引起的一系列责任事故的赔偿限额，而不规定累计赔偿限额。

此外，保险人还通常有免赔额的规定，以此达到促使被保险人小心谨慎、防止发生事故和减少小额、零星赔款支出的目的。责任保险的免赔额通常是绝对免赔额，即无论受害人的财产是否全部损失，免赔额内的损失均由被保险人自己负责赔偿。免赔额一般以具体数字表示，也可以规定为赔偿限额或赔偿金额的一定比率。因此，责任保险的保险人承担的赔偿责任是超过免赔额且在赔偿限额之内的赔偿金额。

（四）责任保险的保险费率

责任保险的保险费率通常根据各种责任保险的危险大小及损失率的高低来制定。不同的责任保险种类，制定费率时所考虑的因素存在差异。但从总体上看，保险人在制定责任保险费率时，主要考虑的影响因素应包括被保险人的业务性质及其产生意外损害赔偿责任可能性的大小、法律制度对损害赔偿的规定、赔偿限额的高低、承保区域的大小、每笔责任保险的业务量等因素。对于数量有限的出口产品责任保险业务，通常还有最低保险费的规定。

此外，保险人还会参考同类责任保险业务的历史损失资料。这些资料虽然不是制定现行费率的直接依据，但是具有很大的借鉴价值。

三、责任保险的险别

（一）公众责任保险

公众责任保险又称普通责任保险或综合责任保险，它以被保险人的公众责任为承保对象，是责任保险中独立的、适用范围最为广泛的保险类别。公众责任保险项又可以分为综合公共责任保险、场所责任保险、承包人责任保险和承运人责任保险四类，每一类又包括若干险种，它们共同构成了公众责任保险的业务体系。

1. 综合公共责任保险

它承保被保险人在任何地点因非故意行为或活动所造成的他人人身伤害或财产损失依法应负的经济赔偿责任。该险种除承保一般公众责任外，承保合同责任、产品责任、业主及工程承包人的预防责任、完工责任及个人伤害责任等所引起的损失危险。因此，它是一种以公众责任引起的损失为主要保险危险的综合性公众责任保险。

2. 场所责任保险

它承保固定场所因存在结构上的缺陷或管理不善，或被保险人在被保险场所进行生产经营活动时因疏忽发生意外事故，造成他人人身伤害或财产损失且依法应由被保险人承担的经济赔偿责任。场所责任保险是公众责任保险中业务量最大的险种。例如，宾馆责任保险、展览会责任保险、电梯责任保险、车库责任保险、机场责任保险以及各种公众体育/娱乐活动场所责任保险等均属于场所责任保险。

3. 承包人责任保险

它承保承包人的损害赔偿责任，主要适用于承包各种建筑工程、安装工程、修理工程施工任务的承包人。

4. 承运人责任保险

它承保承担各种客、货运输任务的部门或个人在运输过程中可能发生的损害赔偿责任，主要包括旅客责任保险、货物运输责任保险等险种。与一般公众责任保险不同的是，承运人责任保险保障的责任危险实际上是处于流动状态中的责任危险，但因运行途径是固定的，从而也可以视为固定场所的责任保险业务。

(二) 产品责任保险

产品责任保险承保的是产品责任危险,它以产品为具体指向物,以产品可能造成的对他人的财产损害或人身伤害为具体承保危险,以制造产品或能够影响产品责任事故发生的有关各方为被保险人。

保险人承保的产品责任危险是承保产品对消费者或用户及其他任何人造成的财产损失、人身伤亡所导致的经济赔偿责任,以及由此导致的有关法律费用等。不过,保险人承担上述责任也需要满足一些限制性条件,如造成产品责任事故的产品必须是供给他人使用即用于销售的商品,产品责任事故的发生必须是在制造、销售该产品的场所范围之外的地点。如果不符合这两个条件,保险人就不承担责任。对于餐厅、宾馆等单位自制、自用的食品、饮料等,一般均作为公众责任保险的附加责任扩展承保。产品责任保险的除外责任一般包括如下几项:一是根据合同或协议应由被保险人承担的其他人的责任;二是根据法律制度或雇佣合同等应由被保险人承担的对其雇员及有关人员的损害赔偿责任;三是被保险人所有、照管或控制的财产的损失;四是产品仍在制造或销售场所,其所有权仍未转移至用户或消费者手中时的责任事故;五是被保险人故意违法生产、出售或分配的产品造成的损害事故;六是被保险产品本身的损失;七是不按照被保险产品说明安装、使用或在非正常状态下使用时造成的损害事故;等等。

产品责任保险费率的厘定,主要考虑如下因素:一是产品的特点和可能对人身或财产造成损害的危险大小,如药品、烟花爆竹等产品的责任事故危险就比农副产品的责任事故危险要大得多;二是产品的数量和价格,它与保险费呈正相关关系,与保险费率呈负相关关系;三是承保的区域范围,如出口产品的责任事故危险相较于国内销售的产品的责任事故来说危险更大;四是产品制造者的技术水平和质量管理情况;五是赔偿限额的高低。综合上述因素,可以较全面地把握承保产品的责任事故危险。当然,在产品责任保险的经营实践中,保险人一般事先根据各种类型产品的性能等,将其按照危险大小划分为若干类型,并以此作为确定各具体投保产品的保险费率的基本依据。

在产品责任保险的理赔过程中,保险人的责任通常以产品在保险期限内发生事故为基础,而不论产品是否在保险期内生产或销售。如在保险生效前生产或销售的产品,只要是在保险有效期内发生保险责任事故,并导致用户、消费者或其他任何人的财产损失和人身伤亡,保险人均予负责;反之,即使是在保险有效期内生产或销售的产品,如果不是在保险有效期内发生的责任事故,保险人也不会承担责任。对于赔偿标准的掌握,仍然以保险双方在签订保险合同时确定的赔偿限额为最高额度,既可以每次事故赔偿限额为标准,也可以累计的赔偿限额为标准。在此,生产、销售、分配的同批产品由于同样的原因造成多人的人身伤害、疾病、死亡或多人的财产损失均被视为一次事故造成的损失,并适用于每次事故的赔偿限额。产品责任保险构成重复保险时,保险人一般按比例承担保险责任。

(三) 雇主责任保险

在许多国家,雇主责任保险都是一种普遍性的强制保险业务,普及程度极高。一般而言，雇主所承担的对雇员的责任，包括雇主自身的故意行为、过失行为乃至无过失行为所致的雇员人身伤害赔偿责任，但保险人所承担的责任危险并不与此一致。在雇主责任保险中，即均将被保险人的故意行为列为除外责任，而主要承保被保险人的过失行为所致的损害赔偿。构成雇主责任的前提条件是雇主与雇员之间存在直接的雇佣合同关系，即只有雇主才有解雇该雇员的权利，雇员有义务听从雇主的管理从事业务工作，这种权利与义务关系均通过书面形式的雇佣合同或劳动合同来进行规范。下列情况通常被视为雇主的过失或疏忽责任。

（1）雇主提供危险的工作地点、机器工具或工作程序。

（2）雇主提供的是不称职的管理人员。

（3）雇主本人直接的疏忽或过失行为，如对有害工种未提供相应的合格的劳动保护用品等。

凡属于上述情形且不存在主观意图的均属于雇主的过失责任，由此而造成的雇员人身伤害，雇主应负经济赔偿责任。此外，许多国家还规定雇主应当对雇员承担无过失责任，即只要雇员在工作中受到的伤害不是自己的故意行为所导致的，雇主就必须承担对雇员的经济赔偿责任。

雇主责任保险的保险责任，包括在雇主责任事故中雇主对雇员依法应负的经济赔偿责任和有关法律费用等，导致这种赔偿的原因主要是各种意外的工伤事故和职业病。但下列原因导致的责任事故通常除外不保：一是战争、暴动、罢工、核危险等引起的雇员人身伤害；二是被保险人的故意行为或重大过失；三是被保险人对其承包商的雇员所负的经济赔偿责任；四是被保险人应该承担的合同责任（但无合同存在时仍然应由被保险人承担的经济赔偿责任不在此限）；五是被保险人的雇员因自己的故意行为导致的伤害；六是被保险人的雇员由于疾病、传染病、分娩、流产以及由此而施行的内、外科手术所致的伤害等。

一般而言，雇主责任保险同一行业基本上采用同一保险费率，有些工作性质比较复杂、工种较多的行业，还会规定每一工种的适用费率。雇主责任保险的费率制定必须以工种与行业为依据，同时还应当参考赔偿限额。雇主责任保险的保险费的计算公式为

应用保险费 = A 工种保险费（年工资总额 × 适用费率）+ B 工种保险费（年工资总额 × 适用费率）+ … + X 工种保险费（年工资总额 × 适用费率）

年工资总额 = 该工种人数 × 该工种月平均工资收入 × 12

如果有扩展责任，还应另行计算收取附加责任的保险费，将它与基本保险责任的保险费相加，即构成该笔业务的全额保险费收入。

雇主责任保险的赔偿限额，通常是规定若干个月的工资收入，即以每一雇员若干个月的工资收入作为其发生雇主责任保险事故时的保险赔偿额度，每一雇员只适用于自己的赔偿额度。在一些国家的雇主责任保险业务中，保险人对雇员的死亡赔偿额度与永久完全残疾赔偿额度是有区别的，后者往往比前者的标准要高。但对于部分残疾或一般性伤害，则严格按照事先规定的赔偿额度表进行计算，其计算公式为

$$\text{赔偿金额} = \text{该雇员的赔偿限额} \times \text{适用的赔偿额度比例}$$

如果保险责任事故是第三者造成的，保险人在赔偿上仍然适用权益转让原则，即在赔偿后可以代位追偿。

保险人在开展雇主责任保险业务时，一般还可以根据需要推出附加第三者责任保险、附加雇员第三者责任保险、附加医药费保险等多种附加险条款，以便在满足被保险人的需要的同时进一步扩展保险业务。

（四）职业责任保险

职业责任保险在国外又被称为职业赔偿保险或业务过失责任保险，它是由提供各种专业技术服务的单位（如医院、会计师事务所等）投保的团体业务，个体职业技术工作的职业责任保险通常由专门的个人责任保险来承保。

职业责任保险所承保的职业责任危险，是从事各种专业技术工作的单位或个人因工作上的失误导致的损害赔偿责任危险。在现代社会，医生、会计师、律师、设计师、经纪人、代理人、工程师等技术工作者均存在职业责任危险，均可以通过职业责任保险来转嫁其危险损失。

职业责任保险的承保方式包括两种。一是以索赔为基础的承保方式。即保险人仅对在保险有效期内受害人向被保险人提出的有效索赔负赔偿责任，而不论导致该索赔案的事故是否发生在保险有效期内。不过，保险人为了控制其自身承担的危险责任无限地前置，在经营实践中又通常规定一个责任追溯日期作为限制性条款，保险人仅对追溯日后保险期满前发生的职业责任事故且在保险有效期内提出索赔的法律赔偿责任负责。二是以事故发生为基础的承保方式。该承保方式是保险人仅对在保险有效期内发生的职业责任事故引起的索赔负责，而不论受害方是否在保险有效期内提出索赔，它实质上是将保险责任期限延长了。为控制无限延长，保险人通常会规定一个后延截止日期。

需要特别指出的是，职业责任保险承保的对象不仅包括被保险人及其雇员，而且包括被保险人的前任与其雇员的前任，这是其他责任保险不具备的特征，它表明了职业技术服务的连续性和保险服务的连续性。

在西方工业化国家，职业责任保险的险种多达70多种，但主要的职业责任保险包括以下几种。

（1）医疗职业责任保险。也称医生失职保险，它承保医务人员或其前任由于医疗责任事故而致患者死亡或伤残、病情加剧、痛苦增加等，受害者或其家属要求赔偿且依法应当由医疗方负责的经济赔偿责任，是职业责任保险中最主要的业务来源，它几乎覆盖了整个医疗、健康领域及一切医疗服务团体。

（2）律师责任保险。它承保被保险人或其前任作为一个律师在自己的能力范围内在职业服务中发生的一切疏忽行为、错误或遗漏过失行为所导致的法律赔偿责任，包括一切侮辱、诽谤以及被保险人在工作中造成的第三者的人身伤害或财产损失。

（3）建筑工程设计责任保险。它面向从事各种建筑工程设计的法人团体（如设计院等），承保工程设计单位因设计工作中的疏忽或失职，导致所设计的工程发生工程质量事故，造成工程本身的物质损失及第三者的人身伤亡和财产损失，依法应由设计单位承担的经济赔偿责任。

（4）会计师责任保险。它承保被保险人或其前任或被保险人对其负有法律责任的主体，因违反会计业务上应尽的责任及义务，而使他人遭受损失，依法应负的经济赔偿责任，但不包括身体伤害、死亡及物质财产的损毁。

此外，还有建筑、工程技术人员责任保险，美容师责任保险，保险经纪人和保险代理人责任保险，情报处理者责任保险等多种职业责任保险业务，它们在发达的保险市场上同是受欢迎的险种。

在我国，职业责任保险发展十分滞后，但有关的法制在不断健全、完善，医务人员、会计师、律师、建筑师等专业人员等因职业过失引起的民事赔偿责任也引起了广泛关注。

《中华人民共和国注册会计师法》《中华人民共和国律师法》《中华人民共和国建筑法》等一系列与职业责任相关的法律的先后出台，不仅使专业人员因职业过失承担损害赔偿责任有了法律依据，而且使职业责任保险业务的开展有了基本的法律条件。因此，可以相信，职业责任保险在我国将会得到不断发展。

> 【思政要点 6-7】
>
> 通过责任保险的教学，加强对学生的法治教育，唤醒学生的责任与权益意识，让学生懂得用法律、法规维护自身的合法权益。

第四节 信用与保证保险

一、信用与保证保险概述

信用与保证保险是随着商业信用的发展而产生的一类新兴保险业务。信用与保证保险分为信用保险和保证保险。信用保险是保险人根据权利人的要求担保义务人（被保证人）信用的保险；保证保险是义务人（被保证人）根据权利人的要求，要求保险人向权利人担保义务人自己信用的保险。信用保险和保证保险都是保险人对义务人（被保证人）的作为或不作为致使权利人遭受损失负赔偿责任的保险，即都是保险人对义务人信用的担保。但两者又存在差别，主要表现在如下四个方面。

（1）投保对象与投保人不同。信用保险是权利人要求保险人担保义务人的信用，保证保险是义务人要求保证人向权利人担保自己的信用。前者由权利人投保，后者由义务人投保。

（2）承保方式的区别。信用保险是填写保险单来承保的，而保证保险是出立保证书来承保的。该保证书同财产保险单有本质的区别，其内容通常很简单，只规定担保事宜。

（3）信用保险合同除保险人外只涉及权利人和义务人两方；保证保险因为往往要求义务人提供反担保，因此保证保险除保险公司外，还涉及义务人、反担保人和权利人三方。

（4）在信用保险中，被保险人缴纳保险费是为了将可能因义务人不履行义务而使自己受到损失的风险转嫁给保险人，保险人承担着实实在在的风险。在保证保险中，义务人缴纳保险费是为了获得向权利人保证履行义务的凭证。保险人出立的保证书，履行的全部义务还是由义务人自己承担，并没有发生风险转移，在义务人没有能力承担的情况下，才由保险人代为履行义务，因此经营保证保险的风险小于信用保险。

二、信用保险

（一）国内信用保险

国内信用保险是随着商品的交易发展而发展起来的信用保险，主要承担当商品交易采取延期或分期付款时，卖方因买方不能如期偿还全部或部分贷款而遭受的经济损失。商业信用保险的保证人是买方，被保证人通常是卖方，保险人向卖方提供信用保障。

（二）出口信用保险

1. 出口信用保险概述

出口信用保险是国家建立政策性风险基金，通过保险合同形式，承保出口商在经营出口业务过程中，因买方的商业风险或政治风险而遭受的损失。它的作用主要体现在以下四个方面。

（1）出口信用保险特别强调承保前贸易双方的资信调查与承保后的债务跟踪，有利于企业防范和控制国际贸易风险，并且增强了出口企业的信心和勇气。

（2）出口信用保险有利于出口企业融资便利，积极参与国际竞争，开拓国际市场。

（3）出口信用保险能够通过账务追偿减少和挽回外贸出口贸易中的直接损失。

（4）出口信用保险有利于改善出口贸易结构，推动市场多元化战略实施。

出口信用保险的体制由于各国和各地区政治、经济、法律制度以及办理出口保险历史等方面的差异，根据政府支持的程度不同，大致可分为以下四种。

（1）政府直接办理型，即办理出口信用保险业务的机构本身就是政府的职能部门，其业务收入与赔偿支出直接纳入国家预算。

（2）政府间接办理型，即政府投资建立独立的经济实体，专门办理出口信用保险业务并且提供财务担保的方式作为后盾。

（3）政府委托私营机构代理型，即政府制定政策，私营保险机构办理，国家最终承担风险，这既体现了国家的支持，又利用了私营保险公司机构的经营体制。

（4）混合经营型，即出口信用部分由保险公司自己经营，部分业务由政府代理经营。

2. 出口信用保险承保的风险

出口信用保险承保的风险主要包括商业风险和政治风险两类。

商业风险主要包括以下几种。

（1）买方由于破产或其他债务原因而无力支付贷款的风险。

（2）买方收到贷款后，长期拖欠贷款的风险。

（3）买方违背贸易合同，在卖方发货后提出拒收货物并付罚金的风险。

政治风险主要包括以下几种。

（1）买方所在国发生战争、动乱、革命、敌对行为或其他骚动。

（2）买方所在国颁布法律、命令或条约，阻止、限制买方汇出发票上规定的货币或其他自由兑换货币。

（3）买方所在国颁布法律、命令或条约，突然撤销了买方的进口许可证或禁止买方的货物进口。

（4）由于买方无法控制的其他政治事件，使买方无法履行合同。

出口信用保险不承保在卖方出口货物前已经存在的风险，或由于卖方或其代表的故意违反行为而违约带来的风险。对于汇率变动引起的风险和其他风险中承保的风险也不予承保。

3. 出口信用保险实务

（1）投保要求。出口信用保险的被保险人必须是资信良好、具有相当出口经验和管理水平、会计账册健全的出口商。投保时，被保险人必须以投保申请的形式，将其以前一个时期（1年或3年）和预计保险年度出口货物的种类、出口金额、收汇方式、出口国家和地区以及过去和将来可能的损失情况向保险公司如实申报。

（2）承保范围。被保险人投保的出口货物应全部或部分是本国生产制造的产品，除另有约定外，非本国产品或转口货物不予承保。

（3）赔偿限额。为了控制风险责任，保险公司承保出口信用保险时，一般均规定每一保险单的最高赔偿限额，发生损失时，在赔偿限额内赔付。

4. 出口信用保险的费率

出口信用保险的费率应考虑出口商的信用、经营规模和出口贸易记录，卖方所在国的政治、经济以及外汇收支情况，贸易合同的付款条件，国际市场的经济发展趋势等因素。

（三）投资保险

投资保险，也称政治风险保险，是指保险人承保本国在外国进行投资的投资者在投资期间，因对方国家的政治风险所造成的投资损失。其承保对象一般是海外投资者。投资保险是在20世纪60年代欧美国家形成的，第二次世界大战后美国于1948年4月根据《对外援助法》制定了《经济合作法案》，开始实施马歇尔计划，同时设立了经济合作署，专门管理外援及海外事务，并开始实行投资风险保险制度。我国自1979年以来，为了适应对外开放和引进外资的需要，也开办了投资保险。但是，我国的投资保险保障的是我国投资者的利益，被保险人是我国投资者。

1. 保险责任

（1）战争风险，包括战争行为、叛乱、罢工及暴动。

（2）征用风险，又称国有化风险，是投资者在国外的投资资产被东道国政府有关部门征用或没收的风险。

（3）汇兑风险，即外汇风险，是投资者因东道国的突发事件而导致其在投资国与投资国有关的款项无法兑换货币转移的风险。

2. 除外责任

（1）被保险人投资项目受损后造成的被保险人的一切商业损失。

（2）被保险人没有按照政府有关部门所规定的汇款期限汇出汇款所造成的损失。

（3）被保险人及其代表违背或不履行投资合同或实施故意违法行为导致政府部门征用或没收造成的损失。

（4）由于原子弹、氢弹等核武器造成的损失。

（5）投资合同范围外的任何其他财产的征用、没收所造成的损失。

3. 保险金额的确定

1年期的保险金额是该年的投资金额乘以保险双方约定的百分比，一般为投资金额的90%。长期投资项目每年投资金额在投保时按每年预算投资金额确定，当年保险金额为当年预算金额的90%，长期投资项目需确定一个项目总投资金额下的最高保险金额，其保险费需在年度保险费基础上加差额保险费，长期投资项目期满时，按实际投资额估算。

4. 保险期限

投资保险分为1年期保险和长期保险两种。1年期保险单到期后，经双方协商同意，可以续保，条件另议。长期保险期限最长为15年，最短为3年。3年后，被保险人有权要求注销保险单。如果未满3年，提前注销保险单的，被保险人须交足3年的保险费。

5. 理赔处理

（1）理赔金额的规定。在发生保险责任范围内的损失时，一般按投资金额与保险金额的比例进行赔偿。由于保险人的保险金额一般为投资金额的90%，因此被保险人所受的损失若将来追回，也应由被保险人与保险人按各自承担损失的比例分摊。

（2）赔偿期限的规定。由于各种政治风险造成的损失，有可能在不久后通过不同途径予以挽救，被保险人的损失发生与否需要经过一段时间才能确定。因此，投资保险有赔偿期限的规定，而且不同的保险责任有不同的赔偿期限。

【思政要点6-8】

通过相关案例的学习，培养学生诚信为本的职业道德思想，帮助学生树立理性消费意识。

三、保证保险

（一）保证保险的概念与特点

保证保险是在被保险人的作为或不作为致使被保险人（权利人）遭受经济损失时，

由保险人来承担经济赔偿责任的保险。

与一般的商业保险比较，保证保险有如下特点。

（1）保证保险的当事人涉及三方：保险人（保证人）、被保证人（义务人）和权利人，一般保险的当事人只有保险人与被保险人。

（2）一般商业保险中，保险关系是建立在预期"将发生损失"的基础上的，即有损失才有保险关系存在的必要性，而在保证保险中，保险人是在"没有风险"的预期下提供服务的，换句话说，如果保险人预期将发生损失，它将不向被保险人提供保险。

（3）在被保险人未能按照合同或协议的要求履行自己的义务，因此给权利人带来损失，而被保险人不能补偿这一损失时，由保险人（保证人）代为赔偿。然后，保证人再向被保证人追偿。为了保证日后这项权利能够得以实施，保险人往往要求被保证人提供反担保。

（4）因为保证保险是一种担保业务，它基本上建立在无赔款的基础上，因此保证保险收取的保险费实质上是一种手续费，是利用保险公司的名义提供担保的一种报酬。

（二）保证保险的种类

保证保险的种类很多，归纳起来主要分为确实保证保险与诚实保证保险两大类。

1. 确实保证保险

确实保证保险，是被保险人不履行义务而使权利人损失时，由保险人承担赔偿责任的保险。其保险标的是被保险人的违约责任。确实保证保险的投保人是被保证人自己，它承保的风险是被保证人履行一定义务的能力和意愿。确实保证保险分为以下四类。

（1）合同保证保险。合同保证保险承保因被保险人不履行各种合同义务而造成权利人的经济损失，常见的险种包括履约保证保险、投标保证保险、预付款保证保险、维修保证保险。

（2）司法保证保险。司法保证保险是因法律程序而引起的保证业务，司法保证按其内容分为诉讼保证和受托保证。

（3）许可证保证保险。许可证保证保险是担保从事经营活动领取执照的人遵守法规或履行义务的保险。在有些国家，从事某一活动或经营的人在向政府申请执照或许可证时，往往需要提供此种保证。

（4）产品保证保险（也称产品质量保险）。它承保被保险人因制造或销售的产品质量有缺陷而产生的赔偿责任。在欧美国家，制造商或销售商一般同时投保产品责任保险和产品保证保险以得到充分保障。

2. 诚实保证保险

诚实保证保险，又称雇员忠诚保证保险，承保雇主因雇员的不诚实行为，如盗窃、贪污、侵占、非法挪用、伪造、欺骗等而受到的经济损失。这种保险一般由雇主投保。它的承保方式有五种。

（1）指名保证保险，即以特定的雇员为被保证人的保证保险，又分为个人保证和表定保证两种：个人保证是只对一个指名的雇员提供保证，由他提出保证申请，保证人对他进行调查后做出是否提供保证的决定；表定保证是同一保证合同中承保两个以上的雇员，每个人都有保证金额，当解雇此保证人或录用新的雇员时，必须办理批改手续。

（2）职位保证保险，是指保险人承保某一职位上的若干被保险人，但可不列明被保险人的姓名，并按职位确定保证金额的保险。凡担任该职位的人，都按约定的保证金额自动承保。

（3）总括保证保险，是指在一个保险合同内承保雇主所有的正式雇员的保险。在总括保证中，一个企业的所有雇员都是被保证人，新的雇员在没有通知保证人之前就属于被保证人。

（4）伪造保证保险，是承保因伪造或篡改背书、签名、收款人姓名、金额等造成损失的保证保险。

（5）三D保险单，是指针对不诚实（dishonest）、损毁（destruction）及失踪（disappearance）情形的综合保险单，包括诚实保证保险和盗窃保险两者在内，承保企业因他人的不诚实、盗窃、失踪、伪造或篡改票据遭受的各种损失。其内容包括五部分，被保险人可选择投保部分或全部。

■ 本章小结

1. 财产保险，是指以各种财产物资和有关利益为保险标的，以补偿投保人或被保险人的经济损失为基本目的的一种社会化的经济补偿制度。财产保险在现代社会经济生活中发挥的作用主要表现在补偿财产的损失、稳定社会秩序、提高社会防灾减损意识等方面。

2. 财产损失保险的主要险种包括火灾保险、运输保险、工程保险等，是财产保险传统的也是最广泛的业务来源。其中，运输保险是财产保险的重要支柱，它包括机动车辆保险、船舶保险、航空保险及货物运输保险等多种类型的业务，具有标的流动性、出险异地性和理赔复杂性等特点。

3. 责任保险被称为现代保险业发展的第三阶段和最后阶段，它的出现与发展，为保险人开发了又一个广阔的业务领域。在市场体制得到确立、法律制度越发健全、保险意识日益增强的现代社会，责任保险的各个险种都将得迅速发展。

4. 信用与保证保险是随着商业信用的发展而产生的一类新兴保险业务，具体分为信用保险和保证保险。

■ 思考与练习

一、单选题

1. 责任保险是以（　　）依法应承担的民事损害赔偿责任作为承保对象的保险。
   A. 投保人对被保险人
   B. 保险人对被保险人
   C. 被保险人对第三者
   D. 保险人对第三者

2. 财产保险合同的首要原则是（　　）。
   A. 损失赔偿原则　　B. 代位求偿原则
   C. 分摊原则　　　　D. 近因原则

3. 保险人行使代位求偿取得的赔偿金额超过其赔偿金额，其超过部分应归（　　）

所有。
A. 保险人 B. 被保险人
C. 第三人 D. 国家

4. 投保人以同一保险标的分别向两个以上的保险人投保，通常称为（ ）。
A. 共同保险 B. 相互保险
C. 再保险 D. 重复保险

5. 暂保单的有效期限通常以（ ）个工作日为限。
A. 10 B. 30
C. 60 D. 90

6. 与保险人订立保险合同并负有支付保险费义务的人是（ ）。
A. 被保险人 B. 投保人
C. 受益人 D. 保险代理人

7. 下列不属于财产保险基本险责任范围的是（ ）。
A. 火灾 B. 施救费用
C. 地震 D. 雷击

8. 机动车辆损失保险的保险责任不包括（ ）。
A. 碰撞责任 B. 暴风
C. 倾覆 D. 自然磨损

9. 保险标的的转让应当通知保险人，经保险人同意继续承保后依法变更，但（ ）例外。
A. 家庭财产保险合同
B. 运输工具保险合同
C. 货物运输保险合同
D. 责任保险合同

10. 下列属于飞机保险的附加险的是（ ）。
A. 飞机第三者责任险
B. 飞机旅客法定责任险
C. 飞机战争、劫持险
D. 机身险

11. 下列不属于雇主责任险保险责任的是（ ）。
A. 受雇员工自杀
B. 意外致死伤
C. 职业病所致伤残
D. 雇员意外伤害的医疗费支出

12. 保险经纪人是基于（ ）的利益提供中介服务的。
A. 保险人 B. 被保险人
C. 投保人 D. 受益人

13. 财产保险业务中最原始、最重要的保险对象是（ ）。
A. 有形的物质财产 B. 无形的财产
C. 派生的经济利益 D. 损害赔偿责任

14. 保险市场可以接受的风险是（ ）。
A. 投保风险 B. 可保风险
C. 保险风险 D. 市场风险

二、多选题

1. 以下属于财产损失保险的是（ ）。
A. 家庭财产保险 B. 运输工具保险
C. 工程保险 D. 农业保险
E. 责任保险

2. 按业务内容不同，可将责任保险分为（ ）。
A. 公众责任保险 B. 产品责任保险
C. 雇主责任保险 D. 职业责任保险
E. 法定责任保险

3. 职业责任保险在厘定费率时一般应考虑的因素有（ ）。
A. 职业种类
B. 业务数量
C. 被保险人的专业技术水平
D. 被保险人的历史记录
E. 赔偿限额

4. 以下各项属于职业责任保险的保险责任的是（ ）。
A. 专业人员职业上的疏忽行为所致的损失
B. 被保险人的前任的职业疏忽行为所致的损失
C. 被保险人的雇员的职业疏忽行为所致的损失
D. 被保险人依法承担的赔偿金
E. 相关的抗辩诉讼费用

5. 信用保证保险所承保的风险主要有（ ）。
A. 财务信用风险 B. 商业信用风险
C. 预付款信用风险 D. 保证信用风险
E. 欺诈信用风险

6. 信用保证保险的费率主要涉及（ ）因素。
   A. 财力　　　　　　B. 政治
   C. 经济　　　　　　D. 个人品德
   E. 文化
7. 信用保证保险不为信用关系中的（ ）提供信用担保。
   A. 权利人　　　　　B. 义务人
   C. 保证人　　　　　D. 中介人
   E. 被保证人
8. 关于发展信用保险的意义，以下说法正确的有（ ）。
   A. 为企业提供向银行贷款保证，有利于企业获得资金周转的便利，促进其生产经营的正常发展
   B. 不利于健康的商业贸易发展
   C. 能加快我国银行商业化的步伐
   D. 促进对外贸易的发展
   E. 能促进资本输出和外资引进
9. 企业财产险的赔偿方式包括（ ）。
   A. 实物赔偿　　　　B. 实物修复
   C. 货币赔偿　　　　D. 期权赔偿
10. 普通型家庭财产保险不可承保的家庭财产包括（ ）。
    A. 院内的农用工具　B. 金银珠宝
    C. 货币、有价证券　D. 交通工具

三、简答题

1. 财产保险的特征是什么？
2. 财产保险的业务运行过程怎样？
3. 试述财产保险的承保和理赔方式。
4. 简述火灾保险的基本特征。
5. 试述企业财产保险的保险责任和除外责任。
6. 简述车辆损失保险的保险责任与除外责任。
7. 简述车辆第三者责任保险的保险责任与除外责任。
8. 货物运输保险的特点有哪些？
9. 工程保险的主要特点有哪些？
10. 简述责任保险的概念与特征。
11. 责任保险的主要内容是什么？
12. 产品责任保险的保险责任与除外责任有哪些？

四、案例分析题

1. 某外商独资企业在我国投保了涉外财产保险，财产的保险金额为200万元，保险期内发生保险事故财产损失100万元，试按下列两种情况分别计算赔款。
   （1）若出险时保险财产的实际价值为250万元，保险公司应赔偿多少？
   （2）若出险时保险财产的实际价值为160万元，保险公司应赔偿多少？
2. A企业对其商品投保了海洋运输货物保险，保险金额为40万元。不料货物在B港发生保险事故造成部分损失，后即在当地削价出售，获得的价款为保险价值的3/4，B港当地该货物的完好市价为48万元，则保险公司应赔偿多少？
3. 龙门钢铁厂投保企业财产保险，固定资产保险金额为300万元，流动资产保险金额为100万元。在保险期间发生保险事故，固定资产损失150万元，流动资产损失50万元。出险时，固定资产的重置价值为280万元，流动资产的账面余额为110万元。保险公司应如何赔付？
4. 某商场上年度营业额为600万元，商品、包装费等营业成本为320万元，职工薪酬、租金、广告费等维持费用为150万元。假如该商场于投保次年4月30日发生火灾，直到年底才全部恢复营业，投保的利润损失保险的赔偿期限是一年，实际赔偿期与保险赔偿期都是8个月。实际赔偿期内的营业额是170万元。考虑本年度业务发展趋势和通货膨胀影响，预计本年度的营业额和成本相比上年度各增长10%。试问保险公司应赔偿该商场多少毛利润损失？

保险理财实务

■ **学习目标**

学习本章，应当理解和掌握：
- 个人理财的含义与内容
- 保险在个人理财中的地位
- 保险理财的功用
- 个人及家庭保险理财规划设计

■ **价值目标**

学习本章，具体的价值目标应包括：
深刻认识到保险能够守护我们的美好生活，保护被保险人及其家人，提升幸福感。

  理财和我们每个人的一生密切相关。经济学中有"财商"这个概念，当前智商、情商和财商一并被称为现代人的三大必备素质。简单地说，财商就是一个人认识金钱和驾驭金钱的能力，体现的是一个人在个人理财方面的智慧。本章具体介绍保险理财实务部分，从保险理财的定义与内容入手，分析理财的意义和作用，树立保险理财的观念，帮助学生建立科学的保险理财思维，并在此基础上了解个人理财的内容。

  财商与你挣了多少钱没有关系，它是测算你能留住多少钱以及能让这些钱为你工作多久的指标。换句话说，如果随着年龄的增长，你的钱仍然不断地让你获得更多的自由、幸福、健康和人生选择的话，那么意味着你的财商在增加。

——罗伯特·清崎（Robert Toru Kiyosaki）

第一节 个人理财概述

一、个人理财的定义

"理财"一词，顾名思义即"打理财务"，管理资金。它最早出现于20世纪90年代初期。随着我国资本市场的发展，商业银行零售业务的日趋完善和居民收入的不断攀升，"理财"概念逐渐深入普通人的生活中。但一般人谈到理财，想到的不是投资就是赚钱，实际上个人理财的内容范围较为广泛。理财是人们为了实现自己的生活目标，合理管理自身财务资源的过程，是贯彻一生的过程。

个人理财是个人金融（或财务）规划。个人理财的主体是个人或家庭，它的本质可以用公式"个人理财＝人＋钱"来表示。在这个公式中人是居于主动地位的，即个人理财的研究重点是人如何选择，因此，个人理财是围绕个人来进行的，强调个性而非共性。

到目前为止，个人理财没有一个统一的概念，美国理财师资格鉴定委员会对它的描述是：个人理财是指制定计划合理利用财务资源、实现个人人生目标的程序，即制定、安排、实施和管理各方面与总体协调的财务计划的过程。中国金融理财标准委员会将个人理财服务称为金融理财，认为个人理财是一种综合金融服务，它是指理财专业人士通过收集客户家庭状况、财务状况和生涯目标等资料，与客户共同界定其理财目标及优先顺序，明确客户的风险属性，分析和评估客户的财务状况，为客户量身制定合适的理财方案并及时执行、监控和调整，最终满足客户人生不同阶段的财务需求的综合金融服务。它不局限于提供某种单一的金融产品，而是针对客户的综合要求进行有针对性的金融服务组合创新。

二、个人理财的范围与分类

（一）个人理财的范围

个人理财的范围非常广泛，它是一个人一生的现金流量管理以及风险管理。因为，每个人一出生就需要用钱，从而产生现金支出，也需要赚钱来产生现金流入，因此，每个人都需要进行现金流量管理。同时，理财也涵盖了风险管理，因为人的一生具有不确定性，如会面临人身风险、财产风险等，这些都会影响到现金流入或现金流出。

（二）个人理财的分类

按照理财需求的层次，个人理财可以分为个人生活理财和个人投资理财。

1. 个人生活理财

个人生活理财是指通过制定财务计划对个人消费性财务资源进行适当管理，并通过不断调整计划以达到财务安全和财务自由目标的经济活动。生活理财主要是通过帮助个人设计一个将其整个生命周期考虑在内的终生生活及其财务计划，将个人未来的职业选择，子女及自身的教育、购房、保险、医疗、企业年金和养老、遗产及事业继承以及生活中个人所需面对各种税收等方面的事宜进行妥善安排，使个人在不断提高生活品质的同时，即使到年老体弱以及收入锐减时，也能保持自己规划好的生活水平，最终达到财务安全、自主、自由和自在的目标。生活理财的核心在于根据个人的消费性资源情况和消费偏好来实现个人的人生目标。

2. 个人投资理财

个人投资理财是指通过制定理财计划对个人投资性财务资源进行适当管理，并通过不断调整计划以达到财务安全和财务自由目标的经济活动。投资理财是在生活理财目标得到满足以后，追求投资于股票、债券、黄金、外汇、不动产、艺术收藏品等各种金融投资工具以期得到丰厚回报，加速个人或家庭资产的增长，从而提高家庭生活质量和生活水平。投资理财的核心在于根据个人的投资性资源状况和风险偏好来实现个人的人生目标。

总之，个人生活理财侧重于现有消费资源的规划和管理，而个人投资理财侧重于现有投资性资源的规划和管理，以满足未来的消费需求和实现人生目标。过去，人们非常重视生活理财，在社会上形成了许多有价值的理财观念，比如"勤俭持家""量入为出"等；而现在随着人们生活水平的提高，市场化的金融工具越来越多，人们逐渐认识到了运用各种金融工具的重要性，个人投资理财也越来越受到青睐。

三、个人理财的资产配置法则

从稳健理财的原则来看，稳妥的资产配置应该采取的是 4321 法则，也就是说，应该将收入的 40%用于投资，30%用于家庭开支等日常的消费，20%用于储蓄，以备不时之需，10%用于购买保险，为自己的资产筑起防火墙，具体如图 7.1 所示。

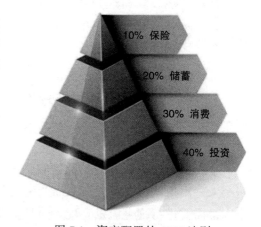

图 7.1 资产配置的 4321 法则

四、个人理财的作用

（一）平衡现在和未来的收支

理财是人生收支平衡的"调节器"。理财人生曲线（如图 7.2 所示）中，横轴代表年龄，纵轴代表收入或支出。人从出生就有支出，而收入只在特定阶段才有。一般来说，人生在收支方面往往存在两个不平衡。

一是时间上不平衡，支出不平衡贯穿一生。人生每一个阶段都会有各种各样的开支，但收入主要是在工作期赚取。一个人在工作期间赚取的收入，不仅要尽量满足自己工作期的支出需求，还要考虑养老期的追求和下一代的成长需求，因而可能出现工作期收大于支，而成长期、退休期收不抵支的情况。

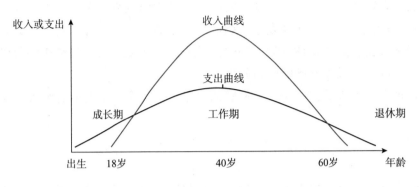

图 7.2 理财人生曲线

二是总量上不平衡。如果收大于支则生活无忧，还可能留有遗产。如果收不抵支则生活可能陷入危机甚至破产。

理财的核心就是使个人一生的收入和支出基本平衡，进而实现个人一生的效用最大化，这也是个人理财的理论基础和生命周期理论的基本思想。

（二）提高生活水平

平衡一生的收支只是个人理财的基本目的。个人理财可以帮助人们通过投资行为保值个人资产，积累充分的财富以供支配，满足人们追求更高层次生活品质的需要。

（三）规避风险

个人或家庭所面对的风险主要有两类：一类是微观风险，如失业、疾病伤残、意外死亡等；另一类是宏观风险，一般是无法控制的，如通货膨胀、金融危机、政治动荡等。这些风险给个人的财务安全带来不同程度的冲击。个人理财可以帮助人们事先采取有针对性的财务防范措施来达到保障的目的，以转移风险、应对突发事件造成的财富损失。

五、个人理财的目标

理财目标是人生目标之一，对于所处经济环境、生活环境不同的人和处于不同人生阶段的同一个人，其理财目标也是不同的。对个人理财目标，可以从以下不同维度去理解。

（一）个人理财的基本目标和终极目标

1. 财务安全

保证财务安全是个人理财要解决的首要问题。财务安全是指财务资源足以应对未来的财务支出和实现其他生活目标，不会出现大的财务问题。财务安全可以从多个角度进行衡量：是否有稳定而充足的收入、是否有充足的现金储备、是否有收益稳定的投资、负债水平是否合理、是否有充足的保险保障、是否享受社会保障、是否有额外的养老保险计划。要实现财务安全，制订并执行科学合理的理财规划至关重要。比如：通过现金规划确保资产的流动性，预防突发事件引起的现金需求；通过保险规划规避各种意外发生带来的财务冲击；通过退休规划，确保高品质的退休生活等。理财规划可以帮助人们实现财务安全健康，远离财务困境和危机。

从投资理财角度来看，一个人或家庭的财务是否安全，主要通过财务安全度指标来判断。

$$财务安全度 = \frac{投资性资产价值}{投资性资产原值} \times 100\%$$

财务安全是人生理财追求的首要目标，达到这个目标意味着：对任何出现的情况都没必要为财务担心。比如，即使发生个人大病或者房屋火灾这样的风险，当事人一样能从容应对。财务安全是个人理财的基本目标。

> 【课堂练习 7-1】
> 某家庭 2022 年 1 月 1 日拥有金融资产共计 90 万元，到 2022 年 12 月 31 日，这些金融资产的价值达到了 100 万元，则该家庭的财产安全度是多少？

2. 财务自由

财务自由通常被解释为非工资收入大于总支出或者投资收入大于总支出。其基本含义是依靠非工资收入或者投资收入就能满足家庭的总支出。财务自由表明一个人或家庭的收入，主要来源于主动投资而不是被动工作。财务自由意味着家庭财务处于健康状态，家庭的财务压力和负担很轻，同时工作对个人或家庭的重要性发生了根本变化，工作不再是谋生的手段，个人从被迫工作的压力中解放出来，已有财富成为创造更多财富的工具。这时候，个人或家庭的生活相比财务安全层次有了更强大的经济保障。

财务自由程度可用财务自由度这个指标来衡量。

$$财务自由度 = \frac{投资性收入（即非工资收入）}{日常消费支出} \times 100\%$$

如果财务自由度大于 100%，则表示个人财务自由度大；反之，如果财务自由度小于 100%，则表示个人财务自由度小。

财务自由是个人理财的终极目标，要实现财务自由就必须有足够的投资性收入，而投资性收入的前提是要有必需的资本积累，即个人财富的增加。个人财富的增加，一方面靠节俭，但节俭是有限的，节俭过度必然牺牲生活品质，这不是个人理财所追求的生活状态；另一方面靠投资来开源，投资是无限的。个人可以依据理财目标和个人风险属性，选择合适的投资方案，合理配置投资品种，使投资收入在个人家庭投资中的比重逐渐上升，成为家庭收入的主要来源，最终实现财务自由。

【案例分析 7-1】

某家庭有可投资资产 1000 万元，采取最保守的投资策略将其全部存入银行，一年期存款利率目前大致为 2%，则一年利息就有 20 万元，基本上可以满足目前我国城镇绝大部分家庭的年度开支，该家庭就可以实现财务自由。

【案例分析 7-2】

某家庭在上海市区有一套房屋可以出租，年租金大概 20 万元，能够满足该家庭年度支出，那么该家庭同样实现了财务自由。

【课堂练习 7-2】

李某今年 40 岁，家庭每月消费支出为 6000 元，现有投资性资产共计 100 万元，预计每年能带来 10% 的投资收益，则该家庭的财务自由度是多少？你认为该家庭的财务自由度如何？

【课堂练习 7-3】

人赚钱的目的是人生获得幸福，分组讨论什么是幸福（可一一列举），再分析幸福的实现和金钱的关系。

（二）个人理财的具体目标

1. 短期目标、中期目标和长期目标

短期目标，通常预计在 1 年内达成，比如出国旅游、购置彩电冰箱等；中期目标通常预计在 3～5 年之内完成，比如买车、修整房子等；长期目标一般则预计在 5 年以上完成，如筹措买商品房的资金、退休等。短期、中期或长期目标设定时都必须明确而不含糊。

需要说明的是，短期目标、中期目标和长期目标之间的界限并不是绝对的，特别是短期目标和中期目标之间，界限不是特别明显。此外，相同的理财目标对于不同客户，其分类也可能不相同。如购买汽车，对于一个刚毕业的学生来说，可能是中期目标，而对于一个中年人而言，可能就是短期目标。

2. 必须实现的理财目标和期望实现的理财目标

必须实现的理财目标是指对个人或家庭正常的生活而言必须完成的目标，主要包括保证日常的衣食住行等与个人或家庭生存密切联系的支出，是应优先考虑的理财目标。

期望实现的理财目标是指在达到个人或家庭正常生活水平的前提下，客户期望完成的目标，如环球旅游、购买豪华游艇、出国旅居等。相对于必须实现的理财目标而言，

期望实现的理财目标是在所有必须实现的目标都满足后,再考虑实现的目标。

参照表 7.1,完成人生不同阶段的理财目标的设定。

表 7.1 不同阶段理财目标的设定

个人状况	短期目标(1 年左右)	中期目标(3~5 年)	长期目标(5 年以上)
单身	(如)完成大学学业	(如)结婚	(如)购买一套商品房
已婚夫妇(无子女)			
父母(有年轻子女)			

第二节 保险与个人理财规划

一、个人理财规划的含义与特征

个人理财规划是指专业理财人员运用科学的方法和特定的程序为个人制定切合实际、具有可操作性的某方面或综合性的财务方案。

个人理财规划具有以下特征。

(1)个人理财规划是针对理财者整个一生而不是某个阶段的规划,它包括个人生命周期各阶段的资产、负债分析,现金流量管理,个人(或家庭)保险规划,投资目标规划,个人税务筹划,教育投资规划,退休养老及遗产规划等各个方面。

(2)个人理财规划通常有一个标准化的程序,基本流程包括:建立客户关系、收集客户信息、分析客户财务状况、制定个人理财规划及执行和监控个人理财规划。

(3)提供个人理财服务的从业人员,应是受过严格培训并取得相应资质证书的专业人员。根据国外成熟的经验,对个人理财规划师专业水平的测试应包含四个方面,即教育、考试、从业经验和职业道德。

二、个人理财规划职业

理财规划师是为客户提供全面理财规划的专业人士。理财规划的全方位性要求理财规划师全面掌握各种金融工具及相关法律法规,为客户提供量身定制的、切实可行的理财方案,并不断修正,以满足客户长期的不断变化的财务需求。

在国外,理财规划师可以在非独立理财机构和独立理财机构任职。非独立理财机构即企业经营性理财机构,是指经营投资理财产品的银行、证券、保险等金融机构。独立理财机构是指基于中立的立场,不代表任何机构如保险公司、基金公司、银行等的利益，也不仅仅代表单个客户的利益，为客户提供综合理财规划服务的中介机构，例如咨询公司、理财事务所、会计师事务所、税务师事务所、律师事务所等机构。目前在我国，理财规划师主要在非独立理财机构任职。

> 【延伸阅读】
>
> **个人理财服务的从业人员**
>
> 国际金融理财标准委员会（FPSB）的一份报告详细罗列了在美国提供个人理财或类似服务的专业人员的主要种类及其特征。
>
> 1. 专业的个人财务咨询人员。这些从业人员一般都持有专业机构颁发的财务规划师类的资格证书，例如由国际金融理财标准委员会颁发的 CFP 证书、由美国学院颁发的特许金融顾问证书（ChFC）等。
>
> 2. 保险专业人员。根据美国的法律，销售任何险种产品给消费者的人员，都必须经过联邦或州的注册许可。
>
> 3. 证券和投资咨询从业专业人员。这类人员包括专门向客户推销各种证券产品的注册销售代表，为客户提供投资建议、构建投资组合的投资咨询商以及证券经纪人等。关于这类人群的从业资格，美国政府以及各州管理机构都出台了相应的管理办法和规定。这些人有的是在获得专业认证后单独向客户提供各种专业咨询服务，也有人依附相应的金融机构，从事相关业务。
>
> 4. 不动产经纪人。其主要职责是为客户安排不动产的购买或销售，通常通过与银行、储蓄和贷款协会、抵押银行签约，帮助客户筹划资金，并据此获取佣金。
>
> 5. 遗产规划师。其主要职责是为客户制定临终时财产的系统处理、部署和管理计划。
>
> 6. 会计师和律师。近年来，会计师的业务范围大有拓展，除了提供传统的会计审计技能的相关服务，也提供很多与个人理财相关的业务，如出具个人的财务报告、个人纳税申报单、个人所得税规划等。一些律师也受到规划师的邀请参与到遗产规划、税务规划等个人理财活动中来。
>
> 资料来源：江珂. 个人理财 [M]. 北京：经济管理出版社，2014:5.

【课堂练习 7-4】

保险公司、信托公司、律师事务所和基金公司中，哪一种机构无法提供理财服务？

三、个人理财规划的内容

个人理财规划的内容包括以下几个方面。

（一）现金规划

个人持有现金主要是为了满足日常开支需要、投机性需要，预防突发事件需要。现金规划是对个人或家庭日常所需现金及现金等价物的安排和对家庭收支管理的过程。现金规划既要保证客户资金的流动性，又要考虑现金的持有成本。现金规划的目标是要保持必要的家庭资产流动性和一定的储蓄额。

（二）住房规划

房地产投资作为一种长期的高额投资，除了用于个人消费，还具有显著的投资价值。投资者购买房产主要出于四种考虑：自己居住、对外出租、投机获利和税务筹划。针对不同的投资目的，投资者在选择具体房地产品种时，也会有不同的考虑。这就要求投资者既要了解房地产方面的法律法规和影响房地产的各种因素，又要了解自己的支付能力以及金融机构关于房地产的各种规定，以确定自己最合理的房地产购置规划。

（三）保险规划

人生很可能会面对一些不期而至的风险，比如意外的人身伤害、疾病、火灾等。在现实生活中人们通过购买保险来规避这类风险，满足自身的安全需要。保险除了具有基本的转移风险、减少损失的功能，它还具有融资、投资功能。在个人理财中经常用到的保险产品包括人寿保险、意外伤害保险、健康保险、财产保险、责任保险等。保险规划的目的在于通过对个人经济状况和保险需求的深入分析，选择适合自己的保险产品，确定合理的期限和金额。

（四）投资规划

投资是个人获取财富的主要手段，不同的金融投资工具具有不同特点，包括股票、债券、基金、外汇以及黄金等，在个人理财中往往占有很高的比例。投资规划要求个人在充分了解自身风险偏好和投资回报率需求的基础上，通过合理的资产分配，使投资组合既能满足资金流动性要求，适配客户风险承受能力，又能获得充足的回报。

（五）税务筹划

税务筹划是在充分了解所在国税收制度的前提下，通过运用各种税务筹划策略，合法地减轻税负。在税务筹划中比较常用的基本策略包括收入分解转移、收入延期、资产销售、杠杆投资、税负抵减等。

（六）教育规划

教育投资是一种智力投资，它不仅可以提高人的文化水平与生活品位，还可以使受教育者提升人力资本。教育投资可以分为两类：自己的教育投资和对子女的教育投资。在进行教育投资时，首先要对自身的教育需求和子女的基本情况进行分析，确定未来的教育投资需求；其次要分析收入情况，并根据具体情况确定自己和子女教育投资资金的来源；最后要综合运用各种投资工具来弥补教育资金来源和需求之间的差距。

（七）养老与退休规划

退休规划是为保证将来有一个有尊严、自立、保持水准的退休生活，而从现在开始制定实施关于如何筹措和管理退休以后的生活资金，以及如何安排退休后收支的一系列财务活动方案的过程。退休规划是一个长期的过程，不是简单地在退休之前存一笔钱，而是个人在退休之前的几十年就要开始确定目标，进行详细的规划，为将来退休做准备。

（八）财产分配与传承规划

财产分配与传承规划是个人理财规划中不可或缺的部分，它是指当事人在世时通过选择遗产管理工具和制定遗产分配方案，对其财产进行合理分配，减少财产分配与传承中发生的支出，满足家庭成员在家庭发展的不同阶段产生的各种需求，避免财产分配过程中可能发生的纠纷，促进家庭关系和谐的规划。

> **【课堂练习 7-5】**
>
> 教育规划、健康规划、退休规划、住房规划中，哪一项不属于个人理财规划的内容？

四、树立科学理性的理财观念

（一）理财既要开源也要节流

理财的关键是开源、节流，争取资金收入。首先来看开源。对大部分人来说，工作收入（被动收入）是唯一的收入。正常情况下，随着年龄的增长，工作收入会越来越多。但有两种情况工作收入会减少：一是退休，二是身故或失去工作能力。所以我们要在年轻时保住赚钱能力，并且在有能力时努力开源，如做兼职、副业甚至是微创业。

其次来看节流。所谓节流便是计划消费、提前规划大额开支。华尔街成功的基金经理人布莱特·麦克蒂格曾研究过，为什么许多一生勤奋的人，最终却无法颐养天年。他总结了十几年的工作经验与心得，仔细分析了那些在金钱游戏中摸爬滚打的经纪人和投资者曾经犯下的各种错误，找出了投资老手也不能幸免的投资盲点，并调查分析了500多位开始时一无所有，但最终积累了成百上千万财富的投资者的致富之道，研究发现：一个人富有的程度取决于他的支出，而非他的收入。在你还没有找到更好的方法去开源时，节流往往是最有效的理财方法。人们常说"赚钱不如省钱"就是这个道理。但节流并不意味着过分节衣缩食，而是知所节制、朴实无华和量入为出。因此要纠正盲目购物、追求表面奢华、轻视小钱和不理性的消费习惯。

（二）理财既要保值也要增值

"投资"和"理财"并不能等同，理财不仅要考虑财富的积累，还要考虑财富的保障。理财在追求投资收益的同时，更注重人生的职业生涯规划和风险管理规划等一系列的人生整体规划，而投资关注的只是如何钱生钱的财富增值问题，相对来说，理财比投资更宽泛，它是基于个人当前的家庭情况、财务状况、生活环境、未来目标以及结合当前所处的经济形势对资产的一种规划,通过各种资产的互补,以期达到不论外部环境如何变化,个人财富都会朝着对自己比较有利的方向变化。理财是管理家庭财富,是对家庭不同周期的现金流进行的管理和规划,目的是让家庭财富蓄水池稳步充盈。

【延伸阅读】

标准普尔资产管理象限图

标准普尔为全球最具影响力的信用评级机构之一,专门提供有关信用评级、风险评估管理、指数编制、投资分析研究、资料处理和价值评估等重要资讯。标准普尔曾调研了全球十万个资产稳健增长的家庭,分析总结出他们的家庭理财方式,从而得到了标准普尔家庭资产象限图(见图7.3)。

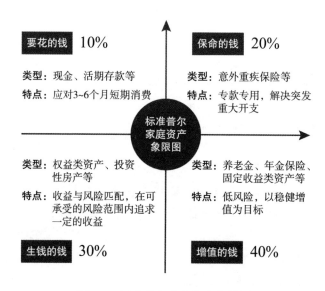

图7.3　标准普尔家庭资产象限图

标准普尔家庭资产象限图把家庭资产分为四个账户,这四个账户作用不同,所以资金的投资渠道也不相同,只有拥有这四个账户,并且按照固定合理的比例进行分配才能保证家庭资产长期、稳定、持续增长。

(三)理财首先是风险控制,其次是资金收益

任何形式的资产或资金配置都要遵循安全性、流动性和收益性的原则,个人理财也不例外。从大的框架来看,个人理财包含:保险、储蓄和投资。

无论选择哪种金融工具,或者称理财工具,都要紧紧围绕安全性、流动性和收益性这三要素去思考,按照需求去选择:到底是追求收益性为主,还是安全性为主,还是流动性为主。证券业的主要特点就是收益性,所以买股票,是追求收益的;而保险业最大的优势就在于安全性,所以买保险以追求安全为主;而银行业最大的功能就是提供现金流,它的优势是流动性比较好。每一个选择都有代价,不能同时兼顾安全、流动、盈

利,需要根据理财的目标和要求做最恰当的选择。

从逻辑上看,理财的第一步就是风险管理,把损失降到最低,目的是追求财务的安全;第二步才是进行资产匹配,目的是追求财务的自由,就是希望需要花钱时一定可以变现。保险在整个理财的框架里具有重要的基础作用。

许多人不理解保险的理财功能,在理财资金配置中往往忽略保险的配置,而保险恰恰是财务安全的重要保障。

人生有风险,而且充满了不确定性。人身风险包含大事,比如重疾、死亡、残疾等;也包含无事,如养老、教育带来的资金压力,需要提前准备;还包含小事,如一般的住院医疗费带来的损失。这些人身风险都可以通过人身保险来进行保障。财产保险主要包含财产损失保险、信用保险、责任保险和保证保险等,主要解决社会风险、法律风险、自然风险所带来的经济损失。曾有人将保险比拟为人类有史以来所发明的最伟大的财务证券。保险是风险管理的有效工具,是现代社会风险管理不可或缺的选择。

(四) 重新认识资本的价值

1. 人创造财富的局限性

对大部分家庭而言,都只是成员通过自己的工作去创造财富。但是,如果仅仅依靠人力创造财富,可能存在哪些问题呢?首先,创造财富过程中人的时间和精力有限,每个人的寿命是有限的,在有限的生命当中,人不可能一直从事工作;其次,创造财富过程中人只能从事某一项或某几项工作,所以创造财富的能力有限;最后,人在创造财富过程中存在各种风险,对一个人来说,可能会发生疾病或者遇到突发的意外状况,以及遇到没有办法抵御的天灾人祸等,一旦遇到这些意外的状况,一个家庭的经济支柱可能会变成家庭的拖累。这就决定了人所创造的财富是有限的。

2. 资本创造财富的无限性

首先,在投资过程中资本有无限时间和精力。因为资本并不需要休息,也不需要吃穿住行,所以它的时间和精力是无限的,而且生命可以很长很长。例如,众所周知的诺贝尔奖,本身就是一个基金,并且已经延续了很长时间。所以,资本是可以无限延续的。从这个方面而言,资本比人更具有优势。其次,在投资过程中资本的能力无限(与投资能力相关)。投资后的资产增值速度、增值规模与人的投资能力相关,但是不会受到人身体能力的限制。资产增值的一个重要原因——复利(也就是利息,是货币自身的时间价值),赋予了投资资产无限的增值空间。最后,投资过程中存在风险,但是是可控的。例如:市场风险、利率风险、汇率风险等,可以通过技术手段进行分散、防控。相对于人身风险而言,这类风险其实要可控很多,这也是投资相对人创造财富的一个根本优势。

五、保险理财规划在个人理财规划中的地位和作用

(一) 风险控制的重要性

俗话说,天有不测风云,人有旦夕祸福。个人在创造财富的过程中,一旦遭遇不

测,其经年累月累积的资产极有可能旦夕之间化为乌有。因此个人理财除了要追求投资收益,更加要重视风险控制。实际上,日常生活中,大家有很多误区,有的人认为"我很富有,没有必要买保险";有的人认为"我的经济条件很差,我没有钱买保险"。虽然许多人富有,他们拼命地追求财富,但是不懂得对自己的财富进行妥善的风险保全,因此一旦因为疾病、意外,导致无法正常工作或丧失生命时,一家人的生计便会陷入困境。李嘉诚曾经说:"别人都说我富有,其实真正属于我个人的财产,就是给我和我的家人买了充足的保险。"此外,经济条件差的人比富有的人更需要保险,因为经济情况越差,越没有折损资产的本钱。在这一点上,保险可以说是个人和家庭财富安全的卫士。

让我们来看看一些案例。

(1)2020年美国篮球巨星科比·布莱恩特坠机去世,当时他年仅41岁。据媒体报道,科比每年为自己购买上百万的意外保险,意外死亡的赔偿金为1亿美元左右。

(2)2022年3月21日,东航MU5735客机坠毁事件留给遇难者家属无尽的伤痛。

(3)2022年9月2日湖南娄底女子酒驾撞人拖行事件告诉我们,并不是只要我们小心翼翼,就会平安无事。

(4)2022年9月5日,四川省甘孜藏族自治州泸定县发生了6.8级地震,这告诉我们意外不知道会发生在何时何地。

通过这些案例,我们可以得到这样的启示:在发生不幸事故的家庭里,没有保险的家庭因不幸的发生,不但要遭遇失去亲人的痛苦,还会丧失经济来源;而有保险的家庭,虽然也遭受了失去亲人的痛苦,但是因为有保险金,可以缓冲一下经济压力。每个人都拥有自然生命和经济生命,保险虽不能延长一个人的自然生命,但却可以延长一个人的经济生命。实际上,保险就像氧气和水,氧气和水都是我们需要的,但是平常谁会珍惜它呢,只有到了缺氧或者缺水的时候,我们才知道它的珍贵。而保险的意义,正是在此。保险是我们生活中的灭火器,是我们远行时的备用胎,是我们乘坐飞机时的降落伞,也许用不上,但是不能不准备。

(二)保险理财在个人理财规划中的地位

通过资产配置的4321法则可以知道,保险理财只占用了全部家庭理财的一小部分,即10%的比例,但保险却可以在关键的时候,发挥以小博大的杠杆作用。以人身意外伤害保险为例,当我们有遭受100万元损失的可能性的时候,我们使用其他的金融工具来防守就需要准备100万元的备用金,这样实际上很浪费资金,而如果使用保险的话,只需要2000元就足够了,这是其他金融工具所无法替代的。因此从个人理财的角度来看,我们不仅要追求投资收益,同样要注重风险控制,尤其要小心谨慎地控制恶性风险。所谓恶性风险,指的就是可能造成重大财产损失、身体健康严重受损、重大疾病、残疾甚至人身伤亡的事件。因此,在拟定理财方案的时候,控制恶性风险就应该成为首要任务,这一点应当优先于任何其他的理财产品和理财策略。遗憾的是,很多时候大家都忽略了这一点,于是就造成了太多的人间悲剧。

> **【思政要点 7-1】**
>
> 　　了解保险事业在我国全面建成小康社会进程中所起的至关重要的作用。我国人民的收入水平、生活的质量相比以前已有非常大的提升，我们比以往任何时候都向往更好的医疗、更好的晚年生活，保险可以助力人民实现美好生活。

第三节　保险理财的价值与功用

　　当今社会，物质生活水平不断走高，但是人们的幸福感随之升高的同时又伴随着焦虑。虽然这是一个非常复杂的社会学现象，但有一点是可以肯定的：社会高速发展的同时，也滋生出许多不安稳、不确定的因素，尤其是对未来生活的不确定性，让人们内心充满焦虑甚至隐忧。人们不得不面对养老问题、失业问题、医疗问题、子女上学问题，还要面对汽车时代的交通意外、规模化大生产所导致的食品安全隐患、环境污染以及社会持续通货膨胀所需的理财规划等问题。面对生老病死这一常人不能回避的自然命题，人们之所以表现出前所未有的焦虑，就在于对未来人生不测的焦虑和惶恐。这些问题概而言之，不外乎包括以下十项内容：老有所养、病有所医、爱有所继、幼有所护、壮有所倚、亲有所奉、残有所仗、钱有所积、产有所保和财有所承。保险理财的价值就在于它可以为这些问题提供完整的解决方案，这是迄今为止其他任何商品所不能提供的。

一、保险理财的价值

（一）老有所养

　　无论是发达国家或是发展中国家，其社会保障体系中非常重要的内容便是让人们老有所养，不至于因为退休而使生活质量下降。但是，当今养老面临诸多的现实难题。

　　1. 人均寿命的提高大大增加了退休后的生活和医疗保健的费用

　　从理财的角度，可以把人的一生分成三个阶段，分别是：无能期、创造期和无力期。从出生到进入社会之前这一段是无能期，大家都要不断地学习，掌握各种技能和本领，需要将近 20 年的时间，这期间所有的经济来源完全依赖父母的供养。从步入社会开始，一直到退休是人生的创造期。在此期间，要努力地工作，享受生活，也承担生活带来的诸多压力，例如照顾家庭、赡养老人、抚育子女，同时还要考虑为无力期做各种各样的养老准备。退休之后不能工作以后的阶段称为无力期，这时候经济来源主要是创造期的积累，所以要享受创造期的成果。

　　2. 通货膨胀让未来充满各种不确定性

　　伴随社会经济的发展，通货膨胀一直存在。如果说当前的退休金可以保障现在的退休生活，但是谁都无法预料未来 10 年后、20 年后到底需要多少钱才能够保持同等水平的退休生活。

3. 社会统筹养老保险缺口越发扩大

当前老龄化高峰期将至。实际上，我国早在1999年就已经进入了人口老龄化社会，国家卫生健康委、全国老龄办通报，截至2021年年底，全国60岁及以上老年人口达2.67亿，占总人口的18.9%；2035年左右，全国60岁及以上老年人口将突破4亿，进入重度老龄化阶段，社会统筹养老保险缺口越发扩大。

4. 养儿防老面临现实难题

过去许多人的退休收入来源都是儿女的赡养费，然而如今养儿防老已经不太现实。一对夫妻必须奉养四个老人和抚养一到三个孩子，生活压力十分沉重。虽然人们都相信每个孩子都一定会有孝心，但不一定会有同时赡养四位老人的能力，因为他们的生活负担已经十分沉重。许多老年人也不再把养儿防老当成是一件值得期待的事情。生老病死是每个人必经的生命过程，每个人都无法控制自己的生死，但是却完全可以将"老"牢牢地控制在自己的手中。虽然当今社会，养老面临很多难题，但是人寿保险却可以为我们每个人都能老有所养、安享有尊严的晚年生活提供一定保障。

（二）病有所医

虽然随着社会保障体系的不断完善，大多数人都能享受社会医疗保险，但是人们发现，一旦罹患疾病，医疗负担仍十分沉重，严重的甚至会影响到正常的生活。当前医疗问题也面临很多现实问题。

1. 医保只保不包

社会医疗保险有严格的个人给付比例。比如，有个人的起付线、共付段，有医保承担的封顶线和重大疾病的支付比例等，还有用药的范围、检查支付范围等明确的规定。而商业保险恰恰是对个人承担部分的最好补充，也是对社会保险的有益补充，特别是重大疾病保险，投保人一旦被确诊为重大疾病，投保人将获得一笔保险金，作为治疗费用。

2. 重大疾病医疗费用高

重大疾病所需的医疗费用通常较高，如果不幸罹患重大疾病却没有购买商业保险，高昂的医疗费用甚至会令有一定积蓄的人倾家荡产。有人十分形象地描述这样一个情景：从富有到贫穷之间，就是一场疾病的距离。谁都无法保证不被疾病侵扰，而重大疾病保险等健康保险却可以为我们提供充足的弹药，以对抗甚至击退疾病这个大敌。

（三）爱有所继

当今社会，交通事故和自然灾害频发。没有人能够预知生命中的不幸，我们现在所能做的就是，在还安好的时候为自己购买足够的人寿保险。因为一旦遭遇不测，只有保险能够将我们的爱延续到父母、妻儿、兄弟姊妹中。保险是让亲情大爱得以延续的保证。

（四）幼有所护

当前一个现实问题就是，子女教育经费居高不下。在一些发达国家，之所以寿险保单普及率很高，是因为许多父母很早就已经意识到，一旦自己遭遇不测，孩子的成长及教育就无法得到保障，而通过购买寿险，能够确保孩子的教育及成长一路畅通无忧，为孩子保驾护航。

（五）壮有所倚

当今社会许多家庭面临失业压力。在所有的失业人口中，青壮年占很高的比例。此外，毕业生的数量也逐年增长，就业压力不断加大。现实告诉我们，无论有无专业的技能，在市场经济中，每个人都面临发展的机会，但是同时也都面临失业的社会风险。这个时候，假设再遭逢意外、疾病等，则可谓"福无双至，祸不单行"，而保险足以消除因失业、意外、疾病等可能给我们带来的生活隐忧。所以，保险能够让我们免除后顾之忧，全力打拼，成就事业。

（六）亲有所奉

当前的现实问题是交通意外事故频发、重大疾病发病率呈现低龄化发展趋势，这些风险时时刻刻都掠夺着年轻的生命，白发人送黑发人的人间悲剧也屡屡上演。作为子女，不管收入是多少，都可以考虑先为自己购买一份费用不高的纯意外险，受益人写上父母的名字。当遇到不测的时候，保险可以代我们尽到儿女的奉养义务。特别是人身意外伤害保险，它是人身保险当中费率最低的保险，非常适合刚参加工作的青年人和经济责任重的中年人。

（七）残有所仗

当前很多企业安全隐患较大，且社会工伤的保障较低，一旦发生人身伤残事故，不仅个人会失去有尊严的生活，其家庭和孩子的正常生活也难以保障，而保险可以为人生增加一层坚实的安全防护网。

（八）钱有所积

保险具有长期性、强迫性储蓄的特性。保险产品的功能和着力点主要在长远的利益上，在产品设计上具有持有时间越长收益越大的共性。很多保险产品，除了保障功能，还兼具储蓄功能，或者投资功能。每年只需投入小额资金，就会变成一笔不小的财富。

（九）产有所保

这里的"产"指的是财产，即实物资产，比如房子、汽车等。产有所保指的就是房子、汽车等免遭意外损害。当意外发生时，财产可以得到理赔。家庭实物财产最大的风险来自于火灾，可以通过购买家庭财产保险的方式来解决此难题。

（十）财有所承

人寿保险在指定身故受益人的情况下，不作为遗产处理，不需要用于偿还债务，因此，保险是很好的资产传承工具，且能够有效地规避债务风险。

> **【思政要点 7-2】**
>
> 通过对保险理财价值的学习,即"老有所养、病有所医、爱有所继、幼有所护、壮有所倚、亲有所奉、残有所仗、钱有所积、产有所保、财有所承",深刻理解保险对守护我们美好生活的重要性。

二、保险理财的功用

保险理财的功用可以概括为以下几点。

(一)转移风险

保险的本质功能是保障功能,而保障功能就是通过转移风险来实现的。通过购买保险,把风险转嫁出去,接受风险的机构就是保险公司。保险公司为投保人提供各种风险保障,从而实现个人风险管理的理财规划。

(二)均摊损失

转移风险并非使得风险事故真正离开投保人,而是保险借助众人的财力,给遭受损失的投保人补偿经济损失。比如自然灾害、意外事故造成的经济损失,一般都是非常巨大的,是受灾个人难以应付和承受的。保险人以收取保险费用和支付赔款的形式,将少数人的巨额损失分散给众多的被保险人,从而使得个人难以承受的损失变成多数人可以承受的损失,这实际上就是把损失均摊给有同质风险的投保人。

(三)实施补偿或者定额给付

当保险合同中约定的保险事故发生时,被保险人或受益人将获得保险补偿金或给付金,以弥补因保险事故的发生而遭受的经济损失。实施补偿或者定额给付要以双方当事人签订的合同为依据。财产保险合同具有损失补偿性质,而人身保险合同一般具有给付性质。

(四)抵押贷款和投资收益等功能

保险实务中,如果客户遇到资金紧缺又一时筹措不到的时候,就可以将人寿保险单抵押给保险公司,从保险公司获得贷款。一些人寿保险产品不仅具有保障功能,还具有一定的投资价值,是新型的理财产品。

(五)资产传承、税务筹划等功能

人寿保险中,在指定受益人的情况下,保险金不作为遗产处理,不用于偿还债务,具有资产传承的功能。在征收遗产税的国家,购买保险并指定身故受益人还能够免缴遗产税。同时,保险理赔款免收个人所得税,这些都是保险理财的功用。

第四节 个人及家庭保险理财规划设计

面对人生中各种各样的风险,个人风险管理和保险规划的目的在于,通过对自身经济状况和保险需求的深入分析,选择合适的保险产品并确定合理的期限和金额。

一、个人及家庭保险产品的规划技巧

(一)明确个人及家庭需求

在中国人的观念中,家庭占据着重要的地位。许多人辛苦奋斗一生就是为了家庭幸福,使家人衣食无忧。但是生活中有太多的不如人意、太多意料不到的事情,如严重的疾病、意外事故、死亡、残障、失业、生意失败等。当这些变故发生时,家庭就会面临巨大的财务危机和"二度伤害"。比如:重病之下无钱就医,家庭的主要收入来源者死亡而使家产被变卖;由意外或意外残疾导致家庭收入中断、巨额医疗费用增加;晚年收入减少或中断,养老所需的各种费用长期持续支出;通货膨胀、各种税费及投资不确定性导致辛辛苦苦积累的财富不断缩水和蒸发。从合理理财的角度出发,一个健康的家庭应该拥有四大账户:人身风险保障账户、健康风险保障账户、养老金领取账户、长期投资理财账户。

(二)保障规划重于投资

对于如何买保险的问题,很多人在进行保险产品的选购时,感觉保障类保险的保险费很多时候是一去不返,或者回来得很少,不如投资理财产品划算,这实际上是对保险理解的误区。保险的本质是保障,是风险的转移,理财的第一步就是做好风险的转移,做好保险保障是做其他的消费安排和投资理财的基础。因此,购买保险产品的顺序一般为:意外险—健康保险—人寿保险—理财保险。

(三)理性配置保险产品

人生的不同阶段、家庭的不同时期,收入水平有所不同。个人和家庭的保险消费在一定程度上取决于收入。我们提倡个人和家庭通过购买保险的手段来规避风险,但是不主张超出个人和家庭能力范围之外的保险消费甚至是负债型保险消费。一般来说,保险消费支出在年收入的5%~15%为宜。不同的个体、不同的家庭,在不同的生活阶段,对保险的需求也不尽相同。消费者可以根据自身和家庭的情况以及所处的人生阶段,先大人后小孩,理性配置合适的保险产品。

【课堂练习7-6】
家庭保险产品配置的顺序如何?

（四）仔细优选保险产品

明确了保险需求以后，消费者便可以有根据地了解适合自身的保险产品。不同的保险产品，其风险保障、储蓄或投资功能侧重不同。在购买选中的保险产品之前，消费者一定要认真阅读条款，了解各个细节，包括保障内容、缴费期限、保障期限、免责条款等，不能片面听信销售人员的介绍或口头承诺。收到保险合同时，消费者要仔细看现金价值表，以提前明确自己的权利和义务，增强消费意识。

二、不同生命周期的保险规划设计

（一）家庭生命周期

家庭生命周期是指每个家庭在不同时期会表现出显著的阶段性，伴随着家庭周期的轮回，一个家庭在物质和精神层面的需求会呈现出明显的年龄特征。家庭生命周期展现的是一个家庭发展的脉络，每个阶段之间的转折与过渡最容易引起家庭关系和财务需求的变化，这些也是决定家庭成员成长与发展的主要因素。

这个概念最初由美国人类学学者 P.C. 格里克于 1947 年提出。P.C. 格里克把家庭生命周期分为形成期、扩展期、稳定期、收缩期、空巢期与解体期六个阶段，投资理财专家基于这一发现，综合家庭财务需求，又把家庭生命周期划分为家庭形成期、家庭成长期、家庭成熟期和家庭衰老期四个阶段。

（二）个人及家庭不同生命周期的保险规划

1. 基于个人及家庭周期性进行保险理财规划的必要性

人的生命具有周期性，同时每个家庭也具有周期性。每个人在生命的不同阶段都面临着不同的责任和风险，相应的理财目标就会有所差异，所以需要采用不同的理财策略。而在众多的理财工具中，保险是必不可少的，可以说保险直接关系到家庭理财的成败。此外，由于社会形态的改变，潜伏在我们周围的许多危机和风险日渐增多，不同年龄段的人有不同的保险需求，没有一个保障方案是适用于所有的人和所有的家庭。事实上，任何人在任何年龄阶段发生意外事故、疾病，都可能导致家庭经济发生额外的支出。尽管有些家庭会有一些经济保障，但是这些保障可能大多来自家庭的积累，或者来自社会的保障，很多时候这些保障往往不足以抵御风险，这就需要用商业保险补充。

由于人生各个阶段的生活重心、家庭情况不同，财务保障的需求也会有所不同，所以对保险的选择也存在差异。比如，单身人士的负担肯定要比有家属的人士轻，因此，后者会需要更多的保障。同样，资产较少的人也比资产较多的人更需要保障，因为他们本来就缺乏经济基础，更需要保险来分散风险，也就是说，经济情况越差越没有折损资产的本钱。实际上不同的生命周期、家庭结构以及不同的收支情况决定了所买的保险产品是不同的。因此，规划保险的时候应该考虑几个要素：所处的人生阶段、家庭负担、个人在家庭中的地位（包括责任地位和经济地位）以及所拥有的资产。

2. 个人及家庭不同生命周期的保险规划设计

理财规划不仅与生命的周期阶段有关,还与不同阶段的收入情况以及消费支出有着密切的关系,只有将保险规划作为理财的风险控制器,财富才能稳步直上。不同生命周期的保险规划设计见表 7.2。

表 7.2 不同生命周期的保险规划

生命周期	个人青年期	家庭形成期	家庭成长期	家庭成熟期	家庭衰老期
阶段特点	收入低,消费大,储蓄少,户外活动比较多	收入增加,消费支出增加,社保逐渐完善	收入达到巅峰,家庭财富积累期,赡养父母、子女教育费用和生活费用猛增	随着子女大学毕业,家庭责任慢慢减轻,父母的养老问题逐渐显现	退休后,大部分家庭的收支相抵。收入来源靠退休金,支出主要有生活费用、健康医疗和休闲支出方面
需求分析	健康状况良好,无家庭负担,保险意识较弱	这个阶段所面临的风险是自身的大病风险与意外风险。由于有了家庭,夫妇双方更应该注意对疾病的防范和保证房屋供款的连续性	这个阶段所面临的风险有意外风险以及大病风险,还包括失业风险。此阶段是保险需求的高峰期,特别是子女教育费用和生活费用是理财的重点。保障自己能平安地承担责任,通过保障自己从而保障家人	规划养老生活的时期。逐渐步入老年,身体的机能明显下降,对健康保险、重大疾病保险的需求较大	主要风险为疾病风险,同时面临着死亡问题和财产传承问题。这时期应是享受保险保障的时候。如果年轻时有投保储蓄,如今可领回满期金,等于多一笔财富保障;有投保医疗险者,也不需要为重病筹不到医药费发愁
保险规划要点	意外风险、必要的医疗保障	1. 意外、基本的健康医疗险是保障的重点 2. 有条件可以考虑给父母买医疗险	1. 根据职业特征选择意外保险 2. 根据社会保障情况选择健康险,根据财力选择重大疾病保险 3. 如果财力允许,可以购买一些投资型产品	养老、健康、重大疾病、投资风险防范。此时要为将来的老年生活做好安排,应该重点配置养老保险	1. 养老生活期间,在有银行存款应急的同时,医疗健康保险是重点 2. 养老金(生活费)、医疗费用、遗产规划
保险产品配置	意外险+健康险+责任险	定期寿险+重疾险+意外险+父母医疗险+财产险+投资储蓄	定期寿险+意外险+子女教育资金+财产险+养老险+投资储蓄	定期寿险+重疾险+财产险+储蓄+意外险	养老险+健康险+遗嘱保险

3. 根据个人及家庭的生命周期变化对保险产品的动态调整

(1) 需要定时调整保险消费额度。初入社会的年轻人,财富尚未累积,经济能力也有限,所以只能买最需要的保障,而不是所有的保障。随着自己的角色和在家庭当中的地位、责任、作用以及经济贡献的变化,保险的消费额度需要做出相应的调整。因此,保险的消费额度应该随着人生财富的积累、需求和所处的不同人生阶段做动态调整。

（2）要安排不同险种的优先次序。要优先购买那些最急需的保险产品，遵循先近后远、先急后缓的原则。也就是说，要分析每一个人面临的最重要的潜在风险有哪些，基于这些风险来选择合适的保险产品。如从事高风险工作的人士，最应该购买的是人身意外伤害保险，而不是先给自己的子女购买一份教育储蓄保险。每一个人在家庭中扮演的角色和承担的责任是不同的，因此所需要的保障力度也是不同的，在经济能力有限的情况下必须先保障最需要的家庭成员、购买最需要的保险。

（3）要避免误区。孩子的保险费支出不宜过多，为孩子准备一些保障应该得到鼓励，但不应该超过现实的承受能力。为孩子所购买的保险的保险费不应该超过家长的保险费，缴费期也不宜过长，等孩子长大以后，让他自己选择合适的保险再去投保。另外，还要研究条款，不要光听介绍，保险并不是无所不保，要严防个别营销员的误导，因为没有根据的承诺或者解释是没有任何法律效力的。对于投保人来说，应该先研究条款中的保险责任和责任免除这两个部分，以明确这些保险单能够为你提供什么样的保障，再和你的保险需求相对照。如果一些保险条款过于专业，就可以请教专业人士。

（4）勿盲目购买。人们在购买贵重商品的时候通常都会货比三家，买保险的时候也应该如此，因为保险是一种长期的理财品种，一定要谨慎。尽管各家保险公司的条款和费率都是经过保险监管部门批准的，但是比较起来还是有所差异。如领取生存养老金的时候，有的保险公司就是按月领取，有的就是定额领取，一定要进行比较。

（5）要及时更改或退保。投保后，投保人仍应该多次反复地审核保险单，并且要冷静分析利弊，如果不满意可以在犹豫期（一般为十天或十五天）内及时更改或者退保，避免今后出现更大的经济损失。

（三）保险与人生财务规划案例

根据生命周期做好人生财务规划，将保险配置作为理财的风险控制器，结合个人及家庭所在的阶段与保险需求定制方案将会达到保险理财的双重效果。

☞【案例分析7-3】

张某，42岁，月工资为8000元，享有社保，个人养老金账户余额为8万元；其妻子39岁，无固定收入；儿子13岁。三口人目前月生活费为3500元。张某父亲65岁，母亲60岁，均依靠张某每月提供600元生活费维持生计。张某家有15万元存款和10万元股票，2000年花60万元购入一套商品房用于出租，房租月收入2000元。该房目前还有38万元贷款本利没有还清。假定生活费每年上涨3%，并且退休准备金投资收益率为5%，请计算张某应该购买多少寿险来保障家人。

分析：

第一步，分析客户家庭财务状况，见表7.3和表7.4。

表 7.3　家庭资产负债表　　　　　　　　　　　　　（单位：元）

资产			备注
金融资产	银行存款	150 000	视为活期存款
	股票	100 000	
	养老金账户	80 000	张先生养老金账户
非金融资产	房产	600 000	商品房出租
资产合计		930 000	
负债			
房屋按揭贷款	银行贷款	380 000	未还清贷款本利
负债合计		380 000	
净资产合计		550 000	

表 7.4　家庭收入支出表　　　　　　　　　　　　　（单位：元）

收入支出	按月计	按年计	备注
张某工资收入	8 000	96 000	
妻子收入			无固定收入
其他收入	2 000	24 000	房租收入
收入合计	10 000	120 000	
日常生活费支出	3 500	42 000	
父母赡养费支出	600	7 200	父母异地生活
支出合计	4 100	49 200	
结余	5 900	70 800	

第二步，分析客户保障需求与保险缺口。

1. 计算家庭生活保障需求

偿还债务备用金需求 380 000 元。

丧葬善后等其他费用 50 000 元。

儿子教育备用金需求 100 000 元。

遗属必要生活备用金需求 ≈ 294 000 + 672 000 + 57 600 = 1 023 600（元）。

其具体计算过程如下：

（1）儿子 24 岁前遗属张太太必要生活备用金需求量现值：

$$S_1 = 3\,500 \times 70\% \times \left[\left(\frac{1+\frac{3\%}{12}}{1+\frac{5\%}{12}}\right)^{132} - 1\right] \Big/ \left(\frac{3\%}{12} - \frac{5\%}{12}\right) \approx 294\,000（元）$$

（2）儿子 24 岁后张太太必要生活备用金需求：

先求出儿子 24 岁时张太太每月必要生活费标准，

儿子 24 岁时张太太每月必要生活费 = 3 500×50% = 2 283.35（元）

假设张太太 59 岁准备 21 年的必要生活费，则必须在儿子 24 岁时为张太太准备 34 年即 408 个月的必要生活费：

$$S_2 = 3\,500 \times 50\% \times \left[\left(\frac{1+\frac{3\%}{12}}{1+\frac{5\%}{12}}\right)^{408} - 1\right] \bigg/ \left(\frac{3\%}{12} - \frac{5\%}{12}\right) \approx 67\,200 \text{（元）}$$

（3）遗属必要生活备用金需求（以张某为父亲准备 8 年的赡养金计算）：

$$S_3 = 600 \times \left[\left(\frac{1+\frac{3\%}{12}}{1+\frac{5\%}{12}}\right)^{96} - 1\right] \bigg/ \left(\frac{3\%}{12} - \frac{5\%}{12}\right) \approx 57\,600 \text{（元）}$$

（4）遗属必要生活备用金需求 ≈ 29 400 + 67 200 + 57 600 = 1 023 600（元）

家庭生活保障总需求 ≈ 380 000 + 50 000 + 100 000 + 1 023 600 = 1 553 600（元）。

2. 计算家庭生活保障已有资源

银行存款 150 000 元。

个人养老账户余额 80 000 元。

股票 100 000 元。

房产投资 220 000 元。

丧葬补助和一次性抚恤金 100 000 元。

家庭生活保障已有资源合计 650 000 元。

3. 计算家庭生活保障净需求

家庭生活保障净需求 ≈ 1 553 600 – 650 000 = 903 600（元）。

张某一家的现金流充沛，财务情况良好，但由于张某是全家唯一经济支柱，有很大的潜在风险。如果张某因任何意外导致身故或伤残，对于他的家庭来说都是灭顶之灾，那时，张某全家家庭生活保障净需求约为 903 600 元。因此，按照先大人后小孩的配置顺序，张某应该首先以自己为被保险人购买寿险，来保障家人未来的基本生活。

第三步，确定险种和购买金额。

根据测算结果，为了确保家人未来生活幸福平安，张某现在应购买大约 90 万元保险金额的人寿保险。

【案例分析 7-4】

张先生，28岁，学历大专，已婚，私营业主，经营一家小型快餐店，年收入12万元左右。张太太，26岁，学历大专，就职于一家私营企业，每年收入3万元左右。夫妻二人有一个刚上幼儿园的3岁女儿，每年需要2万元的保育费。张先生家境比较殷实，有一套价值120万元的房子自住无贷款，有一辆15万元的汽车无贷款，另有存款10万元。张先生夫妻二人也是"能挣会花"的典型代表，目前家庭每年的基本生活花销在8万元左右。二人有基本的农村医疗保险。同时，张先生有一份平安保险公司的保额为30万元的万能寿险，每年需缴纳保险费6 350元，缴费期限为15年；张太太也有一份平安保险公司的保额为20万元的万能寿险，每年缴费6 250元，需缴纳15年。张先生与妻子双方父母身体都比较健康，近七八年不需要夫妻二人资助。目前张先生不打算增加房子和汽车的开支，但是考虑到将来经济形势的影响，快餐店的经营存在风险，很不稳定，而且女儿将来上学需要一笔大资金。张先生希望将来的生活能更稳当一点，生活质量不要降低。

分析：

第一步，分析客户家庭财务状况，见表7.5、表7.6和表7.7。

表7.5　家庭资产负债表　　　　　　　　　　　　　　（单位：万元）

资产		负债	
现金及存款	10	房贷	无
房产	120	其他负债	无
机动车	15		
合计	145	合计	0

表7.6　家庭收入支出表　　　　　　　　　　　　　　（单位：万元）

收入		支出	
先生收入	12	日常生活支出	8
太太收入	3	孩子教育费用	2
其他收入			
合计	15	合计	10

表7.7　家庭保险状况表

社保情况	农村医疗保险				
商业保险情况	被保险人	产品名称	保额	缴费期限及缴费方式	年缴保险费
	先生	万能寿险	30万元	15年 期交	6 350元
	太太	万能寿险	20万元	15年 期交	6 250元

第二步，分析客户保障需求与保险缺口，见表7.8和表7.9。

1. 家庭生命周期及家庭背景分析

（1）人生阶段：该家庭现在已经进入了家庭成长期。

（2）职业现状：张先生是家庭的主要收入来源，但如果快餐店经营出现问题，家庭资金也面临风险，需要一份相对安全的与企业绝缘的家庭资金安排。

（3）财务现状：家庭收入较高，不过每月的生活开销也不低，这需要提高收入、明确家庭理财目标、合理配置家庭资产。

（4）资产现状：张先生一家已经具备了一定的家庭资产。家庭财务状况比较健康，没有负债。储蓄比例较高。有一套价值120万元的房产自住。没有投资房产，也没有其他的投资方式。

（5）保障状况：张先生与张太太都有万能寿险。

张先生一家目前这个阶段，其实是家庭风险最大的时候。"上有老、下有小"的家庭结构使家庭面临赡养父母以及为子女教育、结婚储蓄等多项问题。

2. 面临的风险分析

表 7.8　家庭面临的风险

先生		太太	
死亡风险	大，对家庭影响大	死亡风险	小，对家庭影响很小
健康风险	存在，影响大，考虑重症疾病风险	健康风险	存在，影响小，考虑重症疾病风险
意外伤害风险	存在，影响比较大	意外伤害风险	存在，影响比较小

表 7.9　确定保险需求金额　　　　　　　　　　（单位：万元）

财务需求	费用金额
家庭生活支出	8×60%×（55−26）=139.2≈140
张太太的退休金	2.4×（80−55）=60
女儿的教育经费	4×7=28
张先生父母的生活费用	1.2×10=12
丧葬费用	10
总需求	250
已有资产	
存款	10
先生保额	30
太太保额	20
太太收入	3×（55−26）=87
合计	147

保险需求金额 = 总需求 − 已有资产 = 250−147 = 103

第三步，确定险种和购买金额，见表 7.10。

表 7.10　张先生夫妇（家庭成长期）寿险规划

人员	保险产品	保额（万元）	年缴保险费（元）	缴费年限	保障
张先生	原平安万能寿险	提升保额至 60	不变	不变	不变
	信诚丰盈终身寿险（分红型）	15	2 998.5	30 年	终身
	信诚附加定期寿险	45	1 570	30 年	终身
张太太	原平安万能寿险	提升保额至 40	不变	不变	不变

张先生作为家庭收入的主要贡献者，加强他的寿险保障是对家庭财务安全的保障，所以在原有保险的基础上增加分红险和定期寿险。张太太收入在家庭总收入中占比较低，原有的平安万能寿险足以抵抗其发生风险事故后对家庭的经济冲击。

只对该家庭进行寿险规划不足以弥补家庭总的保障需求，还应给张先生购买适合的意外险，以及给张先生的女儿购买少儿保险。不建议张先生一家在目前阶段考虑养老保险，首先是因为资金压力大，其次，夫妻双方还比较年轻，建议 35 岁以后再考虑养老保险。

第五节　保险购买前后的注意事项

保险实务中，可以将保险购买前后的注意事项总结为如下几个方面：第一，运筹帷幄，做好保险规划；第二，结伴而行，选好保险公司和中介机构；第三，明察秋毫，细读保险合同；第四，把握方位，认清操作流程；第五，维护权益，明晓权利和义务。

一、运筹帷幄，做好保险规划

（一）投保人在购买保险时应该遵循的原则

1. 风险转移原则

投保人应该根据自身或者家庭的需要明确哪些风险是可以规避和预防的，哪些风险是需要转移给保险公司的。

2. 量力而行原则

投保人应尽量在保险费支出一定的情况下，获得最大的保障，以防止保障过度或者保障不足。

3. 家庭支柱优先原则

应当为家庭里最重要的人购买保险，这个人应该是家庭的经济支柱。

4. 保障类优先原则

投保应该优先选择人身意外伤害保险、定期寿险或终身寿险。其中终身寿险的主要目的是规避遗产税；而定期寿险主要是为了保障因突发意外或疾病导致被保险人死亡或残疾后，其家庭成员仍能够维持正常的生活。

5. 年轻者以保障类为主、年长者以储蓄类为主的原则

根据投保人的年龄不同，购买保险时应遵循年轻者以保障类为主、年长者以储蓄类为主的原则。

（二）投保人应该根据自己的收入水平来制定保险规划

1. 超高收入者

对于年收入在社会平均工资几十倍以上的超高收入者：可以考虑购买足够的健康保险，多得一份保障；还可以考虑购买储蓄投资型保险，用于分散个人投资的风险；剩下的资金如果还有富余，可以考虑通过购买终身寿险来达到合理避税的目的。

2. 中高收入者及一般收入者

对于年收入在社会平均工资几倍到几十倍之间的中高收入者，其保险规划可以这样安排：从保障角度来看，可以购买各种保障型保险；从养老角度看，可以购买一定的养老年金保险；从储蓄投资角度看，可以购买一些储蓄投资型保险。对于工资收入在社会平均工资左右的一般收入者，这类人群购买保险应重点放在保障型保险上，这样可以解决一旦发生意外或疾病而导致的收入中断、负担增加的种种问题。在拥有了一定保障型保险之后，可以考虑购买养老保险，为自己退休后的养老生活做准备。

3. 低收入者

对于一些收入水平在社会平均工资以下的低收入者，他们仅能维持日常生活，这类人群应购买短期的保障型保险。这有两大好处：短期的保障型保险由于期限比较短，保险费比较低，可以为投保人节约支出；有了保险之后一旦发生风险，保险就可以解决燃眉之急。

二、结伴而行，选好保险公司和中介机构

投保人在选择保险公司时应综合考虑的因素包括：

（1）公司的形象。要尽量选择口碑较好、社会责任感较强的保险公司。

（2）考虑上市公司的经营状况和偿付能力。这主要是考察保险公司的赔付能力。

（3）要考虑保险供给。要尽量选择保险供给种类较全的保险公司，选择能够提供较低费率或保障额度较高产品的保险公司。

投保人在比较不同保险产品时应注意的因素包括：

（1）要注意产品本身要具有可比性。

（2）要比较不同产品的保险责任和除外责任。在保险费率大致相同的情况下，应该尽量选择保险责任较宽泛、除外责任较少的保险品种。

（3）要考虑产品的费率和收益率。在保障需求得到基本满足的情况下，选择交费额度较低或者保障程度较高的保险产品。对于分红险或者投资连结型保险，应该尽量选择收益率较高或者较稳定的保险产品。

选择保险公司和中介机构还需要注意的问题是,要谨慎选择保险代理人。选择一个合格的保险代理人需要从以下几个方面来进行综合考量:

(1)在投保时要查验保险代理人的证件。保险代理人应该持有保险代理从业人员资格证和展业证,这体现了他的专业知识水平和基本素养。

(2)要考虑保险代理人的从业记录。应该了解保险代理人的从业时间、已完成业务量的多少、在业界的口碑等。

(3)要看保险代理人是否对客户负责。在实践中有些保险代理人为了卖出保险急功近利,以各种花言巧语来诱使消费者进行投保,投保人应该远离这种保险代理人。还要注意在选择保险代理人时,不要刻意讲情面。保险营销具有"亲缘关系"的特征,保险代理人在推销保险时会优先考虑亲属、同学、同事,而保险购买涉及大量保险费支出,所以选择保险公司和中介时切记不要一味地讲面子、讲人情。

三、明察秋毫,细读保险合同

(一)对于财产保险合同,应该重点关注的条款

1. 保险标的条款

财产保险的保险标的是有形财产、无形财产及其有关利益。

2. 责任免除条款

责任免除范围主要涉及道德风险较大或者是损失巨大、无法通过保险来进行明确计量定价的风险,比如投保人的一些故意行为,再如地震、战争、军事行动、暴力行为等。

3. 保险价值和保险金额条款

保险金额根据保险价值来决定,一般不应该超过保险价值。

4. 保险金赔偿方式条款

对于财产保险,原则上以现金支付为主,还可以采用修复、置换和重置等方式。对于发生保险事故之后,被保险人所做出的合理的、必要的施救费用保险公司应予以赔偿。

5. 代位求偿权条款

它指的是因第三者对保险标的的损害而造成保险事故的,保险人自向被保险人赔偿保险金之日起,在赔偿金额范围内代位行使被保险人对第三者请求赔偿的权利。

(二)对于人身保险,应该注意的条款

1. 不可抗辩条款

它指的是自人寿保险合同订立之日起超过一定时限(通常规定为两年)后保险人不能够以投保人或者是被保险人违反如实告知原则为由拒绝赔偿,如存在投保人的误告、漏告、隐瞒等事项。

2. 宽限期条款

它指的是投保人缴纳了首期保险费之后,没有按时缴纳续期保险费的,合同通常约

定给予投保人一定的宽限期（如 60 天）。在宽限期内如果被保险人发生保险事故，保险人应该承担相应的赔偿责任；而如果超过宽限期投保人仍然没有续交保险费，则保险合同的效力中止。在保险合同效力中止后，发生的保险事故保险公司不负赔偿责任。

3. 中止、复效条款

保险合同效力中止的期限是两年。在合同中止的两年内投保人可以向保险公司申请复效，经过保险公司同意，投保人补交中止期间的保险费，保险合同的效力可以恢复。如果中止期满，投保人仍然没有续交保险费的，则保险公司有权利解除保险合同。

4. 自杀条款

通常规定保险合同生效一定期限后，通常是两年之内发生的被保险人自杀行为，保险人不负责承担相应的保险金给付责任，而在两年之后发生的被保险人自杀行为，保险人负责承担相应的保险金给付责任。

5. 不丧失现金价值条款

对于终身寿险和两全保险来说，其现金价值不因合同效力的变化而丧失。

6. 保险单贷款条款

对于具有现金价值的寿险保险单，通常允许投保人以具有现金价值的保险单为抵押向保险人申请贷款。

7. 自动垫交保险费条款

它指的是对于分期交费的保险合同，合同生效满一定时期后（通常为一年或两年），如果投保人不按期缴纳保险费，保险人将自动以保险单的现金价值为投保人垫交保险费。

（三）对于健康保险，应该注意的条款

1. 免赔额条款

在健康保险中，一般均对一些金额较低的医疗费用适用免赔额条款的规定，即保险人只负责超过免赔额的部分。

2. 给付限额条款

它指的是保险人针对被保险人的医疗花费制定了一个最高的赔偿限额，限额以内的花费由保险人来负责承担，限额以外的由被保险人自付。

3. 等待期条款

它指的是在保险单生效后的指定期间内（通常为 180 天），如果发生合同中约定的保险事故，保险人将不负责承担赔偿责任。这一条款的制定主要是为了防止被保险人逆向选择以及控制可能会出现的道德风险。

4. 体检条款

它指的是在被保险人提出索赔要求之后，保险人有权利要求被保险人在其指定的医疗机构接受体检。

（四）保险合同无效的情形

在细读保险合同方面，投保人还应该注意一些保险合同无效的情形。所谓保险合同无效就是指保险合同由于没有满足法律规定的一些生效条件从而失去了法律效应。在这种情况下，投保人即使投保了人寿保险，也无法获得保险公司提供的风险保障。

保险合同无效包括如下几种情况。

（1）保险合同的主体不合法。如投保人不具有行为能力，保险人超越经营范围经营保险业务等。

（2）保险合同的内容不合法，即保险合同的条款内容违反国家法律及行政法规的规定。例如：投保人对保险标的无保险利益；没有采用书面形式订立保险合同；投保人以非法占有的保险标的来投保财产保险；未成年人父母以外的投保人，为无民事行为能力人订立的以死亡为保险金给付条件的保险合同，未经被保险人的同意并认可保险金额的，都视为内容不合法。

（3）保险合同当事人意思表示不真实，即保险合同不能反映当事人的真实意思，如采用非法手段订立的合同等。保险人以欺诈胁迫的方式迫使投保人签订保险合同、投保人对保险单内容存在重大误解的情况下签订保险合同，这些情况保险合同无效。

（4）保险合同违反国家利益和社会公众利益，如投保人为其偷盗来的文物进行投保。

（5）保险合同的形式不合法，即没有采用法律规定的形式订立保险合同。

四、把握方位，认清操作流程

保险理财的一般流程如下：第一步，选择保险种类；第二步，选择保险公司；第三步，选择保险产品；第四步，确定保险金额和缴费方式；第五步，填写保险单，缴纳保险费；第六步，查验保险单；第七步，进行投保决策评价。在这一流程中，应该注意的事项包括：在长期寿险合同中通常规定有十天（或十五天）的犹豫期，在犹豫期内投保人可以对自己的投保决策做出充分的决策评价，认清操作流程。

投保人还应该注意选择合理的交费方式，对于保障类的产品宜选择长缴费期，如定期寿险、终身寿险、长期健康保险等，主要目的是获得以小博大的效果，即应该用尽可能少的保险费支出来获得尽可能大的风险保障。长期缴费分摊在每一年中的保险费支出较少，这样更容易实现保障类产品以小博大的杠杆作用。对于储蓄型的养老保险，宜选择短缴费期，如生死两全保险、养老保险都属于储蓄型的保险，这是因为在相同的保额或相同的储蓄目标下，在缴费期较短的情况下总的支付金额也较少。当产品具有分红或者投资功能时，在较短的缴费期内完成交费任务的投保人可以在投保期初就获得较多的分红权，或者是较大的投资账户累积基数。对于长期的重大疾病保险宜选择分期缴费，分期缴费可以缓解投保人的保险费支出压力，这比趸缴方式更合适。

在投保过程中投保人应该注意不要轻易退保，因为中途的解约会给投保人带来损失。如果中途退保会丧失原有保险单的保障功能，还会带来严重的现金损失，解约得到的现金要远低于投保人所缴纳的保险费，这对于投保人来讲是不划算的。轻易退保还可能会增加不必要的开支，如果非常盲目地解除原有的契约而另行投保新的契约时，由于年龄的增大保险费支出必然增加,这就会带来经济负担的增加。轻易解约、轻易退保还会带来再次选择保险的潜在风险,投保人在解除旧有的保险契约之后再次选择新保险契约的,可能会由于投保人、被保险人身体状况的变化、职业的变化等,被保险公司拒保或是限制投保。在购买保险的过程中,还应该注意合理地使用保险单转换调整保险计划。比较常见的保险单转换,如定期寿险转换为养老保险、终身寿险或者两全保险,也有终身寿险提前满期转换为年金保险的情况。保险单转换调整保险计划的优点在于新保险单的投保年龄会认为是和原保险单相同,这样可以降低投保支出。通过调整保险计划,保险公司一般不会进行二次核保,并完全按照投保人初次投保时的费率等级来进行承保。

五、维护权益,明晓权利和义务

首先,投保人有权知晓保险公司的财务状况、有权知晓保险合同条款的准确含义。在投保时,投保人应该特别注意要求保险代理人或保险公司明确地解释保险责任和除外责任条款的准确含义。投保人有权自主选择保险公司和保险代理人、自主选择保险产品和适合自己的交费方式;投保人有及时取得保险单或保险凭证的权利;有在犹豫期内无条件退保的权利;有变更保险内容、解除保险合同的权利等。被保险人的权利包括保险金的请求权,这是被保险人最主要的权利。其次,是订立寿险合同的认可权。以死亡为保险金给付条件的保险合同必须经得被保险人的书面同意并认可保险金额。再次,被保险人还拥有保险单转让质押同意权。根据我国保险法的规定,以死亡为给付保险金条件的合同所签发的保险单,未经被保险人书面同意,不得转让或者质押。最后,被保险人的权利还包括受益人的指定权和变更权。人身保险的受益人通常是由投保人或被保险人来指定,当投保人变更受益人时必须经得被保险人的同意。

在权利和义务方面,投保人还应该注意丧失权益的一些情形。第一,投保人如果没有准确地理解保险合同条款,如保险合同条款的除外责任、保险责任、保险责任开始时间等,都会使投保人丧失保险权益。第二,投保人自身过失或故意行为会造成其保险权益的丧失,如投保人在填写保险单时没有如实告知、事故发生以后没有及时通知保险公司、保险标的的危险程度增加时没有及时通知保险公司、在财产保险中没有履行对保险标的应尽的安全保护的义务。投保人如果放弃自己的合法索赔请求也会让其自身丧失权益,这在财产保险中较为多见,如投保人自动放弃对第三者的索赔权利、投保人没有积极地帮助保险公司行使代位求偿权等,这些情况都会让投保人丧失权益。

在保险实践中,投保人和被保险人应该如何避免丢失其权益呢?首先,投保前应该要求保险代理人详细地解释保险合同条款,在填写投保单时投保人务必准确如实地告知保险代理人所询问的一些事项,避免出现遗漏和谬误。然后,在填写投保单时投保人切记一定要亲笔签名,不可以请人代签。最后,保险事故一旦发生,投保人或受益人应在第一时间通知保险公司,向保险公司报案。

投保人和被保险人应履行的义务包括:第一,如实告知义务;第二,缴纳保险费的义务；第三，维护保险标的安全的义务；第四，危险增加的通知义务；第五，一旦发生保险事故之后，防止危险损失扩大的义务；第六，保险事故发生后及时通知义务。在保险索赔时投保人和被保险人应该提供索赔的证明材料，如保险协议、保险单、保险凭证、已支付保险费的凭证、被保险人身份的证明、保险事故证明、保险标的损失程度证明等。

还需要注意如何处理保险合同的争议。对于该问题，主要有两个方面的内容。第一是保险合同的解释。在保险实践中常常会发生投保人和保险人就保险合同条款的具体含义产生争议的情况，在这种情况下，需要在尊重保险条款原意的基础上，按照有利于投保人或是被保险人、受益人的解释原则。第二是争议处理的方式。处理保险合同纠纷的方式主要有协商、调解、仲裁和诉讼四种。其中，协商是建立在双方自愿诚信的基础上，充分交换意见，互做让步，达成共同接受的和解协议，这种方式是争议处理首选的方式。其次是调解，调解是指在第三方主持下，根据自愿、合法原则，保险双方当事人自愿达成协议。第三种方式是仲裁，是指保险双方当事人依据仲裁协议，自愿将彼此间的争议交由双方共同信任、法律认可的仲裁机构进行调解并做出裁决。第四种处理争议的方式是诉讼，它是指争议双方当事人依法申请人民法院解决争议，进行裁决的方式。诉讼是解决争议最激烈的方式。因保险合同纠纷引起的诉讼由被告住所地或者是保险标的物所在地的人民法院来进行管辖，我国现行的诉讼制度实行的是两审终审制。

■ 本章小结

1. 个人理财是指制定计划合理利用财务资源、实现个人人生目标的程序，即制定、安排、实施和管理各方面总体协调的财务计划的过程。
2. 个人理财的范围非常广泛，它是一个人一生的现金流量管理以及风险管理。
3. 保险在关键时能够发挥以小博大的杠杆作用，这是其他任何理财工具都无法比拟的。
4. 每个人在生命的不同阶段都面临着不同的责任和风险，相应的理财目标就会有所差异，所以需要基于个人及家庭的生命周期来设计保险理财方案。

■ 思考与练习

一、单选题

1. 某客户周先生今年32岁，妻子28岁，二人均在国有企业工作，享受健全的社会保险与公共医疗，他们还有一个1岁半的孩子，周先生年收入为160 000元，周太太年收入约为80 000元。关于周先生家庭建立保险规划，下列做法中错误的是（　　）。
   A. 周先生家庭需要补充的商业保险最好不要超过年缴保险费24 000元
   B. 优先保障一岁半的孩子
   C. 优先保障收入较高的周先生
   D. 周先生的保险费支出应高于妻子的保险费支出
2. 对于普通家庭而言，潜在的家庭风险中对客户影响最大的是（　　）。
   A. 人身风险　　　B. 信用风险
   C. 财产风险　　　D. 投资风险
3. 在家庭财富保障规划中，如果客户可用于购买保险的资金不多，一般是"保障优先"，下列最符合该原则的是优先购买（　　）。
A. 分红险　　　B. 重疾险
C. 万能险　　　D. 投连险

4. 关于人寿保险在财富传承中作用的表述错误的是（　　）。
A. 合理避税是现阶段高资产人群投保高额保险单的驱动因素之一
B. 通过合理安排为投保人及受益人构建了一层保护膜
C. 人寿保险单不指定受益人，也能保证被保险人在一定程度上避免家庭内部的纷争
D. 人寿保险的给付可防止财产变现带来的损失

5. 比较来看，定期人寿保险对以下（　　）人群是最必要和合适的保险产品。
A. 收入较高、保障需求较高
B. 收入较高、保障需求较低
C. 收入较低、保障需求较高
D. 收入较低、保障需求较低

6. 于某由江西老家进京打工，从事建筑工作，月收入1200元，家中母亲年迈，没有收入来源，于某最需要的保险产品为（　　）。
A. 长期重大疾病保险
B. 人身意外伤害保险
C. 万能保险
D. 养老保险

7. 关于保险理财的一般流程，以下正确的排列是（　　）。
① 选择保险产品
② 确定保险金额和缴费方式
③ 选择保险种类
④ 选择保险公司
⑤ 查验保险单
⑥ 进行投保决策评价
⑦ 填写保险单，缴纳保险费
A. ④①③②⑦⑤⑥　　B. ③④①②⑦⑤⑥
C. ④③①②⑦⑤⑥　　D. ③②④①⑦⑤⑥

8. 人身保险与财产保险的标的不同，对标的的价值认识、评价方法也不同，因此人身保险合同和财产保险合同在条款上有些不同，财产保险合同中特有的条款是（　　）。
A. 保险金额条款　　B. 保险价值条款
C. 保险责任条款　　D. 保险费条款

9. 理财规划师在为客户设置风险管理与保险规划时，建议客户购买健康保险应遵循一些基本原则，以下说法不正确的是（　　）。
A. 根据经济条件选择适合的健康保险产品
B. 购买健康保险宜早不宜迟，越年轻投资成本越低
C. 根据需要选择补偿型和给付型的产品，如果有比较好的单位或社会保障计划，最好买补偿型的；如果是自由职业者或是农民，最好买给付型的
D. 选择分期缴保险费的方式，理性的做法是争取最长年限的缴费方式

根据下面案例完成10～12题。

黄先生35岁，是某研究院研究员，每月税前收入为7000元；董女士31岁，是银行职员，每月税前收入为5000元。夫妻俩的小孩1周岁。目前夫妻两人与董女士的父母住在一起，两位老人每月有2000元的收入。每月家庭生活开支为4500元。夫妻两人均有社会保险，两位老人也有社会医疗保险，全家人都没有购买商业保险。

10. 为黄先生夫妇家庭设计风险管理与保险规划，下列说法不正确的是（　　）。
A. 为黄先生家做的风险管理与保险规划要注重用最小的成本使全家获得最大的保障
B. 风险管理与保险规划的侧重点在于使家庭资产大幅增值
C. 类似黄先生这样的家庭需要用商业保险来完善风险管理与保险规划，而不是只依靠社会保险
D. 黄先生家庭的风险管理与保险规划中的商业保险可以考虑重大疾病险、意外险和定期寿险

11. 下列关于保险规划中社会保障和商业保险关系的描述正确的是（　　）。

A. 社会保障和商业保险有一项就可以了
B. 商业保险绝对优于社会保障
C. 制定购买商业保险规划时要考虑客户已有的社会保障情况
D. 以上说法都不准确

12. 以下关于黄先生家庭保险规划设计的说法正确的是（　　）。
A. 黄先生的保额应该低于董女士
B. 应该优先给孩子买保险，再考虑黄先生夫妇的保险保障
C. 应该优先给董女士的父母买保险，再考虑黄先生夫妇的保险保障
D. 可以用预留较高医疗基金的方式替代为董女士父母买保险的规划

二、多选题

1. 理财师在帮助客户制定财富保障规划时，要把握的基本原则有（　　）。
A. 风险分散原则　　B. 风险转移原则
C. 量入为出原则　　D. 量力而行原则
E. 成本最小原则

2. 下列关于客户所属生命周期的说法，正确的是（　　）。
A. 生命周期是理财师为客户配置保险产品时需要考虑的首要因素
B. 不同的生命周期，其保险费定价、投保年龄和保额限制等承保条件也会不同
C. 根据生命周期理论，人的一生被划分为四个时期：形成期、成长期、成熟期和衰老期
D. 工作不久、尚未结婚的年轻人处于单身人士阶段
E. 老年人的保险组合应为重疾险+住院险+津贴型保险

3. 在进行家庭财产保险规划时需要重点考虑普通家庭财产保险的规划，以还原保险的本质功能。具体包括（　　）。
A. 合理确定保险金额
B. 避免为财产重复投保
C. 根据不同角色选购保险产品
D. 避免遗漏重要财产

E. 根据家庭收入水平选购保险产品

4. 小李今年大学毕业，拿到第一个月工资时，决定通过买保险给母亲一份保障，以下最适合的选择有（　　）。
A. 为自己投保重大疾病险，母亲为受益人
B. 为母亲投保重大疾病险
C. 为母亲投保投连险，获得高投资收益
D. 为母亲投保万能险，获得长期稳定收益
E. 为自己投保定期寿险，母亲为受益人

5. 保险可以为一个家庭提供财务安全保障，在家庭失去主要收入来源的情况下，依靠保险的保障功能依然能够维持家人的稳定生活。除此之外，还可以达到（　　）。
A. 风险保障的目的　　B. 储蓄投资的目的
C. 财产安排的目的　　D. 合理避税的目的
E. 遗产规划的目的

三、简答题

1. 简述资产配置的4321法则。
2. 为什么要依据个人和家庭的生命周期变化来配置保险产品？
3. 结合实际，简述保险理财的功用。

四、案例分析题

1. 某保险公司代理人A发生车祸。他开着摩托车载着妻子在返家途中与一货车发生碰撞，妻子受轻伤，A受重伤。送院抢救治疗一个月后，A身亡。其时A年仅26岁，结婚不满一年，妻子初孕。

翻查A所购保险，年缴保险费6000余元，主险为生死两全寿险，基本保额为4万元，55岁起每年返还4000元至终身，交费期间身故可获双倍基本保额给付，附加险有10万元保额的意外险和1万元保额的意外医疗险。但是，经交警部门查实，A的摩托车驾照已经过期，为无效证件。根据保险合同的免责条款，意外险及意外医疗险都得不到赔付。保险公司按保险合同只赔付主寿险，即8万元保险金。

A为家中独子，父亲已逝，母亲近

年已无工作,也没有社保退休金,平日就靠 A 支付生活费用。而妻子工作收入很一般,根本不能应付家庭生活正常支出。现在 A 身亡,只留下 8 万元保险金,这些钱不够母亲与妻子 4 年的生活用度,还有一个未出世的孩子等着用钱。过了这几年,他家人的生活费要怎么办?他孩子的教育费又要怎么办?请为 A 重做保险规划。

2. 郝小姐的医疗费用保险单的保险期限自 2018 年 6 月 1 日起至 2019 年 5 月 31 日结束,责任期限为 90 天。2019 年 4 月 1 日郝小姐患病住院接受治疗,并于 2019 年 7 月 10 日出院,平均每日医疗费用为 100 元,假设其他条件都符合保险合同规定,计算保险公司的赔付金额。

第八章 保险公司的运作

■ 学习目标

学习本章，应当理解和掌握：
- 保险公司的组织形式
- 保险公司的设立、变更、解散、撤销等相关内容
- 保险公司营销活动中的展业、承保、理赔等环节
- 保险投资的方式

■ 价值目标

学习本章，具体的价值目标应包括：

增强对保险公司营销活动的了解，防范和化解保险欺诈风险，主动维护自己的合法权益，维护保险市场经营秩序。

保险能够给人们提供安全感和保障，在人们面临风险时帮助其减轻损失。但现实生活中，由于信息不对称，有可能存在保险欺诈等情况，使人们的利益受到严重损失。要避免这种情况，就要了解保险公司营销活动详情。本章主要学习保险公司的组织形式、营销活动中的展业、承保、理赔及保险投资方式。

第一节 保险公司概述

一、保险公司的组织形式

保险公司是依法设立的专门从事保险业务、提供保险保障的企业。保险公司通过向投保人收取保险费，建立保险基金，向社会提供保险保障，以此获得相应的利润。

（一）股份有限公司及有限责任公司形式

《中华人民共和国保险法》第九十四条规定："保险公司，除本法另有规定外，适用《中华人民共和国公司法》的规定。"保险公司在组织形式上直接适用《中华人民共和国公司法》（以下简称《公司法》），既可以采取股份有限公司的形式，也可以采取有限责任公司的形式（国有独资公司属于有限责任公司的特殊形式）。

1. 保险股份有限公司

股份有限公司是指由一定数量的股东依法设立的，全部资本分为等额的股份，其成员以其认购的股份金额为限对公司的债务承担责任的公司，简称股份公司。保险股份有限公司是指由国家保险监管机关批准设立、经营保险业务的股份有限公司。这种形式是保险公司的主要形式，我国新成立的保险公司基本上采取这种组织形式。

我国目前有中国太平洋保险（集团）股份有限公司、中国平安保险（集团）股份有限公司、华泰财产保险股份有限公司、新华人寿保险股份有限公司等保险股份有限公司。

2. 有限责任保险公司

有限责任保险公司是指由股东投资形成的，公司以自己的全部资产对外承担责任，而公司股东则以所投资的资本为限对公司债务承担有限责任的保险公司。与早期的劳合社等承担无限责任的保险组织相比，有限责任保险公司有以下几个鲜明的特点：

（1）公司股东对外承担有限责任。劳合社等保险组织在成立初期，其成员对外承担无限责任，这就给成员造成了潜在的极大风险——如果经营失败，成员要自己直接承担责任，甚至会因此导致破产。而有限责任性质的保险公司就避免了这种风险——即使公司经营不善，也不会造成股东过大的损失，最大损失为投资到保险公司中的资本金。

（2）公司股本不划分为等额的股份，而是根据股东的协议分为相应的额度，这样可以由股东们根据自己的实际财力投资对应比例的股本。

（3）公司股东人数有限。例如，依我国法律的规定，有限责任公司的股东人数为1～50，而且，其股东，尤其是原始股东彼此通常较为熟悉，相互间有较强的人身信任关系，所以有限责任保险公司既有资本联合的性质，又有很强的人合性。

（4）公司管理科学透明。有限责任保险公司一般要建立股东会、董事会、监事会等组织机构，按照法定的方式对公司进行经营和管理，并进行相应的信息披露，实现公司的科学与民主管理。

目前非国有性质的投资主体也可以设立有限责任保险公司。实践中我国已经有一些保险公司，尤其是财产保险公司采取了这种组织形式。

(二)保险公司的其他组织形式

1. 相互保险公司

相互保险公司是由投保人参与设立的法人组织,其经营目的不是获利,而是给投保人提供低成本的保险。相互保险公司采取以下几种方式收取保险费。

(1)预收保险费制。它是在签订保险单合同时,保险公司就先收足保险费。终了时,保险费如有盈余,便分给投保人,或者留存公司。

(2)摊收保险费制。这是规模较小的相互保险公司采取的一种收费方式。签单时,保险公司收取足够的保险费,以应付公司的相应开支,若不够,投保人须在确定的限额内补缴,这种方式与预收保险费制有相似之处。

(3)永久保险费制。它是一次缴纳保险费后,保险合同将永远有效。在这种收费制度下,投保人所需缴纳的保险费一般数额很大。但在一定期限内,投保人可从公司盈余中分取红利。

2. 相互保险社

相互保险社是保险组织的原始形态,一般规模很小,它是指某一行业的人员,为了规避同类灾害造成的损失而组织起来的保险机构。如果其中某一成员遭受保险事故而受到损失,由全体成员共同分担。相互保险社的经营很简单,保险单持有人即为该社社员,各保险单的保险金额没有高低之分,因而每人都有相同的投票权选举理事及高级职员。相互保险社在收取保险费时,并不经过数理计算,而是按具体损失额来分担。相互保险社有以下特征:①保险单持有人即为该社社员,社员之间相互提供保险;②相互保险社没有股东,其经营资金源于社员缴纳的分担金,各保险单的保险金额也没有高低之分;③社员均能参与相互保险社的管理活动,每人都拥有相同的投票权,一般情况下,保险社设若干专职人员,专门负责保险社的日常事务。目前,相互保险社这种组织形式存在于英国、美国、日本等国家,如英国的友爱社等。

3. 保险合作社

保险合作社是根据自愿的原则集股设立的保险组织。与其他合作保险机构一样,保险合作社是非营利性的保险组织。保险合作社采取固定保险费制,一经收缴,便不再追加。保险合作社和相互保险社有诸多相似之处,人们常把两者混淆起来。其实,保险合作社和相互保险社是有区别的。相互保险社没有股本,而保险合作社则有由会员缴纳的股本。社员也是股东,能够参与保险合作社事务的管理。另外,相互保险社与社员的关系不具有长期性,一旦双方合作期满,社员就能退出相互保险社。而保险合作社与社员之间则是一种长期的关系,社员认缴股本后,即使不利用保险合作社的服务,也能与之保持联系。

4. 个人保险组织

除前述各种形态的保险组织外,英国、美国的保险市场上还存在个人保险组织形式,典型的如英国的劳合社。它是世界上最大、历史最悠久的保险机构。劳合社拥有众多的成员,这些成员能够利用劳合社进行保险经营活动,劳合社的成员可分为以下几种:①承保会员,这是经营保险业务的主体,他们有权以自己的名义承保风险,但承保会员自身并不参与具体业务活动，而是委托保险代理人办理；②非承保会员，这主要是指保险经纪人，与承保会员一样，他们能够使用劳合社的一切设施，但不能开展承保业务；③年费会员，这是指每年通过捐助一部分费用，而获得保险经纪人资格的会员；④准会员，这是指为会员与年费会员提供保险服务的人员，如海险理算师、精算员、律师等。

二、保险公司的设立

设立保险公司就是新创办保险公司。设立保险公司必须遵守国家的法律法规，因此其设立必须依照法律规定的条件和程序。

（一）设立保险公司的基本条件

《中华人民共和国保险法》第六十八条规定，设立保险公司应当具备下列条件。

（1）主要股东具有持续盈利能力，信誉良好，最近三年内无重大违法违规记录，净资产不低于人民币二亿元。

（2）有符合本法和《中华人民共和国公司法》规定的章程。

（3）有符合本法规定的注册资本。

（4）有具备任职专业知识和业务工作经验的董事、监事和高级管理人员。

（5）有健全的组织机构和管理制度。

（6）有符合要求的营业场所和与经营业务有关的其他设施。

（7）法律、行政法规和国务院保险监督管理机构规定的其他条件。

《中华人民共和国保险法》第六十九条规定：

设立保险公司，其注册资本的最低限额为人民币二亿元。

国务院保险监督管理机构根据保险公司的业务范围、经营规模，可以调整其注册资本的最低限额，但不得低于本条第一款规定的限额。

保险公司的注册资本必须为实缴货币资本。

（二）我国设立保险公司的程序

1. 提出设立保险公司的申请

设立保险公司，必须向国务院保险监督管理机构提出申请，并提交必要的资料，包括设立申请书、可行性研究报告、筹建方案、投资人的营业执照或者其他背景资料、经会计师事务所审计的上一年度财务会计报告，投资人认可的筹备组负责人和拟任董事长、经理名单及本人认可证明以及国务院保险监督管理机构规定的其他材料。

国务院保险监督管理机构应当对设立保险公司的申请进行审查，自受理之日起，六个月内做出批准或不批准筹建的决定，并书面通知申请人。决定不批准的，应当书面说明理由。

2. 筹建

申请人应当自收到批准筹建通知之日起一年内完成筹建工作，筹建期间不得从事保险经营活动。筹建工作完成后，申请人具备《中华人民共和国保险法》第六十八条规定的设立条件，可以向国务院保险监督管理机构提出开业申请。

3. 提出开业申请

国务院保险监督管理机构应当自受理开业申请之日起六十日内，做出批准或者不批准开业的决定。决定批准的，颁发经营保险业务许可证；决定不批准的，应当书面通知申请人并说明理由。

4. 开业

经批准设立的保险公司，凭经营保险业务许可证向工商行政管理机关办理登记，领取营业执照，正式对外开业。保险公司及其分支机构自取得经营保险业务许可证之日起六个月内，无正当理由未向工商行政管理机关办理登记的，其经营保险业务许可证失效。

三、保险公司的变更、解散、接管、撤销和破产

（一）保险公司的变更

保险公司的变更是指保险公司成立后有关事项发生变化。当公司发生下列变化时，其变更应报保险监督管理机构批准：变更名称，变更注册资本，变更公司或者分支机构的营业场所，撤销分支机构，公司分立或者合并，修改公司章程，变更出资额占有限责任公司资本总额百分之五以上的股东，或者变更持有股份有限公司股份百分之五以上的股东，以及国务院保险监督管理机构规定的其他情形。

（二）保险公司的解散

保险公司的解散是指保险公司停止开展业务活动，开始处理未了结事务，通过办理清算行为，使保险公司作为法人的资格消灭。保险公司的解散主要有以下三种情况。

1. 因分立而解散

保险公司因分立而解散是将原保险公司的财产进行分割，新设两个或两个以上的保险公司，使原保险公司的法人资格消灭。保险公司分立时，应当编制资产负债表及财产清单。公司分立前的债务由分立后的新公司负担。

2. 因合并而解散

保险公司因合并而解散是指两个或两个以上的保险公司以合并的形式设立一个新公司，使原保险公司的法人资格消灭。保险公司合并时，合并各方应签订合并协议，并编制资产负债表及财产清单。保险公司合并后，合并各方的债权、债务由新公司继承。

3. 依公司章程的规定而解散

公司章程中规定的公司应当解散的理由包括公司营业期限届满、公司已完成或不能完成其使命、公司具有显著困难或严重损失以及全体或大多数股东同意解散等。这些情况出现时，保险公司应当依法解散。经营人寿保险业务的保险公司，除分立、合并或者被依法撤销外不得解散。

(三)保险公司的接管

保险公司的接管是指在保险公司的行为违反了《中华人民共和国保险法》的规定,并造成了严重后果的情况下,国务院保险监督管理机构采取必要的措施,代为行使该保险公司的经营权力,以保护被保险人的利益,恢复保险公司正常经营的行为。

保险公司违反《中华人民共和国保险法》规定,公司的偿付能力严重不足的或者违反法律规定损害社会公共利益,可能严重危及或者已经严重危及公司的偿付能力的,国务院保险监督管理机构可以对该公司实行接管。接管组织可以采取的措施包括:停止保险公司的新业务,停止保险公司的部分原有业务,改组保险公司的经营管理机构。

(四)保险公司的撤销

保险公司因违法经营被依法吊销经营保险业务许可证的,或者偿付能力低于国务院保险监督管理机构规定标准,不予撤销将严重危害保险市场秩序、损害公共利益的,由国务院保险监督管理机构予以撤销并公告,依法及时组织清算组进行清算。

(五)保险公司的破产

保险公司有《中华人民共和国企业破产法》第二条规定情形的,经国务院保险监督管理机构同意,保险公司或者其债权人可以依法向人民法院申请重整、和解或者破产清算;国务院保险监督管理机构也可以依法向人民法院申请对该保险公司进行重整或者破产清算。破产财产在优先清偿破产费用和共益债务后,按照下列顺序清偿:①所欠职工工资和医疗、伤残补助、抚恤费用;②所欠应当划入职工个人账户的基本养老保险、基本医疗保险费用,以及法律、行政法规规定应当支付给职工的补偿金;③赔偿或者给付保险金;④保险公司欠缴的除第①项规定以外的社会保险费用和所欠税款;⑤普通破产债权。破产财产不足以清偿同一顺序的清偿要求的,按照比例分配;破产保险公司的董事、监事和高级管理人员的工资,按照该公司职工的平均工资计算。

经营有人寿保险业务的保险公司被依法撤销或者被依法宣告破产的,其持有的人寿保险合同及责任准备金,必须转让给其他经营有人寿保险业务的保险公司;不能同其他保险公司达成转让协议的,由国务院保险监督管理机构指定经营有人寿保险业务的保险公司接受转让。

转让或者由国务院保险监督管理机构指定接受转让前款规定的人寿保险合同及责任准备金的,应当维护被保险人、受益人的合法权益。保险公司依法终止其业务活动,应当注销其经营保险业务许可证。

> 【思政要点8-1】
>
> 让学生通过对保险公司概述的学习,认识到保险公司在设立和执行过程中对法律的严格贯彻执行、明白依法办事的重要性,增强公正、法治、道德观念。

第二节 保险承保

保险承保是指保险公司接到投保人的申请后，考察被保险人的投保资格及投保风险的性质，然后做出是否承保的决定。保险公司在实际承保时，通常要根据承保声明的规定，按部就班地完成各个承保环节，以成功选择使公司获利的业务。

一、承保声明

保险公司在承保时通常会有承保声明，承保声明上规定的内容是与其公司经营目标一致的。这里所说的经营目标有两种：一种是薄利多销，承保业务量大，但每笔业务的利润率较低；另一种是承保的业务量虽然小，但每笔业务的利润率都较高。这两种不同的经营目标决定了保险公司承保标准的不同。

保险公司通常将投保的业务分为三类：第一类是可以直接接受承保的业务；第二类是需要考虑是否承保的业务；第三类是绝对不保的业务。保险公司承保的业务通常是前两类，但也不是说投保的这两类业务都保。保险公司还要确定一个适当的业务量，即承保的第一类业务和第二类业务的具体业务量。

保险公司的承保声明通常都是由公司的高层决策者来制定的。那些在日常工作中决定某一笔具体的业务是否承保的承保人要严格按照公司制定的承保声明履行自己的职责。保险公司大多会印制承保准则之类的小册子，详细地解释承保声明的内容，包括：承保的险种；承保业务的地理区域；使用的保险单格式，使用的费率结构；列举说明上述三种业务的具体范围；承保的业务量；需要经上级负责人批准的业务以及其他承保细节。

二、承保环节

保险公司在制定承保声明后，将该声明的内容传达给各级销售队伍，销售人员根据承保声明规定的原则开展业务。承保通常要经历下列环节。

（一）保险代理人的承保

保险代理人的承保通常称为现场承保，或在外承保，保险公司会告知其代理人，哪些业务是可以直接承保的，哪些是需要由保险公司决定是否承保的，以及哪些是绝对不保的。例如，在汽车保险中，保险公司通常不愿向那些曾经被控酒后驾车的投保人、21岁以下的独立驾驶人，以及那些拥有功率大、价值高的赛车的年轻人出售车险，因而会向代理人明确说明。在财产保险中，有一些风险或标的的承保需要经过保险公司的同意，而不能由代理人自行决定。例如，保龄球场和饭馆的火灾保险，这是因为保龄球道是木制的，一旦起火，损失程度将会很惊人，而饭馆由于烹饪的缘故，火灾隐患很多。

在财产保险与责任保险中，保险代理人有权代保险公司签订保险合同，保险代理人承保这一环节显得格外重要。代理人承保的业务种类和质量会给保险公司的经营带来直接的影响,因此财产保险代理人在销售保险时尤其要熟悉和执行公司承保声明的规定。为了鼓励财产保险代理人多争取那些赔付率较低的优质业务,保险公司通常都会给予代理人盈余佣金,即将代理人承保的业务的盈利的一定比例作为佣金返还给代理人。寿险代理人虽不能代保险公司签订保险合同,但是寿险代理人是使潜在的投保人发出投保申请的力量。代理人的展业方向也会直接影响保险公司接到的投保申请(即投保要约),因此寿险代理人也必须明确公司的承保标准。寿险公司通常不愿寿险代理人向吸毒者、酗酒者或从事危险职业的人展业。

(二) 承保信息来源的确定

保险公司在决定是否接受投保人的投保申请时,需要以一定的信息作为参考或依据。保险人需要的信息根据险种的不同而不同。在财产保险中,保险公司既要考虑投保财产的状况和特征,又要考虑投保人的个人信息。例如,不动产的火灾保险中,保险公司承保时通常要考虑房屋的建筑结构、居住情况、防火设施的性能、供水情况及周围建筑物的火灾隐患等情况。至于投保人的个人信息,保险公司可能会考虑投保人最近的财务状况、过去的投保和索赔记录、生活习惯及道德品质等,以确定投保人购买保险的动机是寻求保障还是投机,即是否存在道德风险。

(三) 承保决定

保险公司根据获得的有关投保人的承保信息对投保人的可保性进行评估后,就要决定是否承保。保险公司能够做出的决定有以下三种。

1. 接受投保申请,进行承保

若保险公司认为投保人符合承保条件,具有可保性,通常就会接受承保,然后根据投保人的实际情况确定适当的费率,签发保险单。保险公司对投保人的投保申请,即对投保要约做出接受,保险合同即告成立。

2. 对投保申请做出有条件的接受

有时保险公司可能会认为投保人基本符合承保条件,但希望在某些地方对投保申请进行变更或对将来的保险条件进行限制。例如,保险公司有时会认为投保人投保的保险金额过高,要求降低投保申请中投保人填写的投保金额。又如:投保人对其动产投保盗窃险,保险公司同意承保,但要求投保人安装防盗门窗和盗窃报警系统;投保人投保的是家庭综合财产保险单,保险公司虽然接受投保,但要求被保险人改为投保住宅和室内财产保险单,保险公司并要求在保险单中规定一个较大免赔额;在寿险中,投保人的健康状况比平均水平差,此时保险公司虽然同意承保,但要提高保险费率。这时,保险公司对投保申请做出的改变,实际上构成了反要约,如果投保人接受这个要约,保险合同即告成立,保险公司会签发保险单。

3. 拒绝承保

如果保险公司认为投保人不符合承保条件,则会拒绝承保。然而,保险公司在拒绝承保时,应注意其拒绝的合理性程度,即不能不合理、过度地拒绝承保,否则就会产生一些不良后果，最直接的是降低保险公司的利润率，还会伤害代理人展业的积极性。因此，保险公司在拒绝承保时，必须明确指出拒保的原因是投保申请不符合保险公司的承保标准。

有些个人险种可以进行标准化，保险公司将这些险种的承保通过计算机系统来决定，如汽车保险和住宅责任保险。这样，保险公司的计算机系统就会很快做出承保决定。

第三节　保险分保

一、保险分保的概念

保险分保即再保险，是指保险人为了分散风险而将原承保的全部或部分保险业务转移给另一个保险人的保险。

二、保险分保的分类

（一）按照业务操作方式分类

1. 临时再保险

临时再保险是逐笔成交的、具有可选择性的分保安排方式，它常用于单一风险的分保安排。

2. 合同再保险

合同再保险是由保险人与再保险人用签订合同的方式确立双方的再保险关系，在一定时期内对一宗或一类业务，根据合同中双方同意及规定的条件，再保险分出人有义务分出、再保险接受人也有义务接受合同限定范围内的保险业务。

3. 预约再保险

预约再保险是介于合同再保险和临时再保险之间的一种分保方式，是在临时再保险的基础上发展起来的。它既具有临时再保险的性质，又具有合同再保险的形式。预约再保险往往被作为对合同再保险的一种补充。

（二）按照分保形式分类

1. 比例再保险

比例再保险是以保险金额为基础计算分出公司自留额及接受公司承保额的再保险方式。

2. 非比例再保险

非比例再保险又称超过损失再保险。它以赔款为基础来确定保险人的自负责任和分保责任。

(三) 按照业务渠道分类

1. 分入、分出再保险

保险公司将直接承保的业务根据需要在市场上安排再保险保障，相对保险公司来说，这部分业务就是分出业务，而接受这些业务的保险或再保险公司称这种业务为分入业务。

2. 法定再保险

法定再保险是指根据国家法律或法令规定，必须向国家再保险公司或指定的再保险公司办理的再保险。操作方式一般为规定成分的成数再保险。

3. 交换再保险（互惠分保）

交换再保险不是一种分保方式，而是由分保方式发展演变而来的要约和承诺关系的互惠条件，就是分出公司一方面将业务分出，同时又要求接受公司提供分入业务或回头业务。

4. 转分保再保险

转分再保险是指再保险接受人所负的责任超过对一个风险的自留额时，与直接保险公司安排再保险一样，寻求转嫁再保险责任的再保险形式。

5. 集团再保险

集团再保险是指一个国家或一个地区之内很多家保险公司为达到一个共同目的而联合组成的、增强承保力量的再保险形式。

三、分出业务的经营管理

分出业务的经营管理包括：分出业务的一般管理，临时再保险和合同再保险的手续，分出业务的统计分析和会计账务。对于分出业务的一般管理，主要就是要了解再保险业务质量，制定再保险规划，合理确定自留额。

分出部门必须对所安排的分出业务的承保条件、费率及风险程度等情况有全面了解，并掌握同类业务在国际保险市场上的费率及分保情况。在此基础上根据业务的具体情况、再保险市场的情况，以及公司的经营方针和自身的经济能力，制定再保险规划，合理确定自留额。再根据自留额、分保额、保险费、赔款、手续费、利息及其他收益、费用开支等，对业务的经营结果进行测定。

自留额的确定是分出业务管理中非常重要的工作。自留额是保险公司根据自身偿付能力确定自己承担的保险责任，它直接关系到保险公司经营的稳定性和预期利润。自留额确定过低，会使保险公司丧失较大的预期利润，则不能确保经营的稳定和财务的稳定。

自留额确定后，保险公司在做再保险规划时，还应选择恰当的再保险方式。比例再保险方式与非比例再保险方式在不同的情况下可能产生不同的效果。

四、分入业务的经营管理

（一）承保额的确定

自留额是分出公司对于风险所能承担的限额，而承保额是分入公司对于分出公司转让的风险或责任所能接受或承担的限额。承保额的确定受保险公司各因素的制约，特别是对于不同的再保险方式和业务种类，由于其方式不同、保险费计算基础不同、赔款支付方式不同，确定承保额所考虑的因素也有所不同。同时为了防止每个合同或每笔分保业务所承担的责任过大，再保险接受人一般还规定了最高承受限额。

（二）分入再保险业务的承保

与直接业务承保相似，再保险业务的接受人也要根据各种情况和条件来决定是否承保及承保多少。此项工作应该考虑的因素有：业务来源地区的政治、经济、外汇管制等情况；业务的一般市场趋势，包括这种业务的费率和佣金等，分出公司，分出公司自留额与分出额之间的关系以及分保额与再保险费之间的关系；再保险条件的考查以及对于分入业务收益的估算等。

（三）分入公司的转分保

经营再保险业务的保险公司也需将其所接受和承担的再保险业务进行转让和分散，从而保障业务经营的稳定性和经济效益。转分保是将再保险业务进一步分保，它是经营再保险业务的保险公司稳定经营、提高效益的最佳途径。

分入业务的经营管理还包括分入业务手续、分入业务转分保手续、分入业务的统计分析等。

第四节 保险保全

保险保全是指为保持保险合同的效力而进行的一系列售后服务工作。保全业务主要是针对寿险公司的险种而言的，寿险合同大部分为长期合同，对于投保人在保险有效期内，由经济条件或其他条件变化而出现的各种变更要求，以及根据契约条款，投保人应享有的某些权益都需要寿险公司提供配套的服务措施。

寿险公司的保全有广义和狭义之分。广义的保全是指寿险公司在保险合同成立后，根据合同条款约定及客户的申请，为履行保险给付责任或保持保险合同的准确性和有效性，而提供的前提服务、核心服务、基本服务和附加服务。其中，前提服务是指寿险公司提供的续期收费服务，核心服务是指寿险公司提供的理赔和给付服务，基本服务是指寿险公司对保险单提供的变更类、退保类、管理类服务，附加服务是指寿险公司提供的咨询申诉、热线电话、电子商务等服务。狭义的保全是指寿险公司在保险合同成立后，根据合同条款约定及客户的申请，为履行保险给付责任或保持保险合同的准确性和有效性，而提供的非理赔核心服务和基本服务。

寿险公司一般设有保全岗位，它是保险公司内勤人员岗位的一种，属于运营管理部门或者业务管理部门，还有些公司把它归属于客户服务部门。保全岗位主要负责的内容包括合同关系人变更、基本信息变更、复效、挂失补发、保险单迁移、保险金额的增加或减少、退保、保险费垫缴、减额缴清、保险单质押贷款、保险单利差返还、保险单红利派发、满期给付等服务项目。《保险公司内部控制基本准则》第十八条规定，保险公司应当建立规范统一的保全管理制度，规范保险合同续期收费、合同内容及客户资料变更、合同复效、生存给付和退保等控制事项。保险公司应当明确各项保全管理措施的操作流程、审查内容及标准、处理权限和作业要求等，防范侵占客户保险费、冒领保险金、虚假业务和违规批单退费等侵害公司和客户权益的行为。

> 【思政要点 8-2】
>
> 让学生通过对保险承保、保险分保和保险保全环节的学习，了解保险从业人员应具备认真严谨、耐心细致的工作态度，守法合规经营的思想理念，树立爱岗敬业的信念。

第五节　保险展业

保险展业又称保险营销，是指保险公司为销售产品而采取的各种手段和方法。就不同的险种而言，适用的展业方式是不同的。本节分别就寿险、财产保险与责任保险来进行介绍。

一、寿险的展业方式

寿险公司适用的展业方式主要有总代理制度、分支机构制度和直销制度三种。

（一）总代理制度

在总代理制度下，总代理人是一个独立的经营者，他只能代理一个保险公司。保险公司通常会在一个地区指定一个总代理人，这个总代理人负责在这个地区内雇用、培训和督促代理人。总代理人根据其开展的业务的多少收取佣金。大部分保险公司会向其总代理人提供一些财务支援。例如，有的保险公司负责支付总代理人雇用和培训新的寿险代理人的费用，因此会对新代理人的雇用和培训产生很大的影响。除此之外，保险公司还会对代理机构的经营费用提供一些补贴。

现在许多人寿保险业务是由个人总代理人展业的。个人总代理制度是总代理制度的一种变形，保险公司雇用一个有经验的寿险代理人，主要目的是让他销售寿险产品，而不是发掘和培训新的代理人。通常能够担任个人总代理人的人都是业绩高于平均水平的寿险代理人，因此收取的佣金率也高于普通代理人的佣金率。当然，保险公司对这种代理人的业绩的期望也很高,通常会在代理协议中规定一个一定时期内应达到的业绩量。《中华人民共和国保险法》第一百二十五条规定:个人保险代理人在代为办理人寿保险业务时,不得同时接受两个以上保险人的委托。此外,个人总代理人通常自行负担各项费用,然后通过提高佣金率来弥补支出的费用。

(二)分支机构制度

分支机构制度是大保险公司经常采用的一种展业方式。采用这种展业方式,保险公司在各地设立代办保险业务的机构,由这些代办机构的负责人雇用和培训新的代理人。但是,与个人总代理人制度不同的是,保险分支机构的负责人是该保险公司的雇员而不是保险代理人,由保险公司向其支付薪金和红利。计算红利的主要依据有两个:一是其销售的保险单的数量和质量,二是其发展的新的优秀代理人的数量。显然,在这种方式下,分支机构支出的一切费用都应由保险公司负责,包括分支机构使用代理人展业而支出的一切费用。

(三)直销制度

如果采用直销这种展业方式,保险公司销售寿险时可以不采用任何代理人。保险公司通过邮寄广告、报刊、电视、广播等大众媒体宣传方式,向潜在的投保人发出邀约,甚至有些保险公司通过电话销售或网络销售的方式进行展业。这些保险通常是一些容易理解的、费用较低的寿险,如一些定期寿险等,采用直销制度。

直销制度的主要优点在于,保险公司可以向特定的市场直接销售保险产品,大大降低了展业费,并易于向新的市场渗透。但这也恰恰是它的主要缺点,复杂的产品很难通过这种方式销售,电视广告不可能将一个复杂险种的方方面面说清楚,极易引起投保人的误解,因而造成不必要的争端。

二、财产保险与责任保险的展业方式

财产保险与责任保险的展业经过多年的发展形成了五种基本的方式:独立代理人制度、独家代理人制度、设立内部销售部门、直接反映销售及混合方式。现分别介绍如下。

(一)独立代理人制度

独立代理人制度,又称为美国式代理人制度。与其他代理人制度相比,它有三大特点。第一,充当独立代理人的代理公司经常同时担任多家互不相关的保险公司的代理人。保险公司授权其独立代理人以其名义销售保险,然后代理人根据销售的业务量收取佣金。第二,独立代理人拥有宣布保险单到期或续保的权利,即代理人对到期保险单拥有所有权,而且当一个保险单宣布到期要求续保时,独立代理人有权选择其他保险公司作为续保后的保险人,而不是继续向原来的保险人提出续保。第三,独立代理人收取的佣金根据险种的不同而不同。另外,代理人对续保业务收取的佣金与新展业的业务是相同的,如果保险公司对续保业务支付的佣金比新展业的业务低,独立代理人就会将这笔业务投向其他保险人。另外，独立代理人还收取一种或有佣金，或称为利润分享佣金，即当代理人展业的业务的赔付率非常低，保险公司从中盈利颇丰时，将给予代理人以高于普通佣金率的比率计算的佣金，这实际上是一种红利。

（二）独家代理人制度

独家代理人制度与独立代理人制度的一个显著区别在于，在独家代理人制度下，一个代理人或代理机构仅能代理一个保险公司或一个保险集团，且代理人被明文禁止代理其他保险公司的业务。

（三）设立内部销售部门

人们经常将内部销售部门销售和独家代理人制度相混淆。设立内部销售部门是指保险公司内部设有销售部门，由该销售部门负责本公司保险产品的销售。这个销售部门是保险公司的构成部分，而不是独立的行为人。销售部门销售保险需要支付的各种费用都由保险公司负责，包括销售人员的薪金和社会保险费用。显然，该销售部门仅能销售本公司的保险产品，这与独家代理人是相似的，但与大部分商品销售公司的销售部门是不同的。保险公司内部销售人员的报酬是以"底薪加提成"的方式计算的，底薪与其业务量大小是没有关系的，但是提成是与其销售的业务量直接相联系的，通常是其销售额的一个百分比。另外，一些保险公司除了薪金，还发放红利，作为销售人员销售产品和提供服务的报酬。

（四）直接反映销售

直接反映销售方式是指通过电话、邮件、网络或其他大众传媒，如报纸、杂志、广播或电视等渠道，销售其保险产品。这种保险公司也不使用代理人进行展业。应当说，财产保险公司使用直接反映销售方式是有优势的：市场细分更加精确，降低了销售成本；保险人承保更有选择性，如保险人可以通过制定邮件发送清单识别那些索赔率低于平均索赔率的目标被保险人。但是，直接反映销售方式也有一些弊端：这种销售方式只能用于那些比较简单易懂的险种，如汽车保险和住宅保险等。这是因为保险产品的宣传和推广是通过大众传媒进行的，电视广告或杂志广告不可能将那些异常复杂的险种简明扼要地介绍清楚。

（五）混合方式

除了上述四种销售方式，还有一种混合方式。随着现代保险的发展，保险人在不断探索新的产品营销渠道，上述各种销售方式之间的界限越来越模糊，很少有只使用一种产品销售方式的财产保险公司，更多的是使用混合销售方式。例如，保险公司在边远地区和小城镇中开始使用独家代理人方式和直接反映销售方式，一改过去独立代理人在那些市场中一统天下的局面，这通常是通过将原来的独立代理人转化成独家代理人或内部销售部门进行的。这是因为独立代理人遍布在各处，保险人通过这种转化可以不必另设销售机构，从而节省一笔开办费。还有一些保险公司除了使用独立代理人，还通过大众传媒进行宣传，以弥补独立代理人制度上的不足。

> **【思政要点 8-3】**
>
> 通过对保险展业的学习,学生可以了解保险展业过程中"以人为本"的经营理念,增强社会责任感,培养创新精神,努力为保险展业方式创新发展贡献自己的力量。

第六节 保险核保与理赔

一、保险核保

保险核保是指保险人对投保人和被保险人的身体状况、职业、经济能力、投保动机等因素做危险程度的评估,决定是否承保及确定适当承保条件的过程和方法,又称危险选择。

(一)投保人资格的审核

投保人的资格是否合法以及是否符合保险合同条款规定等,直接关系到保险合同的有效性。投保人资格审核主要是审核投保人是否对保险标的具有保险利益以及是否具有民事行为能力和权利能力。依据《中华人民共和国保险法》的规定,只有对保险标的具有保险利益并同时具有民事行为能力和权利能力者,才能作为保险合同的投保人。

> **【案例分析 8-1】**
>
> 一游客到北京旅游,在游览了故宫博物院后,出于爱护国家财产的动机,自愿交付保险费为故宫投保。该游客是否具有保险利益?
>
> **分析:**
>
> 该游客对故宫博物院没有保险利益。因为保险利益是投保方对保险标的所具有的法律上承认的经济利益,当保险标的安全存在时投保方可以由此而获得经济利益,若保险标的受损,投保方则会蒙受经济损失。在本案例中,保险标的(即故宫)的存在不会为投保人(即游客)带来法律上承认的经济利益,保险标的发生事故也不会给投保人造成经济损失,所以该游客对故宫博物院没有保险利益。

(二)保险标的的审核

保险标的是保险利益的载体,也是保险公司承担保险责任的对象。标的自身的性质及所处的状态,与风险发生频率及风险损失大小密切相关。因此,必须对标的的实际情况予以全面的审核调查。对于财产保险,保险公司要重点审核标的的用途、存放地点及其周边环境状况、本身的物理化学性质、安全管理措施等。对于人身保险,保险公司要重点审核被保险人的性别、年龄、健康状况、病史、职业、工种等。

(三)保险金额的审核

保险金额是保险人承担责任的最大限额,也是保险利益的货币化反映。

（四）保险费率的审核

保险费率是保险公司计算收取保险费的依据，也是保险公司承担责任的合法依据。尽管保险费率是保险公司事前厘定的，但是，具体到每一笔业务，所适用的保险费率与预先厘定的保险费率总有一定的差异。为了维护保险费率的公平原则，要求保险公司必须针对实际情况，采用与标的风险相匹配的保险费率。保险费率审核的重点是保险标的的风险状况与其相应的保险费率是否一致。

（五）被保险人资信的审核

被保险人资信对保险人的经营至关重要。主要从下列三个方面进行审核。

1. 道德风险

道德风险是指人们以不诚实或故意欺诈的行为促使保险事故发生，以便从中额外获益的情况给保险人带来的风险。保险人在核保时要注意投保金额是否适当，尽量避免超额承保。

2. 心理风险

心理风险是指由于人们的粗心大意和漠不关心，以致增加风险事故发生的机会并扩大损失程度的情况给保险人带来的风险。如投保了火灾保险，就不再小心火灾，投保了盗窃险，就不再谨慎防盗。

3. 集中风险

个别承保人承保时并不知道其他承保人的业务情况，就个别保险单来说，可能是很好的业务，但把这些保险单集中起来，从总体上看，很可能是不合理的业务。

【案例分析8-2】

保险公司业务员小王的姐夫考取了驾驶执照，姐姐对小王说："你姐夫开车从来不系安全带，我真怕他会出事。"小王说："那就帮他买份保险吧！"姐姐说："行，那你就帮他办吧！"小王虽然也知道应该征求姐夫的同意，但他想："都是自己人。"虽然他知道姐夫曾因运动受过伤，做过手术，但他想姐夫现在很健康，所以他替姐夫填了投保单、健康声明书，同时在"健康告知"一栏对应当如实填报的相关事项全选了"否"，让姐姐签了字，交了保险费。请问：保险公司业务员小王有哪些不规范的行为？

分析：

①缔约未与被保险人见面；②未经被保险人同意而缔约；③自行代填投保单与告知事项；④默许投保人代签名；⑤未将被保险人曾住院等事实在投保单上如实告知。

二、保险理赔

保险理赔是保险业务中一个重要的环节。一般保险公司会设立专门的理赔部门来负责被保险人的索赔。

（一）保险理赔原则

1. 重合同、守信用

保险理赔是保险人对保险合同履行义务的具体体现。重合同、守信用是保险人在理赔工作中应遵循的首要原则。在处理赔案时，要严格按照保险合同中的条款规定，受理赔案、确定损失。既不能"惜赔"，也不能"滥赔"。

2. 实事求是

根据保险条款精神，实事求是地按照具体情况，恰当运用条款处理具体问题，做到合情合理。这样做才是既符合条款规定，又遵循实事求是的原则。

3. 主动、迅速、准确、合理

主动、迅速、准确、合理是保险理赔的"八字方针"，也是理赔质量的重要标准。主动、迅速是指理赔人员在处理赔案时要积极主动，及时深入现场，主动了解受损情况，迅速赔偿损失。《中华人民共和国保险法》第二十三条规定："保险人收到被保险人或者受益人的赔偿或者给付保险金的请求后，应当及时做出核定；情形复杂的，应当在三十日内做出核定，但合同另有约定的除外。保险人应当将核定结果通知被保险人或者受益人；对属于保险责任的，在与被保险人或者受益人达成赔偿或者给付保险金的协议后十日内，履行赔偿或者给付保险金义务。保险合同对赔偿或者给付保险金的期限有约定的，保险人应当按照约定履行赔偿或者给付保险金义务。"《中华人民共和国保险法》第二十五条规定："保险人自收到赔偿或者给付保险金的请求和有关证明、资料之日起六十日内，对其赔偿或者给付保险金的数额不能确定的，应当根据已有证明和资料可以确定的数额先予支付；保险人最终确定赔偿或者给付保险金的数额后，应当支付相应的差额。"准确、合理是指理赔人员在审核赔案时要分清责任，合理定损，准确地核定赔款金额。

（二）保险理赔程序

保险理赔一般需要以下程序：

1. 损失通知

保险公司进行理赔的一个前提是接到被保险人送来的损失通知书。保险公司签发的保险单中通常会有一个对损失通知书有关事项进行规定的条款——即时通知条款。一般这样的条款都要求被保险人在出险后立即或在合理的时间内尽快给予保险公司损失通知。

2. 索赔调查

保险公司收到被保险人发来的损失通知后，一般会立即着手进行有关该索赔的调查。索赔调查的主要任务是确定损失是否属于承保损失，以及损失的确切额度。在完成这两个任务的过程中，保险理赔人员要解决以下具体问题。

（1）确定损失发生时保险单是否仍在有效期内。如果损失发生时保险单已经失效了，则被保险人根本不能依据这张保险单提出索赔，保险公司也不必再继续进行索赔调查了。

（2）确定造成损失的事故是不是保险单的承保事故。在这里有一个重要的问题（近因原则的适用），即损失的近因必须是保险单的承保事故或承保风险。有时即使发生了承保事故，但可能该承保事故并没有造成损失，而真正造成损失的事故不是保险单的承保风险，此时保险公司对被保险人的损失不负赔偿责任。

（3）确定遭受损失或毁坏的标的是否为保险单中承保的标的。这在财产保险中尤为重要。只有保险单承保的标的发生了承保范围内的事故造成的承保损失，保险公司才负责赔偿。保险单一般会规定具体的保险标的，如火灾保险中，被保险人投保其不动产时会具体说明不动产的位置和名称。一般财产保险中的标的都是特定而具体的，但也不排除投保一个类别的标的。例如，在货物运输保险中有一种开口保险单，承保所有在某个时期内在某个特定的港口装运的某类货物。不管保险单中规定的是特定保险标的还是类别保险标的，保险公司在进行索赔调查时首先要明确的是受损标的是否为保险单承保的标的。

（4）确定提出索赔申请的人是否有资格得到保险公司的给付或赔付。在财产保险中，被保险人作为保险合同一方当事人，有权依据保险单提出索赔，即使该被保险人在损失发生时对受损标的不具有所有权，只要他对该标的具有合法的可保利益，如由抵押物权产生的可保利益，即可以该保险单为依据向保险公司提出索赔。责任保险中较为特殊的是，索赔人不是保险合同的当事人，而是事故发生后的第三方受害人。在寿险中，这个问题较为复杂，寿险保险单中有对受益人的具体规定。受益人是有权获得保险公司的给付金的人。受益人可以是被保险人，也可以是投保人或被保险人指定的人。

（5）确定损失是否发生在承保地点。有些承保财产的保险单会规定一个特定的地点，只有当保险标的放在这些指明的地点时保险人才承担保险责任。例如，有的保险单规定，室内财产只有存放在指定的地点时，保险公司才对其承担保险责任。如果保险单中规定的保险标的在指明的地点以外发生损失，被保险人不能根据该保险单进行索赔。

（6）确定发生的损失是否属于保险单中规定的损失类型。例如，1943年纽约标准火灾保险的保险单规定只承保保险标的的直接损失，对火灾或保险标的的损失造成的间接损失不承担赔偿责任。因此，若损失确实是承保风险造成的，但不属于保险单规定范围内的承保损失，保险公司仍然不承担赔偿责任。

（7）保险公司最后要确定的就是该索赔是否为诈赔。这个问题也是很重要的。保险诈赔是一个普遍存在的现象。例如，在健康保险中，被保险人有时会提交伪造的诊断证书，证明身体的某个部位曾经受到过伤害，以此索赔医疗费用。保险诈赔多年来一直是令保险公司头痛的问题。有时保险公司虽然怀疑是诈赔，但由于缺乏必要的证据，无法轻易拒赔，从而使自身蒙受损失，有时甚至是巨额损失。若保险公司为了避免损失而拒赔，就会造成损害公司形象的后果，久而久之又可能会使该保险公司在市场上丧失竞争力。

3. 提交损失证明书

美国许多保险公司在赔付之前通常会要求被保险人填报一份损失证明书。损失证明书是被保险人填报的证明损失确实存在的书面文件。例如，在家庭责任保险单中，损失发生后被保险人需要填报的损失证明中应当包括损失时间和原因、被保险人和其他人对保险标的具有的权益、被保险人是否就其对保险标的的同一利益投保了其他保险，以及在保险期间保险标的的产权的变化和居住情况的变化等。

4. 结案

保险公司接受对索赔的调查之后，理算机构或理算师必须就保险公司是否应当就该索赔承担责任以及如何承担做出结论。与承保时的情形是一样的，保险公司可能做出的决定有三种。一是保险公司承担赔偿责任，对索赔人的索赔进行全额赔付。一旦保险公司做出这样的决定，就会迅速而及时地向索赔人支付赔偿金或给付金。二是保险公司拒绝承担赔偿责任。当然保险公司拒赔一般应当向索赔人说明原因或理由。三是保险公司承认被保险人或其他索赔人的索赔是有效的，但是双方对应当赔付或给付的金额产生争议。争议的解决一般要取决于保险单中的规定，一般的保险单中都会有一个条款规定如何解决保险合同双方的争端。

> 【思政要点8-4】
>
> 让学生通过对保险理赔的学习，唤醒责任意识与权责意识，懂得用法律法规维护自己的合法权益，并在学习和工作中坚持"诚实守法"的道德标准。

第七节 保险投资

一、保险投资的概念

保险投资是指保险公司在组织保险业务活动的整个过程中，将其集聚的暂时闲置资金投向业务以外的其他经济活动，使资金保值增值的行为。保险投资对于保险经营具有重要意义：有利于促进保险基金的积累，提高保险公司承保与偿付能力；有利于增加保险公司的资金实力，提高保险公司的竞争实力；有利于增加社会再生产过程的资金来源，促进国民经济的快速发展。

二、保险投资的资金构成

（一）资本金

资本金，即保险公司的开业资金或备用资金，是保险公司开业经营的物质条件。世界各国通常以法律形式对保险公司的资本金数额进行规定。

（二）各种准备金

在保险经营过程中，保险公司需要提取各种准备金，如未到期责任准备金、未决赔款准备金、总准备金、保险保障准备金、寿险责任准备金等。这些准备金从提取到使用之间有一段时间间隔，客观上形成了暂时闲置资金，保险公司可加以运用，进行投资。

1. 未到期责任准备金

未到期责任准备金是指保险的财务年度已到期，但保险责任未到期，保险公司在年终会计决算时，把应属于未到期责任部分的保险费提存起来，用于偿付未了责任的准备金。

2. 未决赔款准备金

未决赔款准备金是对在会计年度决算以前已经发生的未决索赔案，应当赔偿尚未赔付的依据赔款估算而提存的准备金。未决赔款准备金包括：已发出损失通知，但未提出具体索赔金额的索赔案；已提出索赔金额，但保险人尚未核实的索赔案；已核算出应赔金额，但保险人尚未付款的索赔案；已发生而未通知保险人的索赔案等。保险公司应当按照已经提出的保险赔偿或给付金额提取未决赔款准备金，对已经发生保险事故但尚未提出的保险赔偿或给付应当提取已发生未报告赔款准备金。

3. 总准备金

总准备金是指保险公司为了应付较长周期的巨灾和巨额危险而建立的准备金。通常在年终决算时，从年度利润中提取。

4. 保险保障准备金

保险保障准备金是保险公司应付巨大灾害事故的特大赔付而从当年保险费收入中提存的准备金。提取比例为当年保险费收入的1%，当达到保险公司总资产的10%时，停止提取。该项准备金应单独提取，专户储存于中国人民银行或其指定的商业银行，集中管理，统筹使用。只有在当年业务收入和其他准备金不足以赔付时才能使用。

5. 寿险责任准备金

寿险责任准备金是寿险公司把投保人历年缴纳的纯保险费及利息收入积累起来，以应对将来给付的责任准备金。

（三）其他资金

在保险公司的经营过程中，还存在其他可用于投资的资金来源，如保险公司提取的公积金、公益金、未分配利润、公司的历年结余等。这些资金在一定条件下都可以进行投资。公积金是公司基于增强自身财力，为扩大经营范围及预防意外亏损，按法律和公司章程规定，从税后利润中提取的部分资金积累。公积金有法定公积金和任意公积金两种。法定公积金是按法律规定必须从当年税后利润中提取的公积金，计入盈余公积账户。我国目前规定当法定盈余公积累计金额达到企业注册资本的50%以上时，不可再提取；任意公积金是公司可自由提取的公积金，其提取须经股东会议决议，在提取法定公积金后提取。

公益金是为本公司职工的集体福利而提取的部分资金，通常按税后利润的5%～10%提取。

三、保险投资的原则

（一）安全性原则

安全性是指保证保险公司用于投资资金的安全收回。保险公司通过收取保险费而建立的保险基金，最终要用于对被保险人的赔付，是保险公司对全体被保险人的负债。因此，保险公司在进行投资时，要把安全性放在首位。安全性原则是保险投资的前提，否则会影响保险补偿或给付职能的实现。需要说明的是，投资资金的安全收回，不仅仅是指投入本金的返还，还应包括一定的投资收益，否则会引起资金贬值，这同样不符合安全性原则的要求。坚持安全性原则，要求保险公司在投资时，必须对投资项目进行可行性研究与分析，选择效益与风险合理组合的投资方案；同时，投资项目要分散，避免集中，即投资应尽量分散于多个项目和地区，投资形式多样化。

（二）收益性原则

保险投资的目的在于获利，因此，保险公司在投资时，要讲求收益性，即保险投资收入大于投资成本。收益性原则和安全性原则之间有一定的矛盾：一个投资项目收益越高，风险就越大。这就要求保险投资要在坚持安全性的前提下，尽可能获取最大收益。

（三）流动性原则

流动性原则是指保险投资项目应具有较强的变现能力。保险公司是负债经营，而保险事故的发生又具有偶然性，特别是财产保险的保险事故发生频繁，赔付频率高，这就要求保险公司能随时将其投资的资金拿回来，用以补偿损失。因此，保险投资要坚持流动性原则。流动性原则要求保险投资在总体上保持合理的流动性结构，即要依据保险基金来源的不同性质来确定保险投资项目的期限结构。非寿险业务的保险基金要随时为赔款做准备，宜投资期限短、周转快的项目，而源于寿险业务的保险基金数额大，沉淀期限长，则可进行长期投资。流动性原则与安全性原则相一致，而与收益性原则呈反方向变化关系。

四、保险投资的方式

（一）国外保险投资的方式

1. 债券投资

债券是表明债权债务关系的一种凭证，代表债权人（持有人）对债务人（发行人）的债权，持有人可以在约定的时期内要求发行人还本付息。按发行者的不同，债券分为政府债券、金融债券和公司债券。从投资角度看，债券风险小，收益有保障，是一种比较理想的投资方式，也是保险公司最主要的投资方式之一。其中，公司债券的安全性较政府债券和金融债券的低，但其收益比政府债券和金融债券的高。

2. 股票投资

股票是股份公司为筹集资金而发给投资者的股权证书。股票投资流动性和收益性较高但风险较大。因此，世界各国对股票投资的比例都进行了严格规定，股票投资在各国保险业资产总额所占的比重为20%~30%。

3. 不动产投资

不动产投资是指保险资金用于购买土地、房屋等不动产的投资。不动产投资在世界各国保险业中非常普遍。不动产的优点是可以消除通货膨胀的影响,有利于资产的增值保值,即收益性和安全性较好,特别适合寿险资金做长期性投资。但不动产投资的流动性较差,随时转化为现金的难度大。因此,各国保险法对保险公司的不动产投资都进行了严格控制,保险公司对不动产的投资也都持审慎态度。

4. 贷款

贷款是指保险公司向借款人发放贷款的投资方式。贷款有一般贷款和保险单质押贷款两种方式:一般贷款是保险公司作为非银行金融机构向借款人提供的贷款;保险单质押贷款是寿险公司以寿险保险单为依据而向投保人或受益人提供的贷款。其中,保险单质押贷款数额以保险单的现金价值为限,且借款人要归还本息,如果不按期归还,保险单即告失效,保险公司无须支付保险金。因此,保险单质押贷款对保险公司而言毫无风险,是一种较好的投资方式,投资收益虽低于证券投资,但高于银行贷款。

(二)我国保险投资方式

《中华人民共和国保险法》第一百零六条规定:"保险公司的资金运用必须稳健,遵循安全性原则。保险公司的资金运用限于下列形式:①银行存款;②买卖债券、股票、证券投资基金份额等有价证券;③投资不动产;④国务院规定的其他资金运用形式。保险公司资金运用的具体管理办法,由国务院保险监督管理机构依照前两款的规定制定。"随着我国经济、金融和保险业日臻成熟,保险业聚集资金的功能得到了较为充分的发挥,保险资金运用的总体发展形势良好。

■ 本章小结

1. 保险公司的组织形式不尽相同,综合来说,有保险股份有限公司、国有独资保险公司、相互保险公司、相互保险社、保险合作社等形式。其中,占主体地位的是保险股份有限公司。设立保险公司必须遵守国家的法律法规,必须依照法律规定的条件和程序。

2. 保险承保是指保险公司接到投保人的申请后,考察其投保资格及投保风险的性质,然后做出是否承保的决定。保险分保即再保险,是指保险人为了分散风险而将原承保的全部或部分保险业务转移给另一个保险人的保险。

3. 保险保全是指为保持保险合同的效力而进行的一系列售后服务工作。保险展业又称保险营销,是指保险公司为销售产品而采取的各种手段和方法。就不同的险种而言,适用的展业方式是不同的。

4. 保险审核包括对投保人资格、保险金额、保险标的、保险费率以及被保险人资信等内容的审核。保险理赔是保险的最后一个环节,被保险人在保险标的发生损失后向保险人提出索赔,保险人根据标的的损失情况和损失原因受理被保险人的索赔。

5. 保险投资是指保险公司在组织保险业务活动的整个过程中,将其集聚的暂时闲置资金投向业务以外的其他经济活动,使资金保值增值的行为。保险投资的方式主要包括债券投资、股票投资、不动产投资、贷款等。

思考与练习

一、单选题

1. 保险投资的前提性原则是（　　）。
   A. 安全性原则　　　B. 流动性原则
   C. 收益性原则　　　D. 成长性原则
2. 《中华人民共和国保险法》对我国保险公司的投资对象做了原则性的规定，即保险公司的资金不得用于（　　）。
   A. 股票投资　　　　B. 银行存款
   C. 买卖政府债券　　D. 设立证券机构
3. 保险公司的主要业务不包括（　　）。
   A. 信用调查、征信管理
   B. 出售保险单，收取保险费
   C. 给付赔偿款
   D. 为人管业、代人理财
4. 保险投资的原则不包括（　　）。
   A. 安全性　　　　　B. 主动性
   C. 收益性　　　　　D. 流动性
5. 作为非银行金融机构，保险公司向社会提供的贷款被称为（　　）。
   A. 一般贷款　　　　B. 银行保付
   C. 保险单质押贷款　D. 信用保证贷款
6. 贷款是指保险公司向借款人发放贷款的投资方式。贷款有（　　）两种方式。
   A. 一般贷款、保险单质押贷款
   B. 银行保付、保险单质押贷款
   C. 一般贷款、信用保证贷款
   D. 信用保证贷款、保险单质押贷款
7. 保险业务的最终环节是（　　）。
   A. 理赔　　　　　　B. 结算
   C. 防灾　　　　　　D. 赔偿全部损失
8. 长期以来，保险公司主要经营的业务是（　　）。
   A. 负债业务　　　　B. 资产业务
   C. 直接融资业务　　D. 间接投资业务

二、简答题

1. 保险公司有哪些组织形式？
2. 保险公司的展业可以采取哪些形式？
3. 简述保险公司的理赔程序。
4. 简述保险公司投资的基金来源。

三、案例分析题

1. 有一租户向房东租借房屋，租期为10个月。租房合同中写明，租户在租借期内应对房屋损坏负责，租户为此而以所租借房屋投保火险一年。租期满后，租户按时退房。退房后半个月，房屋毁于火灾，于是租户以被保险人身份向保险公司索赔。
   （1）保险人是否承担赔偿责任？为什么？
   （2）如果租户在退房时，将保险单转让给房东，房东是否能以被保险人身份向保险公司索赔？为什么？
2. 熊某通过保险公司业务员陈某为其59岁母亲王某投保8份重大疾病终身险。陈某未对王某的身体状况进行询问就填写了保险单，事后陈某也未要求王某做身体检查。次年王某不幸病逝。熊某要求保险公司理赔。保险公司以熊某投保时未如实告知被保险人在投保前因帕金森病住院治疗的事实为由拒绝理赔。熊某遂上诉法院，要求保险公司给付保险金24万元。该案应如何判决？

第九章 保险产品的设计与定价

■ 学习目标

学习本章,应当理解和掌握:
- 保险产品设计的原则、内容与方法
- 保险费及保险费率的基本概念和构成
- 保险费率厘定的原则和一般方法
- 保险产品定价的方法和概述
- 非寿险费率和寿险费率的厘定

■ 价值目标

学习本章,具体的价值目标应包括:
培养学生的创新意识和创新能力,培养学生的专业素养和精益求精的工匠精神。

保险产品的设计与定价对于保险经营具有重要意义,它是保险经营的基础。保险费是建立保险基金的主要来源,也是保险人履行义务的经济基础。保险费率,是确定保险费的基础,是保险产品的单价。本章将系统地介绍与保险产品设计与定价有关的知识,主要内容包括保险产品设计、保险费率的概念和构成,保险费率的厘定原则、一般方法,非人寿保险与人寿保险费率的厘定,以及保险产品的定价。通过本章的学习,读者可以更好地了解保险产品价格和保险费的构成与制定过程。

第一节 保险单的设计

一、保险单设计的含义

保险单是保险合同行为的一种正式书面形式,是载明保险合同当事人权利及义务的正式文件。一份完整的保险合同由保险单和保险条款组成,其中,保险单是保险合同的载体。当事人双方在保险单上签字承认各自的权利和义务后,保险合同即成立。

保险单的设计包括对保险标的、保险责任、保险费率、保险金额、保险期限等重要内容进行不同排列组合,从而为不同需求的消费者提供满足其需求的保险产品。保险单的设计是一个严谨和科学的研究过程,好的保险单应该是保险标的、保险责任、保险费率、保险金额等重要内容的科学组合。保险单的设计也是一个动态的设计和检验过程,设计的基础是跟踪保险市场需求,在实践中进行检验。保险单的设计过程是一个淘汰不适应市场的旧险种和推出适应市场的新险种的过程。

二、保险单设计的一般原则

(一)遵守法律和道德规范

保险单的设计首先必须遵守法律和维护社会道德规范。保险单的内容必须符合国家的基本法、商法、保险法和有关的法律法令和政策。《中华人民共和国保险法》规定:在中华人民共和国境内从事保险活动,适用本法。在实务中,保险单的设计要维护社会道德标准而不是诱发道德风险和心理风险的产生。保险的本质是要防范和分散风险,建立补偿机制,保障人民生活和社会生产正常顺利进行。如果保险单的条款会引发道德和心理风险,就有悖保险的本质。

(二)满足市场需求

保险单的设计要使保险产品在险种上和价格上满足投保人的需要,适应市场供求关系,并即时进行调整。

1. 保险险种要适应市场需求

保险单的设计应该注意如下几个问题:

(1)保险单的设计应考虑投保人和被保险人的利益。对投保人和被保险人而言,保险保障的内容是保险产品的品质。是否适应消费者的需求,是消费者首先要考虑的问题。保险提供的保障内容包括保险标的、保险事故、保障水平(补偿水平)。保障内容的不同组合,产生了不同内容的保险单,用以满足不同人群的需要。

(2)即时调整保险消费需求,并积极主动地引导。消费需求是一个动态的范畴,保险消费需求会随着经济水平、社会结构、人口结构和消费心理的变化而变化。保险品种只有满足消费者的需求才能有市场。保险单的设计不仅要考虑消费需求的静态状况,更要充分考虑影响消费需求变化的各因素的变化,以便不断地创造出满足变迁着的保险需求的新保险单。例如，20世纪80年代初，当时我国居民收入水平较低，保险市场上只能推出简易的人寿保险单，经过多年收入的高速增长以后，出现了对大额寿险和各种疾病保险单的需求。保险单的设计还应积极主动地发掘潜在消费需求，而不只是被动地适应现有保险消费需求。

（3）充分考虑保险产品的生命周期，不断开发新险种。保险产品也有投入期、成长期、成熟期和衰退期，为了保证有效的保险产品的供给，在一种保险产品进入成熟期时就应该研究市场，准备开发新险种。

2. 保险费率适当

保险费率适当有两层意义。一是指保险费率要遵守等价交换的原则，保证定价对供需双方的公平性。在实务上，费率的高低得当也十分重要。费率定得过低，虽然有利于保险人争取较多的业务，但不利于保险经营的稳健性；费率定得过高，虽然有利于保险人当前的利益，但不利于保险人在市场上长期的竞争能力。二是指保险费率的水平要与投保人支付能力相一致，否则保险提供的保障就不能成为有效需求。投保人对保障的需求首先表现为一种潜在的需求，这种需求在多大程度上能形成有效需求，取决于投保人的支付能力，因此要客观地估计投保人的支付能力。高于投保人支付能力的高保障保险产品市场会很狭小。

（三）保险单设计简明扼要

保险单的设计要在文字、结构和投保手续三方面体现简明原则，使保险双方当事人都一目了然。

1. 文字简明

保险合同是附和合同，保险单是保险人设计制定的统一的标准文件，在一般情况下，投保人只有对标准保险单进行取舍的选择，而没有对保险单条款进行修改的权利。因此，难懂的保险专门术语和法律术语堆砌的保险单不能广泛被投保人和被保险人所了解和接受，会造成信息不对称，影响保险市场的扩大。

2. 结构合理

保险单的结构是指保险单内容的逻辑安排。保险单内容的安排要合乎逻辑，如果保险单结构混乱，会对展业人员介绍保险单内容造成不利的影响，也会对投保人和被保险人正确理解保险单的内容造成不利影响，在履行合同时也会造成一定困难。

3. 投保手续简便

过于烦琐的投保手续会增加消费者的负担，使相当一部分潜在消费者对保险消费望而却步，不利于保险市场的扩大。例如，团体保险快速发展不只是因为它的费率较低，还因为它相对于个体保险而言，投保手续简单。

（四）提供全面保障

新保险产品的设计要能随着经济生活的发展、新可保风险的出现，弥补原有保险产品的不足，以期实现提供全面保障服务。对保险公司来说，这也是扩大业务、提高保险产品竞争力的必要手段。例如，火灾保险只保因火灾引起的直接损失，于是保险人设计出营业中断保险承保企业的间接损失。在设计保险单时，已有的保险不保的标的、事故和损失，由新的保险单提供保障，以防止出现承保脱节现象。

三、保险单的主要内容、设计步骤和方法

（一）保险单的主要内容

保险单的核心内容是关于保险合同当事人的权利和义务，主要包括保险标的、保险金额、保险责任、保险期限、保险费率、保险费的缴纳方式及保险金的给付方式。其中，保险标的、保险责任、保险金额和保险期限是其核心内容，一起构成保险产品全面的责任范围。保险责任说明何种范围的损失由保险人负责，保险金额说明保险人责任的量化，而保险费率及与之相应的保险费则是对投保人义务的计量。

1. 保险标的

保险标的是保险保障的对象，或者说客体，其客观存在是构成保险人责任的一个重要内容。保险标的及其处在何时何地何环境，直接与它的风险程度、损失概率及损失程度有关。如商用写字楼与鞭炮生产工厂的风险是完全不同的。对于不同的标的及其与之相关的风险，保险单设计是不同的，这对保险经营是非常必要的。保险标的设计常用方法一般采用两种：列举法和陈述法。列举法是将保险对象一一列举出来，陈述法是用陈述的方法规定保险的对象。

2. 保险责任

保险责任是对保险人在风险事故发生后所应负担的损失赔偿或给付的责任范围进行规定和诠释。保险单设计就是要规定保险人在哪些风险（或条件）发生以及这些风险发生引起的何种程度的损失的情况下，保险人负赔偿或给付的责任。保险责任是构成保险单的核心内容之一，规定了保险人和被保险人权利和义务的重要边界。在保险单设计过程中，要考虑如下一些问题：

（1）保险责任的确定。是扩大保险责任还是缩小保险责任，是单一保险责任还是综合保险责任，这要根据市场的需求、现实的购买能力、经营的技术以及世界保险市场的发展趋势等因素来决定。

（2）特殊情况的处理。由于保险单是标准化的，不可能照顾所有标的物所处的特殊情况，所以就要考虑通过设置附加条款或特约条款来处理不同标的的特殊情况。

（3）语言表达的科学性。保险责任在多数情况下是不可以量化的指标，容易产生歧义。这就要求保险责任的表达要以一般公众对其内涵的理解为原则，如果保险单规定的保险责任与一般公众理解不一致，应做说明。例如，我国家庭财产保险单保险责任之一是洪水。保险公司所依据的条款解释的内容对洪水的解释是江河泛滥，而一般公众理解的洪水是造成损害的大水，而在条款没有做特别说明的情况下，保险责任的表达对一般公众有失公平，在理赔时会导致纠纷。据此，有些专家提出，采取划线承保的方法，超线才赔，原则上以20年一遇的水位线作为划线标准。

3. 保险金额

保险金额是保险合同当事人双方履行权利和义务的重要依据，是保险人在某一保险单中的最高责任限额。对被保险人而言，保险金额是最高保障额，同时也是保险费计算的重要依据。保险金额并不直接反映在保险单上，保险金额的设置一方面要考虑市场的需要，另一方面还要考虑市场对该险种的支付能力。从保险人一方看，还要考虑保险人的承保能力，保证其持续经营。

4. 保险费率

保险费率，即保险人承保每一风险单位的价格，由纯保险费率和附加费率构成，通常保险人按保险金额的百分率或千分率向投保人收取保险费。纯保险费率是与赔款或给付有关的费率，附加费率是与经营有关的费率。财产保险费率的计算基础是损失概率，人寿保险费率的计算基础是人口预期寿命、死亡率和利息率。定价的过程在保险业比其他产业更为重要。因为保险只是风险分散的手段之一，所以保险商品就成为一个可被替代的商品，从而其需求弹性也就更大，费率的高低即价格的高低会对保险商品的需求产生更大的影响。这就要求在费率厘定的过程中坚持科学和合理的原则，不仅是考虑需求和支付能力的问题。当然，同时也需要考虑保险人的合理利润。原则上，保险费是保险人根据保险标的的风险程度、损失概率、责任范围、保险期限和经营费用等进行计算的。

5. 保险期限

保险期限是计算费率的依据之一，一般为一个连续的时间段，是保险人对保险责任内发生的损失负责的时间界限，只有发生在保险期限内的保险事故引起的损失，保险人才负赔偿或给付的义务。保险期限有长期和短期之分，一般将保险期限在一年以上的保险单称为长期保险单，而将保险期限在一年以下的称为短期保险单。寿险保险单为长期保险期限，而非寿险则多选择短期保险期限，如财产保险、汽车保险、健康保险等一般选择一年作为保险期限，货物运输保险、旅客意外伤害保险等则以一次行程的时间为保险期限。另外，保险期限可以以合同生效日至被保险人的自然死亡日期作为保险期限，或以合同生效日至被保险人意外死亡日期作为保险期限，或以合同生效日至被保险人某一固定的年龄作为保险期限。

(二) 保险单设计的主要步骤

保险单设计一般要遵循三个步骤：市场调查研究、设计、审核与报批。市场调查研究是保险单设计的第一步，包括对保险需求和供给两方面的调查和研究。对于保险需求的调查研究又有两方面的内容。一是了解保险需求：这里要回答的问题是社会经济生活中有哪些风险仍没有保险的保障，同时又出现了哪些新的风险，这些风险的发展方向和广度如何，社会和个人需要哪些新的保障，其发展趋势怎样。二是要了解消费者的保险支付能力。要调查研究消费者保险费用的支付水平和对其所面临的风险，考虑如何安排保险。

如果说保险需求是一个新的保险产生的必要性，那么消费者的支付能力和保险人的承保能力就是其可能性。保险单的设计除了要研究需求的可能性，还要研究保险供给的可能性，即承保能力的可能性。承保能力包含保险人有足够的承保技术能力和足够的财力，或者称为保证保险公司的偿付能力。承保技术能力不足的主要原因包括：高新科学技术领域中新出现的风险，短期内对这类风险的识别和分类的技术跟不上，导致承保技术能力不足；一些道德风险较大的领域，由于无法控制道德风险而无法提供保险。

对新的保险产品的市场有了充分的了解后，开始进入保险单设计阶段。保险单的设计过程就是将保险单内容的各要素进行不同组合的过程。

保险单设计的主体在不同的国家有不同的情况。有些国家是由保险同业协会设计，有些国家是由保险公司设计，有些国家则是由保险监管部门设计。在前两种情况下，新设计的保险单往往被要求由保险监管部门审核批准方能投入使用。

保险单设计完成后，进入第三个步骤，即上报有关部门审核批准，完整的保险单设计过程才算完成。

（三）保险单设计的常用方法

1. 反求工程法

反求工程法是在对保险市场上已有险种分析的基础上，根据本地区的情况，取各不同险种的长处，设计新的保险单的方法。通常的做法是：搜集保险市场上已有的保险单；然后对其在保险市场的表现、消费者的反应进行总结和分析；最后将不同保险单的长处进行组合，形成新的保险单。如具有储蓄性质的家庭财产保险单就是寿险的储蓄性质和财产险保障性质结合的产物。

2. 组合法

组合法是通过险种要素的重新组合而设计保险单的方法，即在充分考虑市场供求状况的情况下，将构成保险单的主要参数，如保险标的、保险责任、保险金额、保险费率、保险期限、保险金的缴纳方式、保险费的给付方式等这些因素进行不同的排列组合，设计出不同的保险单或保险产品，以满足各种不同的需要。在保险单设计过程中，可以通过改变任何一个或几个参数构成新的保险单，从而创造出品种繁多的险种。

【延伸阅读】

人身保险计算技术的发展

17世纪初，伦敦流行疫病，各教区每周公布死亡人数的记录，英国数学家约翰·格兰特（John Graunt）对这些记录进行研究，于1662年发表了关于生命表思想的论文。荷兰数学家约翰·德·威特（John De Witt）认为当时的年金价格计算不够合理，于是着手进行改革，于1761年提出了生命年金的理论，并依据人的死亡概率计算出年金的现值。对生命表贡献最大的是英国著名的数学家和天文学家爱德华·哈雷（Edward Hally），也就是哈雷慧星的发现者。1693年他以德国布勒斯劳（Breslau）市1687—1691年居民死亡统计资料为依据，选用先进的方法，通过实地考察，较精确地计算出各年龄人口的死亡概率，并在此基础上编制、发表了生命表。这是第一个根据实际统计资料编制的完整的生命表，在人身保险基础理论研究方面

> 取得了突破性进展。18世纪初，数学家托马斯·辛普森（Thomas Simpson）主张人寿保险费应按不同的年龄分别计算，并以伦敦市民的死亡统计为基础编制了生命表。关于生命表和生命年金理论的研究为寿险精算技术的产生奠定了基础，保险精算日益精确，保险经营不断科学化，近代人身保险制度在几代人的努力之下逐渐形成。

第二节 保险产品的设计：以寿险为例

一、寿险产品的设计

人寿保险较之于财产保险有其特殊性，在保险单设计过程中除了上一节关于保险单设计的原则、内容、步骤和方法，还需要考虑更多的影响因素，如经济、制度、社会、文化和法律等。寿险产品的特征主要有以下几个。

（一）明显的储蓄性和保障性

人寿保险是以人的生命为保险标的，以被保险人的生存或死亡为给付条件的一种保险。以生存为给付条件的保险单提供被保险人在某一年龄之后的生活收入，其目的主要是通过保险进行储蓄；以被保险人死亡为给付条件的保险单提供因为被保险人死亡引起的家庭收入的损失保障，其保障性质较为突出；生死合险则要求储蓄与保障并重。

（二）保险期限较长

生存保险、死亡保险或两全保险等人寿保险期限往往长达数十年之久，甚至半个世纪以上，一个20岁的人，购买以60岁为给付条件的年金保险，要到40年以后保险单的使用价值才开始显现，如果他购买的是死亡保险，则保险期限可能更长，且受益人不是他自己。保险契约时期久远这一特征，使得消费者对寿险的保障需求淡化，因为从消费需求的层次理论来看，保险处在较高的消费层次，更何况是几十年以后的保障需求。人们往往觉得养老或死亡是太遥远的事情，购买寿险并非急切的事。尤其是购买死亡保险需要具有高尚的投保动机，然而生活中并非人人都具有这般高尚品质，几十年以后自己身后家人的生活问题更是遥远的事情。正因为这样，人们把寿险看作一种目前尚不知道，或已知道但仍未产生购买兴趣的商品。同时，寿险是一种无形的服务性商品，缴了许多保险费，所得到的只是一纸承诺若干年后兑现的保险单。而大多数的消费者并不能真正了解寿险的功能，无法将寿险运用到日常生活上。因此，大多数消费者不会主动向寿险公司投保，这就需要业务人员做大量的解释推广工作，同时也要求保险单的设计简明易懂且切中要义。

（三）有较高需求弹性

寿险非常重要的功能是满足人们储蓄养老和家庭收入保障的需求，而储蓄和家庭收入保险的功能并不一定要通过寿险来完成，人们可以通过其他的正式养老制度和非正式的养老制度来满足储蓄养老和家庭收入保障的需求。一个国家的老年社会保险制度的覆盖面越广、提供的年金水平越高，则该国国民对年金保险的需求就越低，反之则越高；一个国家社会保险制度提供给遗属的保障越高，则该国国民对死亡保险的需求越低。人们可以通过持有银行存款、不动产和其他金融资产来储蓄退休后家庭生活费用。此外，人们也可以通过家庭来养老。由于上述种种特点，寿险成为一种需求弹性很高的商品，保险价格对其需求的影响非常大。

（四）产品层次分明

寿险产品有三个层次：核心商品、有形商品和引申商品。核心商品是最本质的层次，是消费者需要的东西，它可能是为了表达对家人的责任与爱心，表示个人的经济能力与地位，也可能是作为一种投资工具。有形商品是指寿险产品，在这一层次上提供了生活保障、子女教育费用、养老费用、保险单分红、医疗费用等。引申商品就是指售后服务、促销赠品、保户福利等。保险单设计要在提供有形商品之外，提供引申商品，以提高寿险产品的价值感。保险单的设计就是要把核心商品转换成有形商品。

【延伸阅读】

养老保险的类型

（1）一次性领取养老金：投保人按约定缴纳保险费后，在达到约定的年龄时，被保险人可以一次性领取一笔资金，作为养老基金。

（2）养老年金：投保人按约定缴纳保险费后，在达到约定的年龄时，被保险人可以按年或按月领取一定数额的养老金，以供养老之用。这种领取方式往往有最低领取年数的保证，而没有领取年数的限制，直到被保险人身故。

（3）老年护理费：老年护理费主要是针对高龄老年人需要借助别人的护理而设计的养老保险形式。投保人按约定缴纳保险费后，在达到约定的年龄时，被保险人可以按年或按月领取一定数额的资金，这部分资金可以用来支付雇人护理老年人生活的费用。

二、影响寿险保险单设计的因素

寿险产品是一种需求弹性较大的商品，在保险单设计过程中会受到其他方面因素的影响，包括经济、政策和制度，社会和文化，技术和法律等外部环境的影响。

（一）经济、政策和制度因素

国民收入和居民家庭收入及其储蓄的发展、其他投融资制度的发展、人口结构及其发展变化等会对寿险品种和价格的设计产生影响。一般来说，在人口结构一定的情况下，随着国民收入的提高，尤其是居民家庭收入的提高，市场对寿险产品的需求也会提高。在寿险品种上，会出现由简易寿险到大额寿险，由储蓄、保障需求向投资发展的趋势。人口结构的老龄化对保险市场的需求可能会产生重要的影响。但是，这种影响在多大的程度上发生和发展，会受到很多因素，包括一国的金融制度发展的影响和制约。

政策和制度的变迁对人寿保险的影响也非常显著。一国的政策对人寿保险的管制是紧还是松，尤其是对人寿保险基金的投资政策是否宽松，对寿险业的影响很大。寿险基金不能有效保值增值，那么就会在某种程度上被其他金融商品替代。利率是寿险费率的一个非常重要的计算基础，所以利率政策、保险基金投资政策及其变化趋势是寿险保险单设计要考虑的重要因素。

随着社会保障制度的改革，当社会保障制度提供的保障项目越多、保障水平越高时，寿险市场的份额则越小，相反则越大。在与我国经济转型相适应的社会保障制度改革的背景下，企业和个人面临的风险会越来越大，这为寿险业的发展创造了巨大的市场潜力。因此，应通过对人身保险市场的调查、预测，认真分析改革带来的新需求，设计出适应市场的新险种。例如，通货膨胀率较高的时期，市场需要能抵御通货膨胀的投资性较强的人寿保险产品。随着我国企业用人制度改革的深入，大量失去"铁饭碗"的自谋职业者急需医疗、养老等保险保障，在保险单设计过程中必须考虑这些因素的变化及其趋势。

（二）社会和文化因素

我国家庭结构的变迁对寿险产品设计也有很大影响。我国传统的大家庭曾是具有多重功能的社会细胞，集生产、消费于一身，几乎能解决人口再生产的一切问题。但这种家庭结构特征在城镇发生了极大的变化，由核心家庭取而代之。由于我国经济结构的变化，城镇家庭结构的变化也在广大农村地区发生。这种变化会引起人寿保险需求的增加，同时，消费者消费意识的提高，使他们明白了自己的权益并越来越自觉地利用法律来保护自己的权益。这不仅要求保险公司注重自己的形象，而且要求保险公司提供的商品是高质量的保险商品。

通过对新产品拟销售对象的调查、分析，确定潜在消费者对新产品可能的最大需求以及承担保险费的能力，是可行性研究的另一个重点。如果预测拟开发产品的市场需求能力较小，就没有开发的必要。

（三）技术和法律因素

医学发展对人寿和健康保险有着很重要的影响。医疗技术的不断提高，会使人类寿命延长，并最终影响人寿保险。医疗部门是一个高技术含量、资本密集的部门，这些成本最终会体现在医疗保健服务上，并反映在人寿和健康保险之中。从保险业的经营技术看，新险种如投资性保险产品的开发和变额保险、分红保险的开发都要求更高的寿险精算技术。

此外，寿险保险单的设计须符合法律规定。

> **【思政要点 9-1】**
>
> 让学生以小组为单位设计保险合同，培养学生的创新意识和创新能力，培养学生的专业素养，以及诚实、守信、精益求精的工匠精神。

第三节 保险费率概述

保险费率的厘定，是保险经营的基础，也是保险品种开发中的一项重要工作。它以保险事故出险概率为主要依据，考虑保险公司的经营费用和保险资金回报率及其变动，根据保险种类、保险金额、保险期限、保险金给付方式、保险费缴纳方式等因素，制定出与投保人未来损失和费用相适应的费率，保证保险基金能够满足未来支付保险赔款或给付保险金的需求，确保经营的稳定性和盈利水平。由于保险对象与保险期限的不同，财产保险与人身保险在保险费率厘定的方面存在着差异。

一、保险费与保险费率

（一）保险费

保险费是投保人为转移风险、取得保险人在约定的保险责任范围内所承担的赔偿或给付责任而交付的费用，即保险人为承担约定的保险责任而向投保人收取的费用。保险费是建立保险基金的重要来源，也是保险人履行赔偿或给付义务的经济基础。保险费由纯保险费和附加保险费两部分构成。其计算公式为

$$保险费 = 纯保险费 + 附加保险费$$

式中，纯保险费主要用于保险事故发生后的赔偿和给付；附加保险费主要用于保险业务的各项经营业务支出，其中包括营业税、佣金、管理费、工资、固定资产折旧费以及企业利润等。

（二）保险费率

保险费率是每一保险金额单位应缴纳保险费的比率，是保险人用以计算保险费的标准。通常用千分率（‰）或百分率（%）来表示。例如，某险种每1000元保险金额应收保险费4元，则保险费率为4‰，如其标的保险金额为300 000元，则应缴保险费为1200元。

保险费率由纯费率与附加费率两部分组成。其计算公式为

$$保险费率 = 纯费率 + 附加费率$$

式中，纯费率是保险费率的基本部分，以其为基础收取的纯保险费形成赔偿基金，用于保险赔偿或给付，其计算依据因险种的不同而不同；财产保险纯费率的计算依据是损失概率，人寿保险纯费率计算的依据是利率和生命表。其计算公式为

$$纯费率 = 保险额损失率 + 稳定系数$$

$$保险额损失率 = \frac{保险赔款总额}{总保险金额} \times 1000‰$$

附加费率是保险人经营保险业务的各项费用和合理利润与纯保险费的比率，按照附加费率收取的保险费也称附加保险费。它在保险费率中处于次要地位，但附加费率的高

低,对保险企业开展业务,提高竞争能力有很大的影响。其计算公式为

$$附加费率=(保险业务经营的各项费用+合理利润)/纯保险费$$

二、厘定保险费率的基本原则

保险人在厘定保险费率时,必须遵循权利与义务对等的根本原则,因而在实务中厘定保险费率应遵循五个基本原则。

(一)适当可行原则

保险的基本职能是提供经济补偿或给付保险金,保险费率是保险人收取保险费的依据。保险费率厘定的主要目标是要使保险人所收取的保险费能偿付被保险人因风险事故发生所需支付的补偿金额,以及能支付营业开支所需的各项费用,同时又要与被保险人的风险水平、承受能力相适应。如果费率定得过高,将增加投保人的负担,也会使保险人在竞争中处于不利的地位;如果定得过低,又将使保险人收支不平衡,致使经营发生困难,使保险公司缺乏偿付能力,进一步发展下去将使保险单持有人遭受严重的损失。

(二)公正合理原则

保险费率的公正合理原则是指被保险人所缴纳的保险费的多少应与其所获得的保险权利相一致,保险费的多少应与保险的种类、保险期限、保险金额、被保险人的年龄与性别等风险因素相对称。即保险费率的计算必须考虑能适用于个体风险,使被保险人所缴纳的保险费与保险公司对其风险所负的责任相适应,确保公正合理。由于保险标的在不同的时间、地点,主体具有的风险水平不同,这就要求在保险费率水平上得以体现,但在实务操作中却存在着很多困难,要想做到完全公正,除非个别核算,但这种办法不仅事实上行不通,也不符合大数法则的要求。为了计算方便,通常将同一性质的风险归纳分类,然后计算分类费率,以适用于不同种类的保险标的。

(三)稳定性原则

保险费率厘定后,在较长时期内,不应经常变动。稳定的费率,可使被保险人的负担确定,能依照预算按时支付,不致因保险费率随时更改而使被保险人支付困难,导致营业量减少。不稳定的费率,如费率有继续降低的趋势,可诱使被保险人中途解约,以获得在低费率下另订立新合同的利益;反之,如费率有不断增加的趋势,将使长期合同量随之增加。这些都足以养成被保险人的投机心理,从而与保险经营的基本目标相违背。因此,在保险费率厘定时,必须采用过去若干年的经验数据的平均值,并估计未来若干年的发展趋势,以求厘定费率的稳定性。但用以计算平均值的数据截取时间也不能过长,以免被保险人在时间方面受到不利影响。

(四)融通性原则

保险费率的厘定虽应求其稳定性,但仍须使其具有融通性。表面上稳定性与融通性两者似有矛盾,而实质上两者是一致的。即在短期内应注意保险费率的稳定,长期则应

做适当的调整，以配合实际情形的改变。在较长的时期内，由于社会、经济、科技、文化的不断进步，保险标的所面临的风险在不断地变化，所以经过相当时期的发展后，应根据实际统计资料加以调整，以符合适当性与公正性原则的要求。

（五）防灾防损的诱导性原则

防灾防损是保险的职能之一，在厘定保险费率时，应体现防灾防损的精神。对防灾工作做得好的被保险人，可降低其费率；对无损失记录或损失较少的被保险人，可实行优惠费率；而对防灾防损工作做得差的被保险人，可实行高费率或续保加费。在现代保险业的经营中，保险人越来越注意在保险费率的厘定中利用保险费率的设计，诱导与鼓励被保险人积极从事各种防灾防损活动。在费率厘定中，应注意防灾防损的诱导性，使保险保障功能与防灾防损功能结合在一起，从而最终降低损失发生的频率及损失程度，使保险业取得更大的社会效益。

三、保险费率厘定的方法

保险费率的厘定，从理论上讲是在依据损失概率测定纯费率的基础上，再加上附加费率得到毛保险费率。在实务中，由于保险费率的测定需要必要的技术支持，因此对不同标的采用不同的费率厘定方法，大致可以分为以下三种。

（一）判断法

判断法又称个别法或观察法，是指在具体承保过程中，由业务人员根据每笔业务保险标的的风险和以往的经验，直接判断损失频率和损失程度，从而制定出适合特定情况的个别费率。由于这种类型的保险费率是从保险标的的个别情况出发单独制定的，因此最能反映个别危险单位的特性。虽然判断法具有灵活的特点，但在现代保险经营中，往往因其手续烦琐，在很大程度上取决于保险人的判断，很难保证费率厘定的科学性，而不为人们所常用。除非情况非常特殊，所遇风险形式多样且多变，没有以往可信的损失统计资料而不能使用分类法时才使用这种方法。如卫星保险、核电站保险等，开始时由于缺乏统计资料，又无可比情况，只好使用判断法厘定费率。

（二）分类法

分类法是现代保险经营中确定费率的主要方法，它是根据若干重要而明显的标准对性质不同的风险分别归类，并在此基础上依据损失发生频率制定分类费率。依据分类法收取的保险费反映了该类别的平均损失经验数据，其精确程度既有赖于分类是否适当，又取决于分类时各类别中所包含的危险单位的数量。分类法应用范围较广，人寿保险、火灾保险以及大多数意外保险通常使用分类法。如我国的企业财产保险，按标的使用性质的不同分为若干类别，每一类又分为若干等级，不同等级的费率水平各异。但是，在使用分类费率时，可以根据所采取的防灾防损措施而加费或者减费。又如人身保险，一般按照性别、年龄、健康状况、职业等进行分类。分类法的思想符合大数法则，优点在于便于运用,适用费率能够迅速查到。其缺陷在于忽略了被归为同一类标的的每一个体风险因素的实质差异,因而有可能违背公正合理原则的要求。

(三) 修正法

修正法又称增减法,是指在分类法的基础上,结合承保标的的风险状况进行增减变动来确定费率的方法。以修正法确定费率时,一方面凭借分类法确定基本费率,另一方面依据实际经验予以补充和修正。修正法结合了风险程度的差异,因而得出的费率更能够反映承保标的的风险情况。因此,修正法既具有分类法的优点,又具有判断法的灵活性,可以针对特种风险单独设计费率,较分类法更科学,从而坚持了公正合理负担保险费的原则。修正法在实务中主要分为表定法、经验法和追溯法。

1. 表定法

表定法是以每一个风险单位为计算依据,在基本费率的基础上,参照标的物的显著风险因素做增减修正来确定费率的。当投保人投保时,核保人员以实际投保标的所具有的风险与原定标准相比较,若其条件比原定标准好,则减少表定费率;反之,则做适当增加。表定费率一般用于承保厂房、商业办公大楼和公寓等财产的火灾保险。在确定费率时通常要考虑建筑物的结构、占用性质、消防设施、周围环境状况、保养情况等。表定法的优点在于适用性强,能够切实反映标的风险状况,促进防灾防损。表定法的缺点是制定费率的费用较高,不利于保险人降低保险成本。同时,表定法只注重物质或有形的因素,而忽视了人的因素,在实际运用中灵活性太大,业务人员往往在竞争激烈时为争取承保业务而过度地降低费率,不利于保险财务的稳定和保险市场的良性发展。

2. 经验法

经验法是指根据被保险人以往的损失经验,对分类费率进行增减变动而制定出来的费率。也就是说,以过去一段时期的平均损失为基础,对分类费率加以调整,制定未来时期被保险人待用的保险费率,故又称预期经验法。经验法与表定法相比,其最大的优点在于制定费率时采用了保险标的过去实际损失的经验数据,即已考虑到所有影响风险发生的因素,而表定法在制定时仅仅考虑了少数实质风险因素,因而经验法相对更合理、科学。经验法的计算公式为

$$M = \frac{A-E}{E}CT \times 100\%$$

式中 M——保险费率调整的百分率;
A——经验期被保险人的实际损失;
E——被保险人适用某分类费率时的预期损失;
C——置信系数;
T——趋势系数。

例如,某被保险人依分类费率缴纳保险费,其总保险费为10万元,其中60%即6万元为纯保险费,若其实际损失为8万元,置信系数是0.3,趋势系数是1,则其费率调整的百分率可依据上式求得:

$$M = \frac{A-E}{E}CT \times 100\% = \frac{8-6}{6} \times 0.3 \times 1 \times 100\% = 10\%$$

因此，下一个保险期新的保险费应增加的百分率为 10%，即依经验法调整后的保险费应为 11 万元。

采用经验法调整费率，其调整百分率的大小还须考虑所能获得被保险人损失经验资料的多少，而所获经验资料的多少，也就是损失经验置信系数的大小。因此在计算时，须考虑置信系数，同时，保险费率调整时，为获得数量较多的损失经验资料，通常必须依据较长期限的损失经验。但如果期限过长，在此期间足以影响损失频率及损失程度的各种条件常常会发生变动，因而在计算调整费率时，也需要将此种变动趋势加入考虑。通常处理的方法如下：对置信系数采用加权方法，较近年份的经验加权较多，较早年份的经验加权较少；对变动趋势采用趋势因数，依照平均补偿金额支出趋势、物价指数变动趋势等资料，用统计的方法计算其系数，用以修正费率调整的程度。各项趋势的考虑应以延伸至调整费率将来适用期间的中点为准。

经验费率通常适用于企业厂商等有较大的规模或有多种形式的作业部门，这些部门具有相当大量的危险单位，且被保险人可对若干风险因素予以一定的控制，因此如果经验显示被保险人确曾努力减少损失，就可以减低未来年度的保险费。经验法主要用在意外保险方面，如汽车责任保险、公共责任保险、劳工补偿保险和盗窃保险等。此外，团体人寿保险与团体健康保险也采用这种方法。

3. 追溯法

追溯法是与经验法相对的一种修正法，依据被保险人在本保险期限内保险标的的实际损失来确定该期保险费。由于保险标的当期损失的实际数额须到保险单期满后才能计算出来，因此，在使用追溯法时，先在保险期限开始前以分类费率确定预缴保险费，在保险期满以后再根据实际损失对已缴保险费进行增减变动。一般在预缴保险费时会规定保险期间的最高和最低的保险费。如果实际损失小，调整后保险费低于最低保险费，则按最低保险费收取；如果实际损失大，调整后保险费高于最高保险费，则按最高保险费收取。实际交付的保险费一般在最低保险费与最高保险费之间，具体数额取决于被保险人在本期的损失。因此，追溯法对防灾防损有很大的经济刺激作用。

追溯法的制定程序比其他任何费率的制定程序都要烦琐，不利于保险人大规模地发展业务，因此，这种方法很少为人们所采用，一般适用于劳工保险、普通责任保险、汽车责任险和车损险等险种。

第四节 非寿险费率的厘定

非寿险费率的厘定是以保额损失概率为基础的，它先通过对保额损失率和均方差的计算求出纯费率，再计算附加费率。非寿险费率厘定的知识包括数学知识、统计学知识、金融学知识及大数法则等。

一、纯费率的确定

纯费率是纯保险费占保险金额的比率。它是用于补偿被保险人因保险事故造成保险标的损失的概率。确定纯费率,一方面要研究有效索赔的概率分布,也就是未来保额损失的可能性,即保额损失概率,另一方面要研究有效索赔的金额。其主要步骤如下。

(一) 确定保额损失率

保额损失率是赔偿金额占保险金额的比率。由于保险事故的发生在实践上具有很强的随机性,只有在一个较长的时期里才比较稳定,因此保险损失率的计算应取一个较长时期的数据,通常不少于五年。其计算公式为

$$保额损失率 = \frac{赔偿金额总和}{保险金额总和} \times 100\%$$

但在许多情况下,若已知各年的保额损失率,则可计算平均保额损失率。

> **【案例分析 9-1】**
>
> 假设某保险公司过去 10 年的保险赔款总额为 400 万元,总保额为 10 000 万元,则该类保险的保额损失率为
>
> $$\frac{400}{10\ 000} \times 100\% = 4\%$$

> **【案例分析 9-2】**
>
> 假设某保险公司过去 7 年的保额损失率分别为 6.1%、5.7%、5.4%、6.4%、5.9%、6.2%、6.0%,则该类保险的平均保额损失率为
>
> $$\frac{6.1\% + 5.7\% + 5.4\% + 6.4\% + 5.9\% + 6.2\% + 6.0\%}{7} \approx 5.96\%$$

(二) 计算均方差

均方差是各保额损失率与平均保额损失率离差平方和的平均数的平方根。它反映了各保额损失率与平均保额损失率相差的程度,说明了平均保额损失率的代表性。均方差越小,则其代表性越强;反之,则代表性越差。

(三) 计算稳定系数

由赔偿金额总和与保险金额总和的比率确定的保额损失率是过去若干年保额损失率的算术平均数。由于它具有不稳定的特点,保险人不能直接将它作为纯费率。因为就未来某一年度而言,实际保额损失率与这一算术平均数一般并不相等。保额损失较大的年份,实际发生的保额损失率将高于预计保额损失率;反之,保额损失较小的年份,实际保额损失率将低于预计保额损失率。实际发生的保额损失率与预计保额损失率相等的情

况只是巧合。对于保险人来说，各年度实际保额损失率对保额损失率的算术平均数的背离程度的大小具有重要意义。特别是个别年度发生巨灾损失，引起实际保额损失率远远高于预计保额损失率，会严重影响保险业务的财务稳定性。因此，保险人有必要在测算实际保额损失率对预计保额损失率背离程度的基础上，在纯费率上加一个适当的稳定系数，以保证所收保险费在大多数情况下都能够满足保险赔偿的需要。稳定系数是均方差与平均保额损失率之比。它是衡量期望值与实际结果的密切程度，即平均保额损失率对各实际保额损失率的代表程度。稳定系数越大，保险经营稳定性越低；反之，稳定系数越小，则保险经营稳定性越高。稳定系数一般为 10% ~ 20% 较为合适。下面举例介绍稳定系数的确定方法。

【案例分析 9-3】

某保险公司某类保险业务 2010—2019 年中各年的保额损失率见表 9.1。

表 9.1 某保险公司某类保险业务 2010—2019 年的保额损失率

年份（$N=10$）	保额损失率 X（%）	离差 $(X-\bar{X})$（%）	离差的平方 $(X-\bar{X})^2$（10^{-4}）
2010	6.1	+0.1	0.01
2011	5.7	−0.3	0.09
2012	5.4	−0.6	0.36
2013	6.4	+0.4	0.16
2014	5.8	−0.2	0.04
2015	6.3	+0.3	0.09
2016	6.0	0	0
2017	6.2	+0.2	0.04
2018	5.9	−0.1	0.01
2019	6.2	+0.2	0.04

平均保额损失率：$\bar{X} = \dfrac{\Sigma X}{N} = 6.0\%$

均方差：$\sigma = \sqrt{\dfrac{\Sigma(X-\bar{X})^2}{N}} = 0.29\%$

稳定系数：$K = \dfrac{\sigma}{\bar{X}} \times 100\% = 4.833\%$

在案例分析 9-3 中，稳定系数为 4.833%，说明保险经营稳定性很高。也就是说，若保险人以平均保额损失率 6% 作为纯费率，其对未来各年度保额实际损失率的估计是基本正确的，其所收取的纯保险费可以满足以后各年度支付保险赔款的需要。但这种稳定性是相对而言的，是以未来年度风险发生的条件和以往各年度的情况大体相符为条件的，如果风险发生条件有实质性的变化，则实际保额损失率对平均保额损失率变动的程度也将发生变化。

保险公司为了保证保险经营的安全性与稳定性，必须尽量减少实际保额损失率超过按以往一定年度的平均保额损失率而确定的纯费率的可能性。为了达到这一目的，通常采用在平均保额损失率的基础上附加 1 倍至几倍均方差作为纯费率的办法来实现。如在案例分析 9-3 中，可以在平均保额损失率的基础上附加 1 倍的均方差，将纯费率定为 6% + 0.29% 即 6.29%。按照统计规律，实际保额损失率在 $(X-\sigma, X+\sigma)$ 区间的概率为 68.27%，在 $(X-2\sigma, X+2\sigma)$ 区间的概率为 94.45%，在 $(X-3\sigma, X+3\sigma)$ 区间的概率为 99.73%。因此，从理论上讲，无论什么保险，只要在平均保额损失率的基础上附加 3 倍的均方差作为纯费率，就能够充分保障保险人的财务稳定性。在实践中，一般认为对于强制保险，由于其保险的广泛性和连续性，纯费率为在平均保额损失率的基础上附加 1 倍均方差时就已足够保障保险人的财务稳定性；对于自愿保险，由于逆选择的影响，纯费率应为在平均保额损失率的基础上附加 2 倍均方差；对于一些危险程度很高且易于遭受巨灾损失的保险标的，纯费率有必要为在平均保额损失率的基础上附加 3 倍均方差。另外，在保险经营中既要考虑保险人自身的财务稳定性，又要考虑经济上的可行性，使厘定的保险费率尽量适应投保人的保险费负担能力。附加的均方差倍数越高，保险经营中出现亏损的可能性越小，这虽然对保险人有利，但对被保险人来说，保险费的负担就越重。因此，保险人在确定费率时，应当综合考虑以上两方面的情况，合理地确定稳定系数。

（四）确定纯费率

纯费率是纯保险费占保险金额的比率。纯费率的计算公式为

$$\text{纯费率} = \text{平均保额损失率} \pm \text{均方差} = \text{平均保额损失率} \times (1 \pm \text{稳定系数})$$

二、附加费率的确定

附加费率是保险人营业费用开支占保险金额总和的比率，它是以经营管理费和预期利润为基础来计算的，其计算公式为

$$\text{附加费率} = \frac{\text{营业费用开支总额}}{\text{保险金额总和}} \times 100\%$$

其中，营业费用开支主要包括代理手续费、雇员工资、办公楼租金及办公设备开支、单据印刷费、通信费、广告费、各种税金以及保险人预期的营业利润。

除按上述公式计算附加费率外，还可以根据经验按纯费率的一定比例确定，如规定附加费率为纯费率的 20%。

三、毛费率的计算

毛费率即保险费率，是纯费率和附加费率之和，用公式表示为

$$毛费率 = 纯费率 + 附加费率$$

这样得出的毛费率仅是一个粗略的费率,实用性不强。因此,须根据不同的业务进行分项调整,这种调整就是级差费率调整,经过级差费率调整后得到的毛费率就是投保人向保险人缴纳的费率标准。

上面简单地介绍了非寿险费率的构成及厘定程序,但在实践中,非寿险费率的厘定是一个非常复杂的过程。对每一类风险所适用的费率,保险公司都是在该类风险的大量损失资料的基础上,根据科学的损失分析方法确定并在使用中随损失经验积累经历多次修订而成。同时,保险公司保险费率的厘定还会受到保险监管机构的严格限制和市场竞争的影响。

第五节 寿险费率的厘定

一、人寿保险费的构成

人寿保险费分为两部分:纯保险费和附加保险费。投保人所缴纳的纯保险费部分可分为风险保险费和储蓄保险费。前者用于当年保险金的支付,后者则是一种累积的保险费,用来弥补未来年份的赤字。附加保险费用于保险经营中的一切费用开支。纯保险费和附加保险费构成了营业保险费,它是寿险机构实际收取的保险费。

寿险计算的基本原则是收支平衡,"收"是指保险机构收取的保险费总额,"支"是指保险机构的保险金给付和支出的各项经营费用。该原则强调考虑货币的时间价值等重要因素,要求在保险合同的有效期内,在任一时间点上,保险公司的收入和其支出相等。

以缴费方法为依据,寿险保险费可分为趸缴纯保险费、自然纯保险费和均衡纯保险费。趸缴保险费是在投保之日起便一次性缴清的保险费,从趸缴保险费中扣除附加保险费,就得到了趸缴纯保险费。计算趸缴保险费时,要考虑货币的时间价值,要把各个年龄应缴的保险费换算成现值。自然纯保险费是直接以死亡率为缴付标准计算的保险费,按年收取。随着年龄的增长,人死亡的概率越来越高,须缴纳的保险费随被保险人年龄的增长而增加。在现实生活中,很少有人一次性缴清所有保险费,因此,就会产生均衡保险费。均衡保险费是指在某一期限内,投保人按固定数额缴纳的保险费,从均衡保险费中扣除附加保险费,就是均衡纯保险费。与自然纯保险费和趸缴纯保险费相比,均衡纯保险费更能为大多数投保人所接受,在保险业中得到广泛的运用。

二、利息

利息是以一定的本金在一定的时期内按照一定的利率计算而得的收益。计算利息的因素有三个,即本金、利率和时期,每个因素的变化都会使利息发生变化。利息在人寿保险费的计算中是非常重要的因素。一般来讲，人寿保险合同都是长期性的，在一个合同规定的时期内投保人要按期缴纳保险费。保险公司要保证在被保险人死亡时或期满生存时（定期死亡保险除外）给付保险金。这就要求保险公司在保险费收入中设立责任准备金。责任准备金在短时间内还不能履行给付，保险公司就要对它进行投资和运用。利息的多少也对保险费率的高低有重要影响。

（一）单利

单利是指仅依靠本金获得的利息，利息所产生的利息则不计入本金内。现以 P 代表本金、i 代表利率、n 代表计息期数、I 代表利息。已知本金、利率和计息期数，求利息。具体公式为

$$I = Pin$$

> **【案例分析 9-4】**
>
> 已知 $P = 1000$ 元，$i = 0.05$，$n = 4$，求 I。
> 解：$I = Pin = (1000 \times 0.05 \times 4)$ 元 $= 200$ 元
> 根据求利息的公式可以推导出其他公式：
> 本金：$P = I/(in)$
> 利率：$i = I/(Pn)$
> 计息期数：$n = I/(Pi)$
> 若求本利和 S，则有
> $S = P + Pin = P(1 + in) = 1000 \times (1 + 0.05 \times 4)$ 元 $= 1200$ 元

（二）复利

复利的计算与单利不同，复利计算是每经过一次结算时间就将应得的利息并入本金，在下次结息时，并入本金的利息也随同本金一起计算利息。在保险核算上，一般是采用复利的计息方式。

第一期本利和：$S = P(1 + i)$
第二期本利和：$S = P(1 + i) + P(1 + i)i$
$\qquad\qquad\qquad = P(1 + i)(1 + i)$
$\qquad\qquad\qquad = P(1 + i)^2$

依此类推，则第 n 期本利和：$S = P(1 + i)^n$
同样，根据上式可推导出其他公式：

$$本金：P = \frac{S}{(1+i)^n}$$

$$利率：i = \sqrt[n]{\frac{S}{P}} - 1$$

求计息期数时，先计算本利和除以本金 $\left(即 \dfrac{S}{P}\right)$ 得出的数值，在复利表同一利率栏内查出与此数值相同或相近的数，此数即为所求的计息期数。

（三）现值、终值、贴现

现值是按照一定利率经过一定时期积累到一定数额所需的本金。在计算寿险保险费时，要了解在一定年限内，按照一定的利率积累到一定的数额在现在所需要的本金。前面用 S 代表 n 年后的本利和，P 为本金，P 与 S 之间的关系就是现值与终值的关系，所以现值是本利和的逆运算，即

$$P = \frac{S}{(1+i)^n}$$

如果用 v 代替 $1/(1+i)$，也就是 1 年后 1 元的现值，那么 10 年后 1 元的现值就是 v_{10}，所以 $P = Sv^n$。

如果将终值与现值之间的差额用 D 表示，D 就是银行贷款时预扣的利息，即贴现息。如果贷款为 1 元，贴现率为 d，则实得贷款应为（1–d）元。

$$d = 1 - v = 1 - \frac{1}{1+i} = \frac{i}{1+i} = iv$$

在寿险保险费的计算中，由于寿险合同通常是长期的，所以在计算时往往要进行多次乘方和开方，一些国家的保险公司为了简化这种复杂的计算程序，就编制了各种利率的现值表和终值表。换算表就是各种年龄生存与死亡现值的累计值表。由于这些数值受生存、死亡、现值等因素影响，所以使用不同的生命表，会得出不同的利率数值。

为便于理解，现将换算表各项目之间的关系说明如下（下式中，l_x、d_x 分别表示生存人数和死亡人数）。

年龄： x
生存人数现值： $D_x = v^x l_x$
生存人数现值累计： $N_x = D_x + D_{x+1} + \cdots + D_{x+n-1}$
死亡人数现值： $C_x = v^{x+1} d_x$
死亡人数现值累计： $M_x = C_x + C_{x+1} + \cdots + C_{x+n-1}$

三、生命表

（一）生命表的含义及分类

生命表也称死亡表，是在一定时期和一定范围内根据以人的年龄为主要差别的统计资料计算出的某一人群中各种年龄的人的生存和死亡概率汇编而成的一种表格。它能够表明各种年龄的人生存到一定年龄的人数、在一年内的死亡人数和一定年龄的人在一定时期内的生存率和死亡率，从而掌握各个年龄的人生存或死亡的规律。生命表分完全生命表和简易生命表。凡能够反映出每一年龄的人群的生死概率的生命表为完全生命表，

只反映年龄组别生死概率的生命表为简易生命表。它是人寿保险测定风险的工具，是寿险精算的数理基础，是厘定人寿保险纯费率的基本依据。生命表以年龄为依据，全面地反映某一国家和地区一定人群的生死状况。在生命表中，最重要的是计算每个年龄段的死亡率。

世界上第一张以科学方式编制的生命表是英国人哈雷在 1693 年制成的。编制生命表的资料来源一般为一个政府每隔一定时间进行的人口普查资料。由这些人口统计资料与死亡记录综合汇编而成的生命表称为国民生命表。除了国民生命表，保险公司根据自己积累的大量业务资料编制成自己的生命表，称为经验生命表。经验生命表更能反映保险规律，因而在使用上比国民生命表更有实用价值。

寿险公司中选择年金保险的被保险人往往是长寿的人，选择寿险的往往是对自己的身体状况不乐观的人，这种选择称为逆选择。这样年金保险的各年龄被保险人的死亡率明显小于寿险被保险人的死亡率，对这两类人分别进行统计而构造的生命表，称为年金生命表和寿险生命表。

在生命表中，首先要选择初始年龄（基期），并假定在该年龄上有一定数量的人生存。一般选择 0 岁为初始年龄并规定此年龄的生存人数，通常选择 10 万人、100 万人、1000 万人等人数。

（二）生命表的内容

某生命表中 21 ~ 25 岁的各项数据见表 9.2。

表 9.2　某生命表（部分）

年龄	生存人数	死亡人数	生存概率	死亡概率	生命期望值
x	l_x	d_x	p_x	q_x	e_x^0
21	94 859	855	0.99099	0.00901	38.35
22	94 004	853	0.99093	0.00907	37.70
23	93 151	852	0.99085	0.00915	37.04
24	92 299	850	0.99079	0.00921	36.37
25	91 449	850	0.99071	0.00929	35.71

生命表中各个项目之间的关系如下：

d_x 为 x 年龄至 $x+1$ 年龄之间的死亡人数：$d_x = l_x - l_{x+1}$ 或 $l_{x+1} = l_x - d_x$。

如以 n 代表年数，则在 n 年内的死亡人数为

$$l_x - l_{x+n} = d_x + d_{x+1} + d_{x+2} + \cdots + d_{x+n-1}$$

x 年龄的人生存 1 年的概率为 p_x，则 p_x 为

$$p_x = \frac{l_{x+1}}{l_x}$$

x 年龄的人在 1 年内死亡的概率 q_x 为

$$q_x = \frac{d_x}{l_x}$$

所以

$$p_x + q_x = 1$$

根据生命表可以计算一个人自 x 岁生存到某一年龄时的概率。如求一个 30 岁的人生存到 60 岁的概率。

由某生命表查出，30 岁的生存人数 l_{30} = 95 932 人，60 岁的生存人数 l_{60} = 83 678 人，所以 30 岁的人生存到 60 岁的生存概率为

$$\frac{l_{60}}{l_{30}} = \frac{83\ 678}{95\ 932} = 0.87226$$

生命期望值是指现年 x 岁的人在将来生存的平均整年数。在计算生命期望值时，生存不满 1 年时的日期不计算在内，为简单生命期望值，用 e_x 表示。如果将自下而上年数中不满整年的分数部分（不满 1 年的零数）都计算在内，得出的数值则称为完全生命期望值，用 e_x^0 表示。

简单生命期望值的计算公式为

$$e_x = \frac{l_{x+1} + l_{x+2} + \cdots + l_{x+\infty}}{l_x}$$

完全生命期望值的计算公式为

$$e_x^0 = \frac{l_{x+1} + l_{x+2} + \cdots + l_{x+\infty}}{l_x} + \frac{1}{2}$$

式中，$\frac{1}{2}$ 是假设 x 至 $x+1$ 岁死亡的人在这一年内均匀死亡的平均寿命。所以完全生命期望值是在简单生命期望值上增加半年，即 $e_x^0 = e_x + \frac{1}{2}$。

四、纯保险费的计算

人寿保险期限长，一般采取均衡保险费制，保险费缴纳方式分为两种：趸缴和分期缴纳。趸缴是指投保人将保险费一次缴清；分期缴纳是指一定期限内按某一数额缴纳保险费。根据公平合理原则，保险人承保的某类寿险业务今后要给付的保险金在投保时的价值总和应当等于投保人在投保时缴纳的趸缴纯保险费之和，即趸缴纯保险费的精算现值等于保额的精算现值。

（一）趸缴纯保险费的计算

$$投保人每人趸缴纯保险费 = \frac{保险人应付保险金的现值总和}{投保时全体投保人数}$$

> **【案例分析 9-5】**
>
> 向一个 50 岁的男性签发一年期的定期寿险，保额为 1 万元，计算其趸缴保险费。假设共有 928 133 个 50 岁的男性投保，从《中国人寿保险业经验生命表》查出 1 年后的生存人数为 923 251 人，死亡人数为 4882 人，一年后预计给付的死亡保险金的价值 = 4882×10 000 元，假定利率为 2%，计算一年后保险金给付的现值，则
>
> $$现值 = \frac{4882 \times 10\,000}{1 + 2\%} 元 = 47\,862\,245 元$$
>
> 分摊到参加投保的 928 133 人，每人应缴纳 $\frac{47\,862\,745}{928\,133}$ 元 = 51.57 元的纯保险费。

（二）分期缴付纯保险费的计算

一次性缴清保险费对大多数投保人来说负担较重。为了解决这个问题，通常的做法是，被保险人往往不会一次性拿出较大的一笔钱缴纳保险费，而是采取分期缴付保险费的方式，即保险人允许被保险人分期，如按年、按季、按月来缴付保险费。一般来说，按年缴费最为普遍。这里就按年缴付纯保险费的计算予以介绍。

$$投保人每年缴付纯保险费 = \frac{一次性缴清纯保险费}{保险费缴付期1元期首付年金现值}$$

> **【案例分析 9-6】**
>
> 对 45 岁的人签发保额为 1 万元的五年期定期寿险的一次性缴清纯保险费是 182.35 元。计算保险费缴付期 1 元期首付年金的现值，年利率为 2.5%。
>
> 45 岁：（立即支付）= 1 元
>
> 46 岁：$\frac{943\,791}{946\,893} \times 1 \times 0.975\,6$ 元 = 0.972 4 元
>
> 47 岁：$\frac{940\,393}{946\,893} \times 1 \times 0.951\,8$ 元 = 0.945 3 元
>
> 48 岁：$\frac{936\,670}{946\,893} \times 1 \times 0.928\,6$ 元 = 0.918 6 元
>
> 49 岁：$\frac{932\,594}{946\,893} \times 1 \times 0.906\,0$ 元 = 0.892 3 元
>
> （1 + 0.927 4 + 0.945 3 + 0.918 6 + 0.892 3）元 = 4.683 6 元
>
> 年缴均衡保险费 = 182.35/4.683 6 元 = 38.93 元
>
> 其中，$0.975\,6 = (1 + 2.5\%)^{-1}$，$0.906\,0 = (1 + 2.5\%)^{-4}$，946 893 为生命表上 45 岁生存人数，943 791 为 46 岁生存人数，其余类推。

五、毛保险费的计算

毛保险费由纯保险费和附加保险费构成。附加保险费主要包括：①新单费用，是指寿险公司签订新保险单的支出，如保险单据的印刷、保险单的送达、客户的体检费用等；②保险单维持费用，保险单签订后到保险单终止所发生的费用，如寄送保险费缴纳通知单、变更保险单内容等；③保险费收取费用，保险公司在投保人分期缴纳保险费期间发生的费用，包括收费员的工资等。附加保险费占纯保险费的比率（附加费率）在不同的保险公司，不同险种各不相同。

毛保险费的计算公式为

$$毛保险费现值 = 纯保险费现值 + 附加保险费现值$$

计算毛保险费一般可使用如下方法：

1. 三元素法

三元素法把附加费用分为三类：新单费用、维持费用、收费费用。新单费用是保险公司为招揽新合同，在第一年度支出的一切费用。维持费用是整个保险期间为使合同维持保全的一切费用，分摊于各期。收费费用是指收取保险费时的支出，也分摊于各期。然后，把将来年份的附加费用计算成现值，就可得到附加保险费的现值之和。三元素法计算结果准确，但计算过程较复杂。

2. 比例法

比例法假设附加保险费为毛保险费的一定比例 k（这一比例通常是根据经验来确定的），设毛保险费为 $\bar{p}$，纯保险费为 p，附加保险费比例为 k，其计算公式为

$$\bar{p} = p + k\bar{p} \text{ 即 } \bar{p} = \frac{p}{1-k}$$

比例法计算简便，但是对于 K 值的确定缺乏合理性。

第六节 保险产品的定价

一、保险产品定价概述

（一）保险产品定价的概念

定价是确定某一产品价格的过程。保险价格不同于一般的商品价格，因为大多数销售个人保险产品或小团体保险产品的公司采取不二价策略，即公司不与购买者就某产品的价格进行个别协商。采取不二价策略并不意味着对所有购买者要求同样的价格，公司仍然可以根据不同购买者的特征和相关因素，对不同客户采用不同的价格。

由于保险人不与个人消费者协商制定保险价格，而保险行业又是一个经营风险的特殊行业，因此，保险公司在制定价格时应遵循一定的原则。保险定价的原则与保险费率厘定的原则是一致的。

(二)保险产品定价的目标

1. 生存导向型目标

如果公司遇上生产力过剩或激烈的竞争,或者要改变消费者的需求时,它们要把维持生存作为其主要目标。为了能够继续经营,继续销售险种,保险公司必须定一个比较低的价格。此时,利润比起生存而言要次要很多。

2. 利润导向型目标

利润导向型目标分为三类:获得最高当期利润目标、获得适量利润目标和获得预期收益定价目标。获得最高当期利润目标通常以一年为准;获得适量利润是指与保险人的投资额及风险程度相适应的平均利润;获得预期收益为预期的总销售额减去总成本。

3. 销售导向型目标

采用此目标的保险人认为最高收入将会导致利润的最大化和市场份额的增长。收入最大化只需要估计需求函数即可。销售导向型目标又可细分为达到预定销售额目标、保持和扩大市场份额目标、促进销售增长目标。

4. 竞争导向型目标

竞争导向型目标可分为市场撇脂策略目标和稳定价格目标。一些经营规模大、经营效率高、资金雄厚、竞争力强的保险人,有时喜欢制定高价来"撇脂"市场,而后通过逐步降低价格,将竞争者挤出市场或防止竞争者进入市场,即以市场撇脂策略为目标。一些规模大、实力雄厚的保险人,常以稳定价格作为定价目标,以避免剧烈的价格竞争造成的损失。同时,也可通过稳定本身产品价格来稳定行业竞争态势,保持其优势地位,获得稳定收益。

二、保险产品定价的方法

保险定价方法是保险公司为实现定价目标而选择的厘定费率的方法。定价方法通常分为成本导向定价方法、竞争导向定价方法和客户导向定价方法三类。具体如图 9.1 所示。

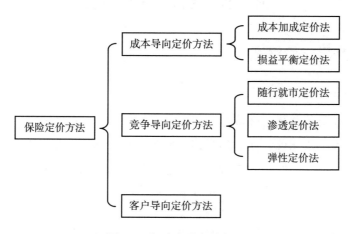

图 9.1 保险产品定价方法

(一) 成本导向定价方法

成本导向定价方法是指保险公司制定的产品价格包含在生产环节、销售环节以及服务环节发生的所有成本，以成本作为制定价格的唯一基础。当市场中只有一家保险公司，或者利用该方法的公司是市场的领导者时，成本导向定价方法最有效。成本导向定价方法可分为以下两种。

1. 成本加成定价法

成本加成定价法就是在产品成本的基础上，加上预期利润额作为销售价格的定价方法。成本加成定价法有计算简便、稳定性好、避免竞争、公平合理等优点。

2. 损益平衡定价法

损益平衡定价法也称为目标收益定价法，是保险公司为了确保投资于开发保险单、销售和服务中的资金支出能够与收入相等的定价方法。损益平衡定价法的优点是计算简便，能向保险公司表明获得预期利润的最低价格是多少。

(二) 竞争导向定价方法

竞争导向定价方法以竞争对手确定的价格为基础，保险公司利用此价格来确立自己在该目标市场体系中的地位。竞争导向定价方法具体有以下几种类型。

1. 随行就市定价法

随行就市定价法下保险公司按照行业的平均现行价格水平来定价。这是一种首先确定价格，然后考虑成本的定价方法，采用这种方法可以避免竞争激化。随行就市是本行业众多公司在长时间内摸索出来的价格，与成本和市场供求情况比较符合，容易得到合理的利润。

2. 渗透定价法

渗透定价法是指保险公司利用相对较低的价格吸引大多数购买者，以此获得市场份额并使销售量迅速上升的定价策略。一般在需求的价格弹性高、市场潜力大、消费者对价格敏感时，公司采用低费率可以增加销售收入。

3. 弹性定价法

弹性定价法又称可变定价法，要求保险公司在产品价格问题上同客户协商。这种方法主要是被销售团体保险产品的公司所采用，它们参与大宗团体保险生意的竞标或提交协议合同。团体保险的销售过程常常以竞标开始，在竞标过程中，竞争对手会逐个被淘汰，最后客户与成功的竞标者签订协议合同。

(三) 客户导向定价方法

客户导向定价方法也称为需求导向定价方法，该方法下保险公司制定分销商或保险单所有人双方可以接受的价格，或者根据购买者的需求强度来制定价格。需求强度越大，则定价越高；需求强度越低，则定价越低。

■ 本章小结

1. 保险单的设计包括对保险标的、保险责任、保险费率、保险金额、保险期限等重要内容进行不同排列组合，从而为不同需求的消费者提供满足其需求的保险产品。保险单设计的常用方法包括：反求工程法、组合法。

2. 保险费是投保人为转移风险、取得保险人在约定责任范围内所承担的赔偿（或给付）责任而交付的费用，也是保险人为承担约定的保险责任而向投保人收取的费用。保险费一般由纯保险费和附加保险费两部分构成。保险费率是每一保险金额单位应缴纳保险费的比率。保险费率一般由纯费率与附加费率两部分组成。

3. 保险费率厘定的原则有：适当可行原则、公正合理原则、稳定性原则、融通性原则、防灾防损的诱导性原则。保险费率厘定的一般方法有判断法、分类法、修正法（又称增减法），其中修正法可分为表定法、经验法和追溯法。

4. 非寿险保险费率的厘定是以保额损失概率为基础的。它先通过对保额损失率和均方差的计算求出纯费率，再计算附加费率。纯费率是用于补偿被保险人因保险事故造成保险标的损失的概率。附加费率与营业费用密切相关。

5. 人寿保险费由纯保险费和附加保险费两部分构成，依据生命表和一定的利率计算得出。影响寿险费率的因素有：利率因素、死亡率因素、费用率因素、失效率因素和平均保额因素。

6. 保险产品定价的目标可分为如下几种：生存导向型目标、利润导向型目标、销售导向型目标、竞争导向型目标。保险产品定价方法可分为如下几种：成本导向定价方法、竞争导向定价方法和客户导向定价方法。

■ 思考与练习

一、单选题

1. 稳定系数的一般合理值有（　　）。
   A. 8%　　　　　B. 15%
   C. 21%　　　　D. 22%

2. 表定费率法是在不考虑特定团体先验赔付经历的情况下，确定团体保险费率的一种方法，保险公司通常利用它确定（　　）。
   ①新投保团体的首期保险费
   ②小团体的首期保险费
   ③小团体的续期保险费
   ④大团体的续期保险费
   A. ②③　　　　B. ①②③
   C. ①④　　　　D. ①②③④

3. 经验法一般使用以往（　　）年的损失经验数据确定下一个保险期的保险费。
   A. 3　　　　　B. 4
   C. 5　　　　　D. 6

4. 在利润导向型目标中，获得最高当期利润目标通常以（　　）年为准。
   A. 1　　　　　B. 2
   C. 3　　　　　D. 4

5. 建筑物火灾保险费率厘定方法一般有（　　）。
   A. 分类法　　　B. 表定法
   C. 经验法　　　D. 分析法

6. 对"死益差"贡献最大的一类保险单主要是（　　）。
   A. 保险金额最大的保险单
   B. 不具备现金价值的保险单
   C. 具备现金价值的保险单
   D. 一定保险金额中保险单准备金最大的保险单

7. 人寿保险费率确定的三大要素包括（　　）。
   A. 死亡率、利率、费用率

B. 死亡率、利率、利润率
C. 死亡率、费用率、利润率
D. 死亡率、利率、效率

8. ( ) 是寿险精算的科学基础，也是寿险成本核算的依据。
   A. 生命表　　　　B. 死亡率
   C. 利率　　　　　D. 费用率

9. 按照各年龄死亡率计算而得的逐年更新的保险费为（ ）。
   A. 自然纯保险费　　B. 趸缴纯保险费
   C. 均衡纯保险费　　D. 附加保险费

10. 在保险费率的构成中，主要用于形成保险基金以应付未来赔付支出的是（ ）。

A. 纯费率　　　　B. 附加费率
C. 毛费率　　　　D. 自然费率

11. 下列关于毛保险费、纯保险费和附加费用关系的描述中，正确的是（ ）。
    A. 毛保险费＝纯保险费＋附加费用
    B. 纯保险费＝毛保险费＋附加费用
    C. 毛保险费＝纯保险费×附加费用
    D. 纯保险费＝毛保险费×附加费用

12. 某保险公司过去10年某类财产保险业务保额损失统计资料见表9.3，假定10年间该保险公司业务规模不变，纯费率是（ ）。
    A. 6.0‰　　　　B. 5.7‰
    C. 5.8‰　　　　D. 5.9‰

表9.3　某保险公司过去10年某类财产保险业务保额损失率

年度	保额损失率（‰）	年度	保额损失率（‰）
1993	6.4	1998	5.9
1994	6.3	1999	5.7
1995	6.2	2000	5.8
1996	6.1	2001	5.7
1997	6.0	2002	5.9

二、多选题

1. 保险单设计的一般原则有（ ）。
   A. 公平互利原则
   B. 适法原则
   C. 市场原则
   D. 语言直白、简练、规范、准确的原则
   E. 互补原则

2. 决定人寿保险费率的因素有（ ）。
   A. 年龄　　　　B. 性别
   C. 收入　　　　D. 职业
   E. 文化程度

3. 保险费率厘定的基本原则有（ ）。
   A. 公平合理原则　　B. 充分性原则
   C. 灵活稳定原则　　D. 合法性原则
   E. 促进防灾防损原则

4. 三元素法是将寿险费用分为（ ）。
   A. 新单费用　　　B. 初始化费用
   C. 维持费用　　　D. 收费费用

E. 服务费用

5. 以下关于保险费率与保险需求关系的说法中，正确的是（ ）。
   A. 保险费率越低，保险需求越大
   B. 保险费率与保险需求呈反向变化的依存关系
   C. 保险费率与保险需求呈正向变化的依存关系
   D. 保险费率越高，保险需求越小
   E. 保险费率与保险需求之间的相关性较小

三、判断题

1. 稳定系数是均方差与平均保额损失率之比。（ ）
2. 国民生命表更能反映保险规律，因而在使用上比经验生命表更有实用价值。（ ）
3. 保险公司经营是以特定风险的存在为数理基础的。（ ）
4. 非寿险保险费率的厘定是以保额损失概率

为基础的。（　　）

5. 人寿保险的保险期一般都比较长，而且采用均衡保险制。（　　）

四、计算题

1. 若 1995—1999 年 5 年期间，我国某险种 400000 件标的保额损失率分别为 1.3‰、1.4‰、1.6‰、1.5‰、1.5‰，均方差为 0.102‰，按纯保险费提取附加费的比例为 20%，试计算：

   （1）平均保额损失率；（2）纯费率；（3）毛费率。

2. 某人在 40 岁时投保了 3 年期 10 000 元定期寿险，保险金在死亡年年末赔付。以中国人寿保险业经验生命表（1990—1993）（男女混合表）为基准，年利率为 5%，计算其趸缴净保险费。

五、简答题

1. 保险费率由哪两部分构成？具体含义是什么？
2. 简要概括保险费率厘定的原则。
3. 保险费率厘定的方法有哪些？
4. 什么是寿险费率厘定的影响因素？
5. 简要概括保险定价的方法。
6. 什么是生命表？什么是现值、终值？

第十章 保险监管

■ **学习目标**

学习本章，应当理解和掌握：
- 保险监管的含义
- 保险监管的主体和客体
- 保险监管的原则与方式
- 保险监管的内容

■ **价值目标**

学习本章，具体的价值目标应包括：

培养学生合规经营的理念，养成守法经营的习惯；强化学生对于公正、法治观念的理解和体会。

第一节 保险监管概述

一、保险监管的含义

现代经济社会中的任何一个行业都可能受到政府的监管。由于行业的特殊性，保险业是受监管最为严格的行业之一。某种意义上可以认为，没有保险监管就没有保险业。

保险监管是指政府对保险业的监督管理，是保险监管机构依法对保险人、保险市场进行监督管理，以确保保险市场的规范运作和保险人的稳健经营，保护被保险人利益，促进保险业健康、有序发展的整个过程。

1980年以前，我国只有保险经营，而没有实质上的保险监管。1980—1998年，中国人民银行是我国的保险监督机构。1998年11月18日，中国保险监督管理委员会正式成立，它标志着我国保险监管体制开始按照专业化的标准建立。目前，保险监督管理委员会的外派机构基本设立，依法对保险市场进行全方位的监管，使我国保险监管工作进入了新的历史时期。

二、保险监管的必要性

（一）建立和形成合理的保险市场结构的需要

1. 保护自由竞争的需要

在自由竞争的情况下，每一个经济利益主体都会追求自身利益最大化。而资源配置的手段是"看不见的手"，即价格和价值规律。市场自由的核心在于自由竞争，"看不见的手"的作用是以竞争为基础的，竞争越充分，资源配置的效率就越高。因此，保险市场的竞争程度决定了该市场的效率，保险监管对保护保险市场的竞争十分必要。

2. 反垄断的需要

垄断是市场失灵的重要表现，反垄断是保险市场需要监管的重要原因。保险市场失灵的首要表现是保险市场的自然垄断。保险市场的垄断表现为单个保险公司完全垄断或少数保险公司寡头垄断。由于各家保险公司入市时间不同，经营管理水平、业务活动区域以及职工队伍素质各异，实力较强的保险公司在竞争初期将其保险商品价格即费率降至边际成本之下，以此排挤其他保险公司，迫使它们退出保险市场，以便取得垄断地位，再抬高费率至边际成本之上，获取垄断利润，从根本上危害被保险人的利益。因此，有必要通过保险监管，消除或防止保险市场垄断。

3. 避免过度竞争的需要

过度竞争是由于有市场进入机制而没有正常的市场退出机制造成的。在过度竞争市场上，多数市场主体都达不到经济规模，整个市场集中度不高，它同样导致市场配置资源的低效率。保险市场上如果众多小公司达不到保险行业的合理规模，成本降不下来，反而因竞争的需要而将费率人为地压低，其后果是削弱甚至丧失偿付能力，最终损害被保险人的利益。因此，加强保险监管，防止保险市场上出现过度竞争是非常重要的。

（二）保险行业的特殊性所带来的需要

1. 广泛的社会性所带来的需要

保险业是经营风险的一个行业，而风险是客观存在的，它遍及各行各业和千家万户。不仅如此，随着科学技术的发展，许多以前没有为人们所意识到的风险将越来越多地为人们所认识；随着经济的发展，新的风险也将不断产生；随着人们生活水平的提高，人们的需求层次将不断提高，由此也将不断产生对更高一级需求进行保障的需要。正因为如此，保险也就具有了广泛的社会性，它是一项涉及面广、影响面大的活动。保险公司的承保对象涉及社会各部门、各阶层，通过收取保险费建立的保险基金是全体被保险人的财富，保险公司一旦出现问题，影响甚大。保险公司一旦经营不善出现亏损或倒闭，将损害广大被保险人的利益。

从范围上看，一家保险企业涉及众多家庭和企业的安全保障问题；从期限上看，一家保险企业可能涉及投保人的终身生活保障，一旦一家保险企业经营失败，众多的家庭和企业将失去保障，众多被保险人的晚年生活可能失去着落，并造成社会动荡。为了维护众多家庭和企业的利益，保证社会稳定，政府有必要将保险业置于其监管之下。

2. 技术要求的复杂性所带来的需要

保险业的经营有很强的技术性，保险单条款的制定、费率的计算都需要专业人员。投保人在投保时，保险单的条款和保险费率都是由保险人设计好的，投保人可能很难辨别这一条款和费率是否公正。保险不像一般商品，其性能、质量不易鉴别，因而保险监管机构需要对保险单条款和费率水平进行审核，以保护投保人的利益。

3. 保险产品的特殊性所带来的需要

保险是一种无形的产品。当投保人支付了保险费后，他并没有马上收到有形的产品，如一台电视机等，唯一的一件有形的物品是一张纸。保险产品尤其是寿险产品从购买到保险单兑现一般需要几年甚至几十年的时间，保险单的时滞性使得保险单持有人无力对自己购买的产品质量进行评估。一旦保险人陷入财务困境，被保险人的利益将无从保障。而且保险公司如果以各种欺诈手段危害被保险人的利益，对经济发展、社会稳定破坏之大是难以想象的。被保险人希望政府能够有效地监督保险人，使其能够履行承诺。

三、保险监管的目标

我国保险监管的目标包括三个方面，即维护被保险人的合法权益、维护公平竞争的市场秩序、维护整个保险体系的安全与稳定。

1. 维护被保险人的合法权益

这是我国保险监管的首要目标。保险人和被保险人之间存在信息不对称问题。保险公司可能存在隐瞒信息、提供虚假信息等行为，必须加强监管，强制保险公司进行信息披露。被保险人处于弱势地位，保险公司在经营过程中可能存在侵害被保险人权益的行为，例如，任意提高保险费率以牟取超额利润，当发生保险事故时，少理赔，延期理赔，甚至不理赔等。因此，必须加强监管，维护被保险人的利益。

2. 维护公平竞争的市场秩序

保险监管的一个主要任务是制定公平、透明的竞争规则，保证保险公司在同等条件下公平竞争，以维护保险市场秩序。首先，实行保险监管可以防止出现市场垄断。单个保险公司独家垄断或少数保险公司寡头垄断，就会抬高保险费率，获取垄断利润。其次，实行保险监管可以防止过度竞争，防止各保险公司人为压低保险费率，使自身偿付能力削弱甚至丧失偿付能力。最后，实行保险监管可以防止不正当竞争，即防止各保险公司之间相互诋毁。

3. 维护整个保险体系的安全与稳定

保险监管下，某些保险机构可能因经营失败而自动或被强制退出市场，这有利于整个保险体系的安全与稳定。

> 【思政要点10-1】
>
> 结合案例以及学生自主观看的一系列我国保险业监管发展的相关视频，让学生直观地了解我国保险行业监管发展的动态及趋势，帮助学生提前具备合规经营、守法经营的理念。

第二节 保险监管的主体和客体

保险监管的主体和客体如图10.1所示。

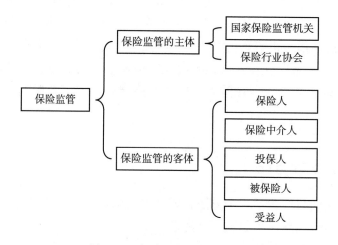

图10.1 保险监管主体和客体

一、保险监管的主体

保险市场需要监督管理，为了使监管有力，就必然要有专门的机构来行使这一职能。一般情况下，政府会委托某一职能部门负责对保险市场进行监管；保险公司也会在政府的支持下，自发成立行业协会、同业工会等组织，实行自我约束、自我管理。

（一）国家保险监管机关

一般来说，对保险行业的监管职能主要由政府的保险监管机关行使。由于各国保险监管历史不同，其保险监管机关也就不同。

英国的保险监管机关是金融服务局,由金融服务局颁发营业许可证,管理保险公司资金事务,监督保险公司的偿付。

美国的保险监管由各州负责,一般在州政府内设保险署,由保险监督官领导负责。

日本的保险监管机关是大藏省,在大藏省的银行局设有保险部,其中保险第一科负责寿险业监管,第二科负责非寿险业监管。

(二) 保险行业协会

保险行业协会对保险市场监管的参与体现以下几个方面。

(1) 行业协会通过的协议或规定没有法律效力,但会员都有遵守协议或规定的义务,具有一定的强制性和约束力。

(2) 行业协会制定统一的保险条款格式,协调最低保险费率标准,统一回扣或佣金,为政府保险监管部门的监管提供专业依据。

我国于 1995 年颁布了《中华人民共和国保险法》,其后颁布了《保险代理人管理规定》《保险经纪人监管规定》《保险管理暂行规定》等。

中国保险行业协会于 2000 年底成立。中国保险行业协会的成立是为适应国内保险市场发展的需要,在深化保险体制改革、整顿保险市场秩序、防范保险风险的进程中产生的,是建立政府监管、行业自律与保险公司内部控制三者有机结合的现代保险体系的重要步骤。

二、保险监管的客体

保险监管的客体即保险市场的被监管者,包括保险当事人各方,具体指保险人、保险中介人(代理人、经纪人、公证人)、投保人、被保险人、受益人等。《中华人民共和国保险法》要求投保人必须对被保险人具有保险利益。根据这一规定,保险监管机关就可以对那些对被保险人无保险利益的投保人进行管理。如果查明是恶意投保,就可视其为保险欺诈,诉诸法律。

第三节 保险监管的原则、方式与手段

一、保险监管的原则

(一) 依法监管的原则

在保险市场上,为了保险业的整体利益,必须依靠法律,以保证监管的权威性、严肃性、强制性和一贯性,从而达到监管的目的。

(二) 适度竞争原则

有市场就必须有竞争,但过度的竞争也会损害市场的健康稳定发展,导致市场失灵。为了保证市场的健康发展，必须有外部的适当干预，即政府的监管。为了维护市场的正常运行，防止保险市场失灵造成的破坏，保险监管的重心应该放在创造适度竞争的市场环境上，防止因为出现过度竞争、破坏性竞争、恶意竞争而危及保险业的健康发展。适度竞争原则要求既限制竞争，又不消灭竞争。

（三）自我约束与外部强制相结合的原则

保险公司内部的自我约束与外部的强制性监管要相结合。保险监管不能代替保险公司的内部自我管理，监管应该一方面消除保险公司不正当的经营行为，化解其经营中存在的风险；另一方面要把培养保险公司自身管理能力作为工作目标之一。这样，监管工作才能事半功倍。

（四）综合性管理的原则

保险监管应将法律、经济、行政等管理手段配套使用。因为法律、经济、行政手段各有长处和不足，必须配套使用，取长补短。

（五）稳健经营与风险预防原则

保险业是业务面向风险的特殊行业，稳健经营是其最基本的目标。而要达到这一目标，就必须进行系统的风险预防和监测，把稳定经营和风险防范与化解紧密结合起来。

（六）不干预保险机构内部经营管理的原则

保险公司是自主经营、自负盈亏的独立企业法人，它有权在法律规定的范围内，独立地决定自己的经营方针和政策。对此，保险监管机构要充分尊重保险企业的独立法人地位和经营自主权，不能非法干涉。只有这样，才能有效地促进保险业健康发展。

二、保险监管的方式

各国政府对保险业的监管主要采取三种方式：公示主义、准则主义和批准主义。

（一）公示主义

公示主义也称公告管理，它是政府对保险市场监管的各种方式中最为宽松的一种。它的主要含义是，政府对保险业的经营不做直接的监督，而是仅规定各保险人必须按照政府规定的格式及内容，定期将营业结果呈报政府的主管机关并予以公告。保险业的组织、保险单格式的设计、资金的运用等，均由保险人自我管理，政府不对其多加干预。保险人经营的好坏，是由被保险人进行评判的。这样一种监督方式将政府监督和大众监督较好地结合了起来，有利于保证保险人在较为宽松的市场环境中自由发展。但采用这种方式有一定的前提，它要求保险人有相当的自律性，国民文化素质比较高，社会各界对保险业有相当的了解，并对保险业的经营有相当的判断能力。1994年以前，英国保险法采用这一监管方式。这种方式显然不适应现代保险市场的发展，故英国已放弃这种做法。

（二）准则主义

准则主义也称规范管理，这种监管方式下，政府制定出一系列有关保险经营的基本准则，如最低资本金的要求、资产负债表的审核、资本金的运用、违反法律的处罚等，要求保险人共同遵守，政府的保险管理机构监督其实施。这种监管方式注重保险经营形式上的合法性，较公示主义严格。但是，由于保险技术性较强，有关准则难以面面俱到，往往会出现形式上合法但实质上不合法的行为，实际上很难起到监管保险人经营的作用。因此，这种方式也渐渐被淘汰。

（三）批准主义

批准主义也称实体管理，是指通过立法明确规定保险业的设置、经营、清算等各种监督制度，政府的保险监管机构根据法律规定和法律赋予的权利，对保险市场，特别是保险企业进行全面、有效的监管的监管方式。这种方式赋予了政府保险监管机构以较高的权力，使其能够对保险人从设立到经营直至清算进行全面、认真、严格的审查。这样，有利于保证保险企业的合法经营，打击不法经营者，提高保险业在社会上的信誉，被保险人的利益也受到了保护。批准主义较之上述两种方式更为严格、具体和全面。目前绝大多数国家对保险业的监管均采取这种方式。

当然，如果保险业已经发展得相当成熟，保险业的自律能力已相当强，而且社会各界对保险业也有了相当的了解，这时政府可以让保险业自律组织担负更多的职能。例如，目前欧洲一些保险业发达的国家已逐渐放弃了政府对险种、费率等的监管，让保险业自己改善保险业务的运作，还可以避免监管制度带来的昂贵费用，最终为广大被保险人带来最大利益。

我国对保险市场监管，在改革开放前采用的是行政调控的方式，这种方式与当时国家对保险业垄断经营的状况是相适应的。随着我国多家办保险的市场模式的形成，监管方式也发生了转变。根据《中华人民共和国保险法》的规定，我国现今对保险市场采用批准主义的监管方式。

《中华人民共和国保险法》对保险监管机构，保险公司设立的法定条件，保险公司的组织形式，保险公司经营的业务范围，保险公司的偿付能力和责任准备金，再保险、保险资金的运用，保险公司的整顿、接管、解散或者破产的清算，以及保险中介人等都做了详细规定，并且在法律责任一章中规定了保险人、投保人、被保险人或收益人以及保险监管机构的法律责任。

根据《中华人民共和国保险法》的规定，保险监管机构有批准保险公司设立，监督保险公司的经营活动，制定或认可保险条款和保险费率，检查保险公司的会计账册和报表，对经营不善的保险公司实行整顿或接管，并对保险公司在经营活动中违法或损害被保险人、受益人合法权益行为予以制裁等职责和权力。

三、保险监管的手段

各国对保险市场的监管手段归纳起来可分为法律手段、行政手段和经济手段。各国经济、文化背景不同，侧重的手段也不同。

（一）法律手段

法律手段是指制定有关的经济法规和保险法规，作为监管的手段。保险法规包括保险法律规定、法令和条例等多种形式。国家通过保险法规对保险公司的开业资本金、管理人员、经营范围、保险费率、保险条款等实质性问题做出明确规定。保险法是国家通过立法程序，制定用于调整保险关系、双方权利义务关系和监督管理保险企业的法规，具有强制性、平等性、规范性和稳定性的特点。现行的《中华人民共和国保险法》采用保险公司法与保险合同法合二为一的体例，是我国保险法律体系的核心部分。法律规范是管理保险市场的重要手段之一。

（二）行政手段

行政手段就是依靠国家和政府以行政领导机构自上而下的行政隶属关系，采用指示、命令、规定等形式强制干预保险活动的手段。市场经济同样需要凭借行政手段为经济运行净化环境。在市场经济条件下，运用行政手段，为保险运行创造良好的外部环境和社会条件，及时纠正控制保险市场不良现象，是行之有效的。

（三）经济手段

经济手段就是根据市场客观经济规律的需要，国家运用财政、税收、信贷等各种经济杠杆，正确处理各种经济关系来管理保险业的手段。这是国家对保险业进行监管的主要方法。

第四节　保险监管的内容

保险监管的内容包括：组织监管、业务监管和财务监管。

一、组织监管

国家对保险组织的监管，是指国家对保险业的组织形式、保险企业的设立与清算、保险从业人员资格以及外资保险企业等方面的监督和管理。

（一）组织形式

目前世界上除英国等极少数国家地区外，均已禁止个人经营保险业务，保险经营者必须是法人组织。经营保险业务的组织包括公司制和非公司制两类。公司制包括股份有限公司、有限责任公司、相互保险公司等形式，非公司制包括保险合作社及其他类型的互助团体。

（二）对保险企业设立的审批

各国保险监管制度均规定，设立保险企业必须向主管部门申请批准，并经工商行政管理部门注册登记，发给营业执照，方准营业。申请时要提交资本金的证明，有关企业的章程、负责人资格，以及说明有关条款、费率、营业范围等的文件、资料。

（三）停业清算

保险企业可能因经营不善而破产，也可自行决定解散或与其他保险企业合并。正常解散或合并时应该清偿全部债务或将保险合同全部转让。因经营不善、严重违法或负债过多而停业破产时，除按破产法规定处理外，还有一些特殊的清算程序。保险主管机关可选派清算人员，直接介入清算程序，但一般都尽量帮助保险企业改善经营条件，使其免于破产。

（四）对保险从业人员资格的监管

对保险从业人员资格的监管包括两个方面：一方面是高级管理人员和保险公司的主要负责人都要符合监管机关规定的任职资格，在机构设立之前，均需报监管机关审定；另一方面是保险从业人员中从事过保险工作和大专院校保险专业或相关专业的毕业生应占到60%以上。保险公司必须聘用经中国保险监督管理机构认可的精算人员。

各国保险法规对此都有严格规定。尤其是保险企业的高级管理人员和主要负责人，都必须具备一定的资格条件，不符合规定条件的，不能担任相应职务。

（五）对外资保险企业的监管

对外资保险企业的监管，因各国经济制度和体制大不相同，监管的方法也大不相同。英、美等经济发达国家，本国保险业的实力雄厚，对外资保险企业大多采取较为宽松的开放政策；也有少数国家采取严格的限制政策，如日本。而发展中国家均采取保护本国保险业发展的监管措施，以限制外资保险企业进入本国保险市场。

二、业务监管

国家对保险业务的监管，是指国家对保险企业的营业范围、保险条款和费率、再保险业务、保险中介人以及精算制度的监督和管理。

（一）营业范围的限制

为了保障广大被保险人的利益，各国一般都规定，禁止非保险业企业经营保险或类似保险的业务，禁止保险公司经营保险以外的业务（不包括保险投资）。大部分国家还禁止保险公司同时经营寿险和非寿险业务。如《中华人民共和国保险法》第九十五条规定了保险公司的业务范围，并规定保险人不得兼营人身保险业务和财产保险业务。也有允许寿险、非寿险兼营的国家，如美国，而英国对保险企业的业务经营范围基本上不加限制，每个保险企业都能够自由经营任何一种或数种保险业务。

（二）核定保险条款和费率

保险条款是专业性和技术性极强的保险文书，为了保障广大被保险人的合法利益，保证保险条款的公平性、公正性，世界上很多国家的保险监管部门都要依法对保险条款进行审查。保险费率是保险商品的价格，直接关系到保险公司的保险费收入、保险基金积累、偿付能力等。因此，许多国家均规定保险费率的制定须报经主管部门核准方为有效。

《中华人民共和国保险法》第一百三十五条规定："关系社会公众利益的保险险种、依法实行强制保险的险种和新开发的人寿保险险种等的保险条款和保险费率，应当报国务院保险监督管理机构批准。""其他保险险种的保险条款和保险费率，应当报保险监督管理机构备案。"

（三）再保险业务的监管

各国对再保险业务都进行监管，这种监管有利于保险公司分散风险和稳定经营，有利于防止保险费外流和发展民族保险业。

《中华人民共和国保险法》第一百零三条规定："保险公司对每一危险单位，即对一次保险事故可能造成的最大损失范围所承担的责任，不得超过其实有资本金加公积金总和的百分之十；超过的部分应当办理再保险。"

（四）对保险中介人的监管

对保险代理人、保险经纪人、保险公证人等保险中介人，各国政府均通过法律明确其地位、资格、执业条件、法律责任等。保险中介人一般均需经考试合格，向保险监管部门注册登记，并交存规定的保证金后，才能经办保险业务。

（五）对精算制度的监管

精算是指运用概率论和大数法则进行保险业务数理计算的科学。尤其是人寿保险业务，必须通过精算才能保证保险公司科学地收取保险费，提取寿险责任准备金。《中华人民共和国保险法》第八十五条规定："保险公司应当聘用专业人员，建立精算报告制度和合规报告制度。"

精算是一门专业性强、技术含量高的科学，精算人员必须经过精算知识的专门培训才能胜任这一工作。1999年我国开始自办精算师资格考试，为培养精算人才奠定了基础。

三、财务监管

保险公司必须建立各项健全的财务制度。财务制度贯穿于保险企业经营活动的整个过程，是保险企业经营管理的综合反映。国家对保险财务的监管包括对资本金和公积金、准备金、偿付能力、保险投资及财务核算的监管。

（一）对资本金和公积金的监管

保险公司申请开业必须具备最低数量的资本金，其数额通常都高于一般企业。公积金是保险公司依照法律和公司章程的规定从公司税后利润中提取的积累资金。保险公司提取公积金，是为了用于弥补公司亏损和增加公司资本金。按其来源不同分为资本公积金和盈余公积金。根据《中华人民共和国公司法》和《金融保险企业财务制度》的规定，保险公司应在税后利润中提取10%作为法定盈余公积金；当法定盈余公积金累计达到注册资本的50%时，可不再提取。

首先，由于保险风险发生的偶然性、意外性和不平衡性，有可能在保险公司开业初期就会发生保险事故需要赔偿或给付，所以保险公司就随时要履行赔付的义务。资本金用于开业的费用，也用于开业初期的赔付。其次，开业之后，业务量还不是很大，有可能遇到意外的事故，以致风险过于集中，使保险公司难于应付，此时也需要有相当的资本金。

（二）对准备金的监管

责任准备金是保险公司按法律规定为在保险合同有效期内承担赔偿或给付保险金义务而从保险费收入中提存的一种资金准备。因此，责任准备金管理是财务管理中最为重要的部分。财产保险准备金分为未到期责任准备金、未决赔款准备金和总准备金三部分。人身保险中保险期限在1年以内的，责任准备金的计算方法与财产保险基本相同，长期人身保险一般都实行均衡保险费制，其准备金的计算方法复杂而精确。各国保险监管机构都对不同险种责任准备金的计算方法和提取有明确规定，并由专门的精算师审定。

对保险准备金的监管依其用途不同，体现在下述监管指标上。

（1）未到期责任准备金。由于寿险业务一般属于长期业务，非寿险业务一般一年一保，因而非人寿保险的未到期责任准备金是当年承保业务的保险单中在下一年度有效保险单的保险费。《中华人民共和国保险法》规定，对经营非寿险业务的保险公司应当从当年自留保险费中提取50%作为未到期责任准备金；经营人寿保险业务的保险公司，则应当按照有效的人寿保险单的全部净值提取未到期责任准备金。

（2）未决赔款准备金。保险公司应当提存未决赔款准备金的原因是：保险事故已经发生，被保险人已经提出保险赔偿或者给付申请，但保险公司对赔付与否或赔付额尚未决定；已经发生保险事故但尚未提出保险赔偿或者给付申请。

（3）保险保障基金。保险保障基金属于保险组织的资本，主要是应付巨大灾害事故的特大赔款，只有在当年业务收入和其他准备金不足以赔付时方能使用。提取保险保障基金是为了保障被保险人的利益，满足保险公司稳健经营的需要。

（三）对偿付能力的监管

偿付能力是指保险组织履行赔偿或给付责任的能力。以偿付能力监管为中心是国际保险监管的发展趋势，也是大多数国家和地区保险业监管的核心内容。投保人买保险的目的是取得一种经济保障，这种保障需要保险公司有业务上的支付能力，能够实现其对被保险人的义务，保险公司应当具有与其业务规模相适应的最低偿付能力。保险公司的实际资产减去实际负债的差额不得低于保险监督管理部门规定的数额。其中，保险公司的资产是流动资产、固定资产、长期资产、无形资产及其他资产之和；保险公司的负债是流动负债与长期负债之和；法定余额是保险监督管理部门规定的最低数额，即最低偿付能力。最低偿付能力应与保险公司的业务规模相适应，不同保险公司的业务规模不同，因而，最低偿付能力也就不一样。保证保险人的偿付能力是保险监管最根本的目的，因此，对保险公司的偿付能力进行监管是保险监管工作的核心。近年来，各国保险监管部门都在探索更为有效的偿付能力监管措施。从目前看，偿付能力监管手段主要有最低资本充足率监管、保险监管信息指标体系监管和保险监管机构组织的现场检查等。保险监管部门往往综合使用这些监管手段，对保险公司进行系统分析。在偿付能力监管体系中，保险保障基金具有独特的作用，是用全行业积累的资金对丧失偿付能力的保险公司的保险单持有人的经济损失进行补偿。

（四）对保险投资的监管

保险资金运用是现代保险业得以生存和发展的基础。同时，由于保险公司是经营风险的企业，其资金运用状况直接影响着公司的赔付能力，因此，许多国家的保险监管机构都对保险公司资金运用的原则、范围、比例和方向等做了明确的限制性规定。各国政府通常规定，保险公司在年终时，应向监管部门递交年终财务报告，反映各自的财务核算状况。根据《中华人民共和国保险法》的规定，保险公司的资金运用限于银行存款、买卖政府债券、金融债券、中国保监会指定的中央企业债券和国务院规定的其他资金运用方式。

（五）对财务核算的监管

为了有效管理保险企业的经营和随时了解、掌握保险企业的营业状况，各国一般都要求保险企业在年终时向主管部门递交年终报告，反映其财务核算状况。

《中华人民共和国保险法》第一百一十条规定："保险公司应当按照国务院保险监督管理机构的规定，真实、准确、完整地披露财务会计报告、风险管理状况、保险产品经营情况等重大事项。"这些规定都是为了保证保险企业财务活动的稳定，防止其发生财务危机。

【思政要点 10-2】

通过对保险监管中发布的规章制度、监管中的违法案件的教学，进一步强化学生对于公正、法治观念的理解和体会。

■ 本章小结

1. 保险监管有广义和狭义之分。保险事业的公共性、保险合同的特殊性及保险业务的复杂性使保险监管具备国际普遍性。狭义保险监管的内容主要包括对保险人、保险单格式与费率、偿付能力等方面的监管。
2. 保险监管的目标是维护被保险人的合法权益、维护公平竞争的市场秩序、维护保险体系的安全与稳定。

■ 思考与练习

一、单选题

1. 实行保险监督和管理的根本依据是（　　）。
   A. 行政手段　　　　　B. 保险法规
   C. 保险行业协会规定　D. 社会道德规范
2. 保险行业自律组织通常以保险行业协会或保险同业公会的形式出现，（　　）。
   A. 起着纵向协调的作用
   B. 具有官方性
   C. 具有非官方性
   D. 常常做出强制性决定
3. 现实生活中，保险信用评级结果一般对保险消费者的影响（　　）。
   A. 比较明显　　　　B. 几乎没有
   C. 依险种而定　　　D. 负面大于正面
4. 由政府制定出一系列有关保险经营的基本准则要求保险人共同遵守，并对执行情况进行监督。这种方式是（　　）。
   A. 公示方式　　　　B. 准则方式
   C. 实体方式　　　　D. 许可方式
5. 偿付能力充足率等于（　　）。
   A. 实际偿付能力除以最低偿付能力
   B. 最低偿付能力除以实际偿付能力
   C. 认可资产减去认可负债的差额
   D. 认可资产除以认可负债
6. 根据《中华人民共和国保险法》对保险公司解散的规定，经营人寿保险业务的保险公司（　　）。
   A. 要经保险监管部门批准才能解散
   B. 不得解散
   C. 在保险监管部门的安排下可以解散
   D. 解散要报保险监管部门备案
7. 保险监管的核心是（　　）。
   A. 保险公司法人治理结构监管
   B. 保险条款和费率的监管
   C. 保险市场行为监管
   D. 保险公司偿付能力监管
8. 下列各项中，与保险公司偿付能力不足无关的是（　　）。
   A. 保险费率厘定过低
   B. 准备金计算错误导致各项准备金提取不足
   C. 风险程度估算不准确
   D. 保险中介发育不充分
9. 随着保险业的发展，很多国家都有本国通用的保险条款，对通用保险条款（　　）。
   A. 一般都不再列入监管的范畴
   B. 实行批准制度
   C. 实行报备制度
   D. 实行严格的监管
10. 在我国，通常商业保险的险种和费率由（　　）制定。
    A. 保险行业协会
    B. 保险信用评级公司
    C. 中国保险监督管理委员会
    D. 各商业保险公司

二、多选题

1. 下列属于保险中介人的是（　　）。
   A. 保险经理人　　　B. 保险理赔人
   C. 保险代理人　　　D. 保险公估人
   E. 保险经纪人
2. 根据《中华人民共和国保险法》的规定，设立保险公司可以采取的组织形式包括（　　）。
   A. 国有独资保险公司
   B. 相互保险公司
   C. 股份有限公司
   D. 保险合作社
3. 保险监管的方式一般包括（　　）。
   A. 公告管理　　　　B. 信用管理
   C. 规范管理　　　　D. 实体管理
   E. 偿付能力管理
4. 不同于对一般行业的监管，国家对保险业的监管目标主要表现为（　　）。
A. 保证保险人的偿付能力
B. 保护国家利益
C. 防止利用保险进行欺诈
D. 维护市场秩序
E. 保证保险公司的盈利

5. 一般认为，国家对保险业监管应该遵循的原则包括（　　）。
A. 坚实原则
B. 公平原则
C. 健全原则
D. 社会原则
E. 盈利原则

6. 按照我国《保险代理机构管理规定》，我国保险代理机构的组织形式包括（　　）。
A. 有限责任公司形式
B. 国有独资公司形式
C. 股份有限公司形式
D. 合伙企业形式
E. 相互公司形式

7. 我国保险市场将呈现出的发展趋势有（　　）。
A. 市场主体竞争格局形成
B. 市场份额的变化
C. 经营体制的变化
D. 监管体系的变化
E. 产寿险结构的变化

8. 金融监管部门制定主要险种的基本保险条款和保险费率的意义在于（　　）。
A. 保证保险人的足够偿付能力
B. 保护保险利益
C. 保护被保险人的利益
D. 促进保险人公平竞争

三、简答题

1. 保险监管的主要内容有哪些？
2. 保险监管的方式有哪些？
3. 保险经纪人的执业规则是什么？
4. 保险公估人的执业规则是什么？
5. 对保险公司财务监管的主要内容有哪些？

四、案例分析题

材料一：2011年9月4日，中国保险监督管理委员会（以下简称保监会）通告中国再保险（集团）股份有限公司2007年至2009年间运用资金投资设立子公司、财务会计核算不规范、未按规定提取管理非寿险业务准备金、公司治理报告部分内容与事实不符等违规行为，对该公司处以合计71万元的罚款，并驳回其关于"2007年度非寿险业务准备金提取与管理行为已经超过两年处罚时效，2009年度治理报告部分内容与事实不符是理解差异的问题"等申辩意见。

材料二：2013年4月16日，中国保险监督管理委员会北京监管局（以下简称北京保监局）在民生人寿北京分公司朝阳营销服务部现场检查时发现，该公司将未揭示红利分配不确定性的分红险宣传彩页印制后发送至各营销服务部用于培训及展业，此外，该分公司承保的某公司团体意外伤害保险办理备案的一类职业保险费率为1.1‰，向下最多浮动不超过50%，但申报时该险种却获得总公司"按照'三四折'费率承保"的批示，导致实际承保费率按已备案费率向下浮动66%。为此，北京保监局做出对民生人寿北京分公司罚款9万元，对直接负责人罚款3万元的行政处罚决定。

材料三：2017年8月5日，保监会通告新光海航人寿保险有限责任公司未按时报送2017年第二季度偿付能力报告，责令该公司认真整改内控机制和审批流程，杜绝类似事件再次发生，并于2017年8月10日之前向保监会提交整改报告。

（资料来源：根据保监会网站资料整理。）

1. 结合上述案例，论证保险监管的必要性。
2. 结合上述案例，说明保险监管的主要内容及作用。

参考文献

[1] 杨娟，周艳玲，付书科. 保险学原理与实务 [M]. 北京：清华大学出版社，2021.
[2] 戚聿莹，黄玉娟. 保险学原理与实务 [M]. 4 版. 北京：科学出版社，2021.
[3] 刘平. 保险学原理与应用 [M]. 北京：清华大学出版社，2009.
[4] 李亮，田小燕，孙平. 保险学 [M]. 北京：清华大学出版社，2017.
[5] 李加明. 保险学 [M]. 北京：中国财政经济出版社，2009.
[6] 刘连生，申河. 保险学教程 [M]. 2 版. 北京：中国金融出版社，2010.
[7] 孙祁祥. 保险学 [M]. 7 版. 北京：北京大学出版社，2021.
[8] 康建军，王波. 个人理财 [M]. 北京：中国人民大学出版社，2021.
[9] 王朝华，刘东，吴晓雅. 保险学原理与实务 [M]. 北京：对外经济贸易大学出版社，2017.
[10] 许飞琼. 保险学概论 [M]. 北京：中国金融出版社，2019.
[11] 池晶. 保险学教程 [M]. 2 版. 北京：科学出版社，2013.
[12] 粟芳，许谨良. 保险学 [M]. 2 版. 北京：清华大学出版社，2011.
[13] 魏华林，林宝清. 保险学 [M]. 4 版. 北京：高等教育出版社，2017.
[14] 高莹，苑莹. 金融保险实务 [M]. 北京：清华大学出版社，2010.
[15] 张智勇，朱晓哲. 保险理财规划 [M]. 北京：清华大学出版社，2015.
[16] 李虹. 保险理财规划 [M]. 成都：西南财经大学出版社，2009.
[17] 张洪涛，郑功成. 保险学 [M]. 2 版. 北京：中国人民大学出版社，2008.
[18] 刘革，邓庆彪. 保险原理与实务 [M]. 西安：西安电子科技大学出版社，2014.
[19] 汪祖杰，等. 现代保险学导论 [M]. 北京：经济科学出版社，2003.
[20] 张洪涛，庄作瑾. 人身保险 [M]. 北京：中国人民大学出版社，2004.
[21] 郝演苏. 保险学教程 [M]. 北京：清华大学出版社，2004.
[22] 王绪瑾. 保险学 [M]. 3 版. 北京：经济管理出版社，2004.
[23] 胡炳志，刘子操. 保险学 [M]. 北京：中国金融出版社，2002.
[24] 庹国柱. 保险学 [M]. 2 版. 北京：首都经济贸易大学出版社，2004.

[25] 申曙光. 现代保险学教程 [M]. 2 版. 北京：高等教育出版社，2008.

[26] 郑艺. 信息化提升现代保险业"软实力"：保险业信息化历程及成果回顾 [J]. 金融电子化，2019（10）：70-71.

[27] 查子轩，吕引生. 环强险时代，专业化保险经纪大有可为 [J]. 环境经济，2019（8）：50-53.

[28] 黄星刚，杨敏. 互联网保险能否促进保险消费：基于北大数字普惠金融指数的研究 [J]. 宏观经济研究，2020（5）：28-40.

[29] 张洪涛，张俊岩. 保险学 [M]. 5 版. 北京：中国人民大学出版社，2022.

[30] 张虹，陈迪红. 保险学原理 [M]. 北京：清华大学出版社，2018.

[31] DORFMAN M S. Introduction to risk management and insurance [M]. 9th ed. Upper Saddle River: Prentice Hall, 2007.